中国社会研究叢書　3
21世紀「大国」の実態と展望

下から構築される中国

「中国的市民社会」のリアリティ

李妍焱 ［著］

明石書店

刊行のことば

　21世紀「大国」の中国。その各社会領域——政治，経済，社会，法，芸術，科学，宗教，教育，マスコミなど——では，領域相互の刺激と依存の高まりとともに，領域ごとの展開が加速度的に深まっている。当然，各社会領域の展開は一国に止まらず，世界の一層の複雑化と構造的に連動している。言うまでもなく私たちは，中国の動向とも密接に連動するこの世界のなかで，日々選択を迫られている。それゆえ，中国を研究の対象に取り上げ，中国を回顧したり予期したり，あるいは，中国との相違や共通点を理解したりすることは，私たちの生きている世界がどのように動いており，そのなかで私たちがどのような選択をおこなっているのかを自省することにほかならない。

　本叢書では，社会学，政治学，人類学，歴史学，宗教学などのディシプリンが参加して，領域横断的に開かれた問題群——持続可能な社会とは何であり，どのようにして可能なのか，あるいはそもそも，何が問題なのか——に対峙することで，〈学〉としての生産を志す。そこでは，問題と解決策とのあいだの厳密な因果関係を見出すことよりも，むしろ，中国社会と他の社会との比較に基づき，何が問題なのかを見据えつつ，問題と解決策との間の多様な関係の観察を通じて，選択における多様な解を拓くことが目指される。

　確かに，人文科学，社会科学，自然科学などの学問を通じて，私たちの認識や理解があらゆることへ行き届くことは，これまでにもなかったし，これからもありえない。ましてや現在において，学問が世界を考えることの中心や頂点にあるわけでもない。あるいは，学問も一種の選択にかかわっており，それが新たなリスクをもたらすことも，もはや周知の事実である。こうした学問の抱える困難に謙虚に向き合いつつも，そうであるからこそ，本叢書では，21世紀の〈方法としての中国〉——選択における多様な解を示す方法——を幾ばくかでも示してみたい。

2018年2月

日中社会学会会長　首藤　明和

はじめに——「中国的市民社会」に目を向ける理由

　本書は中国社会論であると同時に，市民社会論でもある。

　社会学者の橋爪大三郎と大澤真幸，そして宮台真司による中国社会をテーマとした対談は，『おどろきの中国』（講談社現代新書，2013年）として出版されている。その冒頭で「なぜ中国を理解しなければならないのか」について論じている。2200年も前から統一したアイデンティティの感覚が存在する「中国」は，近代的な「国家（ネーション）」概念では捉えきれない。「国家だけれど国家ではない」中国を理解すること，それは「社会科学のもっとも重要な試金石」だと大澤は指摘する。「中国人は世界でもっとも大きな集団で，地球上の人間の5人に1人は中国人。なのにその社会の仕組みや構造を説明できないということになると，社会科学にとっては決定的な欠落になってしまう」（橋爪・大澤・宮台，2013：25）。橋爪は，中国人自身が中国について客観的に説明するのは難しく，「観察者が外から理解するしかない」と述べ，「その責任は第一に，日本人にある」と指摘する（前掲書：24）。

　千年以上も前から中国を観察してきた日本は，いまだに中国をどう理解すればいいのか苦しんでいるように見える。それは橋爪がいうように，日本人が中国観察を「怠ってきた」からなのだろうか。あるいはそうではなく，観察の対象が体制や官僚システム，制度政策，思想や文芸の書物などの「表に出やすいフォーマルな中国社会」に集中しがちだったからではないだろうか。近代以前における日本による中国観察は，「中国社会の真の姿」を理解するために行われてきたというよりも，「日本に資する中国」を探し求める自己本位なものであった。中国社会に生きる人々のリアリティを理解するのではなく，中国の思想や制度，文化から文字化されたもの，形

式化されたものを「抜粋」し日本に持ち帰り，日本の社会的ニーズに基づきそれらをアレンジし，日本の風土に定着させてきた。そのような中国観察のパターンは戦後，国交回復後，中国の改革開放後，さらに中国が米国に迫る世界的強国になっても大きな変化は見られず，中国製品や中国人観光客などが日本社会の日常に入り込むようになった今でも，日本の中国理解は，「フォーマルで表面上の中国を自己本位的視点から解釈する」という呪縛から脱却できていない。

　共産党による一党独裁，社会主義体制，国家主義的開発，言論統制，人権活動家に対する弾圧。中国社会のあり方は日本ではこのように，「トップダウン」の方向から描かれることが圧倒的に多い。しかし，それらのイメージは中国社会のリアリティを描き出すのに十分なのだろうか。改革開放後，中国社会における最も根本的な変化は，個々人が「管理と動員の対象」としてのみ存在するような状態から脱したことにある。単位システム（職場による個人管理システム）の崩壊と私有財産の承認に象徴されるように，人々が「個人」として存在するようになり，社会生活の自由度が格段に拡大した。近年の中国における社会変動のリアリティを理解するには，「トップダウン」の視点のみでは明らかに不十分である。中国社会の内側から「ボトムアップ」の形で社会を構築する「民」の動きを，「民」の視線に寄り添って観察していかなければ，多様なリアリティは見えてこない。「個々人によって下から構築される中国社会」に注目する必要がある。

　「下から構築される中国社会」は，本書が中国の社会変動を考察する視点となる。それは社会で暮らす人々がどのように，草の根の立場から「個人」として社会を創り上げているのかを見ることを意味する。中国社会を生きる「個人」の切り取り方は多様でありうるが，本書ではとりわけ，社会における公共の問題に対して高い感度を持ち，「他人任せ」にするのではなく，自らの人生に関わる問題として，

自らの意志によって取り組む「市民」たちに注目する。そのような市民たちが織りなす「中国的市民社会」（中国では「公益圏」と呼ばれる。以下では「公益圏」という言葉を多く用いる）に目を向けたい。

そういう意味で本書は市民社会論でもある。市民社会の考察は、特定の時代背景と社会的文脈を踏える必要があり、中国の社会変動を考察することと、市民社会を論じることは決して矛盾しない。権威主義体制の中国は、市民社会の展開にとってとりわけ厳しい環境となっている。中国の市民社会に目を向ければ、市民社会にとって最も本質的な問題が見えやすくなり、思索のヒントを与えてくれる。例えば、公共を担う社会的役割を果たすことと国家権力の手足に成り下がるリスクをどう考えるのか。市場を巻き込みその資源を活用することと市場に呑み込まれるリスクをどう捉えるのか。市民社会の価値を市民参加の促進に置くべきか、それとも社会問題の解決を重視すべきか。市民社会の目標として社会関係資本の豊かさを目指すのか、それとも社会性の高いビジネスモデルの普及を目指すべきか。市民社会における効果的な実践とはエリート主導がいいのか、それとも草の根による多様な発展のほうが望ましいのか。これら市民社会の社会的役割、位置づけ、基本的価値とビジョン、行動原理と方法論の根本に関わる問題が、中国における市民社会の展開に顕著に現れている。従って、中国の市民社会を論じることは、単に中国の事情を論じているのではない。市民社会に関する根本的な考察でもある。

本書は、筆者によるここ十数年に亘る中国の公益圏への観察と参加に基づく。2006年度から2008年度までは文部科学省科学研究費補助金若手研究（B）の助成を得て、「草の根 NPO/NGO の相互理解と交流による日中関係の修復・発展の可能性に関する研究」を行い、2009年度は1年間清華大学訪問学者として北京に滞在し、数多くの中国の NGO リーダーと関係者を訪れ、イベントで参与観

察を行った。2010 年から現在に至るまで日中市民社会ネットワーク（CS ネット）という任意団体を立ち上げ，日中間で市民社会のキーパーソンの交流と連携，人材育成事業を実践してきた。ほぼ同時に2011 年度から 2015 年度までは文部科学省科学研究費補助金基盤研究（C）の助成を得て，「中国の市民社会に良き影響を与えるために：仕組み作りと意識変革のための実践的研究」を実施し，2016年度は駒澤大学特別研究助成を得て，「オルタナティブを志向する中国の若者のライフストーリー：市民リーダー誕生の条件」というタイトルで，環境分野の若き市民リーダーに対するインタビュー調査を実施した。

　さらに，中国版 LINE とされる騰訊（テンセント）のアプリWeChat の普及[1]により，公益圏に関わる日常的な情報のやりとりは WeChat を通して多く知ることができるようになった。情報のリソースは 2 つの WeChat ツールから得られる。1 つは「群」と呼ばれる WeChat グループである[2]。公益圏では活動分野によって，あるいは地域によって，テーマによって，もしくは何らかのイベントや出会いをきっかけに作られた大小数え切れないほどのグループが存在すると思われるが，中でも分野横断的で公益圏のリーダーたちが多く入っているグループがいくつかある。例えば「中国公益項目理人倶楽部（中国公益マネージャークラブ）」，「公益項目合作交流群（公益プロジェクト協力交流グループ）」，「公益大白兎（公益白ウサギ）」，「鴻人倶楽部（鴻人クラブ）」などである。これらのグループでメンバーたちは公益圏全体に関わる情報を多くやりとりしている。

1　WeChat 利用者はすでに 10 億人に上るとされ，さらに増え続けている。http://thebridge.jp/2017/08/wechat-nears-1-billion-users（2017 年 9 月 27 日参照）。中国国内では LINE は使用できないため，中国と何らかのやりとりを行う海外在住の人々も，結果的に WeChat に登録せざるを得ない。WeChat なしではもはや中国とは交流できない，というのが実情である。

2　グループ参加者の上限が 500 名となっており，メンバーに招待される形で加入できる。

もう1つのツールは公益に関するコンテンツを提供する数多くの公式アカウントである。アカウントの開設者は多様な大小公益組織の場合もあるが，特定のプロジェクトチームや公益圏のキーパーソンもしくはライター個人の場合もある。読者数（フォロワー）を増やそうとしのぎを削るこれらの公式アカウントは，公益圏で最も注目を集める話題を取り上げ，それを巡る議論を盛んに載せていく傾向がある。本書における考察は，この2つのツールを通して収集してきた公益圏全体に関わるトピックスと議論に基づく場合も多い[3]。

　これらの長期に亘る調査研究および実践によって得られた知見と，関連の先行研究やWeChatにおけるさまざまな議論を踏まえた上で，本書は中国現地で活動する公益圏の当事者，「幹部－群衆」[4]という従来の社会集団のカテゴリーでは分類できない「活発な市民」たちの視線に寄り添って，彼らが最も注目し，議論を交わしている論点を取り上げて考察していきたい。彼らの考え方，生き方に注目することで，自発的な個人によって構築される中国社会のあり方の一端を描き出し，中国的市民社会のリアリティに迫っていきたい。

　以下第1章では，中国社会の変動を「転換」として捉える先行の諸議論を踏まえ，党と政府の方針と政策というトップダウンの視点ではなく，個人化社会において自らの主体性と他者との新たなつながり方を探し求める生活世界の市民の視点―ボトムアップの視点―から中国社会の変動を見ていきたい，という本書の立場を明確に示す。そのような「生活世界の市民」として，とりわけ主体性の確立過程において，社会的な問題，公共問題への取り組みを自らの生き方とする市民リーダー（公益人）がどのように誕生したかについ

3　筆者は日常的に20-30程度のWeChat上の公益分野の公式アカウントを講読しており，5つ以上の公益領域全体を対象とするWeChatグループに参加し，情報収集をしている。

4　「幹部－群衆」の構造については第4章第1節で詳しく説明する。

て，環境問題の分野を例に示しておく。

第2章は，「民による公共の展開」という軸に沿って，社会主義中国における市民社会が，1990年代以降どのような経緯を経て「公益圏」として展開するようになったのか，そのプロセスを明らかにする。

第3章は中国の市民社会に関する中国国内の先行研究と，日本及び海外での先行研究を詳細に考察し，本書のスタンスと志向性を明らかにする。

第4章から第7章までは，「公益圏の論点」に沿って，制度づくりへの模索（第4章），活動資源の獲得を巡る諸問題（第5章），活動の性質と公益圏の社会的位置づけを巡る論争（第6章），公益圏の方向性とされるソーシャル・イノベーションを巡る諸問題（第7章）を順に取り上げていく。これらの論点を巡ってどのような試みや実践が，いかなる意図によって展開されているのか，公益人たちはそれをどう捉え，どのように論じているのか，具体的に描き出し，公益圏のリアルな生き様を描き出したい。

「終わりに」において，上記の「公益圏の論点」を中心とした考察に基づき，「公益圏」として展開する中国的市民社会の「中国的」特徴を指摘したい。市民社会の「中国的性質」は中国の社会変動のいかなる性質ないし動向を示すのか，従来の市民社会論にいかなる貢献をもたらしうるのかについて，本書の示唆をまとめ上げたい。

在日中国人の社会学者として，在日だからこその視点と中国人だからこその視点を大切にしつつ，本書が中国社会への新たな理解を促す内容となるよう，市民社会論の構築にとって新たなヒントと検討素材を提供できるよう心がけていきたい。

下から構築される中国

「中国的市民社会」のリアリティ

*

目　次

刊行のことば（首藤　明和）／3

はじめに――「中国的市民社会」に目を向ける理由／5

第1章　改革開放後の中国社会の変動をどう捉えるか／17

第1節　中国社会の「転換」に関する諸議論／18

第2節　「個人化社会」としての現代中国社会／24

第3節　個人の生き方に表現される「転換」

　　　　―市民リーダーの誕生／30

　1.　若き市民リーダーへの調査／30

　2.　若き市民リーダーが如何にして誕生したか／33

　（1）子ども時代の原風景―肌感覚の感性と規範の土台形成／35

　（2）学生時代の「環境社団活動」―「意志」の成果との出会い／36

　（3）「社群」のサポート―尊敬と承認の連鎖による自己肯定／39

　（4）支援の生態系（エコシステム）づくりへのデザイン／41

　3.　中国的市民―「民間公益圏」に生きる人々／41

第2章　中国的市民社会としての「公益圏」の展開／43

第1節　中国的「公共」概念／44

　1.　「公共」概念の検討―歴史的アプローチ／44

　2.　「公共」概念の検討―東西比較的アプローチ／46

　3.　「公共」概念の検討―制度論的アプローチ／49

第2節　中国における民間公益圏の展開　／52

　1.　中国の社会組織と草の根NGOの概要／52

　（1）「草の根」の組織の規模と特徴／52

　（2）「組織」という枠組みを超えた活動形態／58

　2.　民間公益圏の展開過程／59

　（1）知識人がリードする草の根NGOの台頭／59

　（2）ネット新世代による公益行為への追求／62

目　次

第3節　「民の公共」を切り拓く公益圏―環境分野を事例に／66

1. 啓蒙・教育（1990 年代～）／66

2. 啓蒙・教育＋実践＋監視・評価（2000 年～）／68

3. 啓蒙・教育＋実践＋監視・評価＋アドボカシー（2010 年～）／72

4. オルタナティブな価値を求める人々を支持層に／74

5. 環境分野の公益組織と公益人が切り拓く「民の公共」／76

6. 「公益人」が熱く論じる身近な論点への注目／80

第3章　中国の市民社会に関する先行研究の検討／83

第1節　中国国内における先行研究の概観／84

1. 先行研究の論文サーベイ／84

2. 先行研究のタイトルから読み取れること／94

3. 2006 年から 2010 年までの中国の市民社会に関する
研究の傾向／97

4. 市民社会論は消えていく？／99

第2節　中国の市民社会に関する中国国内の諸研究の解析／101

1. 西洋型市民社会への批判的まなざしと「本土化」の主張／101

2. 市民社会の方向性と独自の価値を肯定する研究／106

3. 中国的官民関係における市民社会の位置に関する模索／109

4. 中国的市民社会の「育成」を主張する研究／113

5. 個人の価値表出と自己実現の場としての市民社会／114

第3節　日本と海外における中国の市民社会研究／117

1. 欧米圏における中国市民社会論／117

2. 日本における中国市民社会論／122

(1)「自由意志と自発的実践」に着目し中国の社会変動を捉えようと
する筆者の研究／123

(2)「公共性」「国家（政府）との関係」に着目し中国の社会変動を
捉えようとする研究／125

(3) 市民社会論の再考及び近代思想の再考を試みる研究／130

第4章　公益圏の制度づくり／135

第1節　二重管理の時代における実質的合法性への追求／136

1.「個人の権利」を出発点としない中国的公共領域／136

2. 実質的合法性を如何に獲得するか／139

(1)「実質的合法性」とは／139

(2) 二重管理時代の制度的課題／141

(3) 実質的合法性を獲得するための戦略／146

第2節　党による対応の変容／151

第3節　念願の成就？－慈善法の成立／158

1. 専門法への模索／159

2. 慈善法の成立と特徴／160

3. 公益人から見る「慈善法」／163

4. 公益組織の制度化に関する問題提起／168

第5章　公益圏の活動資源の獲得／171

第1節　大型ネット募金キャンペーンの旋風／172

第2節　ネット寄付の日常化とその功罪／179

第3節　巨額の政府購買と基金会の急成長／186

1. 政府がなぜ公益組織のサービスを購買するのか／186

(1) 政府購買が展開された経緯／187

(2) 公益人から見る政府購買／190

2. 基金会の勢力拡大／193

(1) 基金会の急増と現状の概要／193

(2) 公益圏のデザイナーと育成者としての民間基金会の役割／197

第4節　公益人の懐事情／203

1. 公益人の収入の現状／203

2. 収入に関する公益人の葛藤／207

3. それでもやめられない／210

目　次

第6章　公益人の生き方と公益圏の社会的性質に関する自省／215

第1節　公益に人生をかける公益人の物語／216

1. 巴雅尓図：故郷の放牧民と現代社会を結びつけるもの／217
2. 曹凱：90年代生まれの達成感／220
3. 石嫣：留学ではなく，新しい有機農業モデルを学ぶために渡米／224
4. 鄧飛：憤慨するより行動を／226

第2節　自己実現か社会的役割か―公益人の思索と自問／233

1. 公益人が語る「公益人とは」／233
2. 自己実現と社会的役割の狭間で／235

第3節　行政化，道徳化，市場化，そして人間性への問い／237

1. 「公益」と「慈善」との違い／237
2. 行政化，道徳化と市場化を巡る議論／240
3. 「二光之争」が示すもの／246

第7章　公益人によるソーシャル・イノベーションの求め方／253

第1節　ソーシャル・イノベーションの文脈―3つの公益思想／255

1. 中国におけるソーシャル・イノベーションの定義／255
2. 3つの公益思想／257
3. それぞれのソーシャル・イノベーション／258
4. 「参加」から「市場化」へ―公益パラダイムの転換／262

第2節　ソーシャル・イノベーションを可能にするもの／266

1. ソーシャル・イノベーションの成功要因―日本における先行研究から／266
2. ヒーローとなりうる起業家を生み出すソーシャル・エコシステムへの注目／269

第3節　社会起業を後押しする中国のソーシャル・エコシステムの特徴／272

1. 「資源」を供給するソーシャル・エコシステム／273

15

2. 「思い」を育むソーシャル・エコシステム／277

3. 「思い」と「資源」をつなぐソーシャル・エコシステム／279

4. 中国におけるソーシャル・エコシステムの構成要素／282

第4節　ソーシャル・イノベーション実践の傾向と公益人の思い／284

1. 中国のソーシャル・イノベーション事例に関する調査報告／284

2. 環境分野の若き市民リーダーたちのソーシャル・イノベーション目標／287

3. 公益の原理と問題解決の効率化の両立を模索する公益人リーダー／292

(1) 梁曉燕—理想主義を追い求める過程，声を上げ続ける場／293

(2) 沈東曙—価値を評価可能なスタンダードに，実践を普及可能なモデルに／295

終わりに－中国的市民社会と中国の社会変動／297

1. 公益人の目線から中国の市民社会を捉える／297

2. 「中国的市民社会」が示唆するもの／299

(1) 「自明の権利」より「権威の獲得」／299

(2) 能力主義と結果重視／301

(3) 結合し，打ち勝つ／302

(4) 不確かさと流動を厭わない／304

3. 生き方としての市民社会／305

参考文献／307

付　録／317

索　引／321

謝　辞／327

第1章

改革開放後の中国社会の変動を
どう捉えるか

第1節　中国社会の「転換」に関する諸議論

　中国社会の「転換」について陸学芸や李培林は1990年代前半においてすでに論じていたが（陸，1995；臧，2012），多くの社会学者によって盛んに論じられるようになったのは，改革開放後30年経過した2009年頃からであった。中国社会の変動を「社会転換（social transformation）」（中国語は「社会転型」）として語る議論から，2つの共通点が読み取れる。1つは，社会の変化を細々とした現象の変化としてではなく，社会構造全体に及ぶ「（上からの改革に基づいた）モデルチェンジ」として捉えていること，もう1つは，その変化は完成形ではなく，まだ途上にあるという認識である。

　では，中国社会の「転換」は具体的にどんな転換を指し示すのだろうか。既存研究から紐解いていこう。まずは「中国共産党の社会的発展観の推移」という視点から転換の意味を指摘した邴正（2009）の議論を見てみよう。彼は欧米社会に見られるモダンからポストモダンへの推移を概観した上で，中国社会には独自の発展段階があると指摘する。「現代の中国は革命的発展観，改革的発展観，そして科学的発展観の3つの段階を経験している」（邴，2009：181）。革命的発展観に基づく中国社会は，毛沢東思想を拠り所に階級闘争によって歴史の進歩を求めようとした。改革開放後鄧小平が提起した改革的発展観は，経済開発を中心に据え，経済発展こそが正義という理念の下で，独自の社会主義的市場経済を発展させようとした。予想を上回る経済開発の成果と，もはや看過できない巨大で複雑な矛盾の露呈を踏まえ，胡錦濤政権は「調和」と「持続可能な発展」を求める科学的発展観を新たに提起した。それは社会の発展に関する中国の（中国共産党の）模索の結晶であり，中国社会の新たな発展段階の到来を意味すると邴は指摘する。「社会主義と市場経

済の結合」,「農業社会から工業社会さらに情報社会への進展が同時進行」,「非均衡的社会構造」,「伝統文化と革命文化,外来文化としての西洋文化,さらに中国本土で新たに誕生した新文化の混在」という4つの矛盾を抱えている転換期の中国は,科学的発展観に基づき解決の道筋を探っていかなければならないと郡は主張する。党の統治方針というトップダウンの視点で中国社会の転換を考察する際の典型的な議論だといえよう。

　トップダウンの視点から転換を描く議論として,ほかにもたとえば毛志浩（2014）がある。「転換」とは開発主義から人本主義（物ではなく人を中心にするという理念）への転換だと述べる毛の主張は,郡がいう「改革的発展観」から「科学的発展観」の段階への転換に相当する。「人を中心とする,ということこそが,科学的発展観の核心と本質である」と述べ,人本主義への転換の背景には,開発主義がもたらした格差の問題,環境破壊の問題,その他リスク社会の各種問題があると毛は指摘する。そして転換の方向性と目標は「調和の取れた社会」にほかならず,そのためには党が掲げた人本主義の原則に基づき,人本主義の価値観を浸透させ,それに基づく科学的な実践と反省を繰り返していく必要があると毛は主張する。

　党の方針と政策に寄り添ったトップダウンの視点から定義される「中国社会の転換」は,このように「科学的発展観と人本主義への転換」を意味するといえる。この中国的社会転換の特殊性を社会科学理論の枠組みに位置づけた上で議論したのが,王帆宇・朱炳元（2014）である。「社会転換の実質と現代中国的視野」と題するこの論文では,社会科学において社会の転換は構造的変動を指し示し,その特徴は「全体性」「異質性」「重層性」「形式性」の4側面に現れると分析している。全体性とは,物理的・技術的,制度規範,思想文化などを含む「全方位」の変革であることを示し,異質性とは,伝統的な要素と現代的要素が雑然と併存し,それぞれ影響力を持つ

ている状態を示す。重層性とは新旧の社会構造が重なっている性質を示し，形式性とは，古い体制が依然として存在するため，唱えられている「あるべき姿」と現実の姿が一致しない様子を示す（王・朱，2014：135-136）。中国の社会転換は伝統，モダン，ポストモダンの同時進行を体現し，「モデル創出⇒実験と調整⇒体制的に推進⇒過渡的対応⇒転換の完成」というプロセスを政策的・戦略的に推進された結果であり，「社会の構造転換の一般的な特徴を有しつつも，中国独自の実情に基づき，中国の特殊な環境において柔軟に転換を実現できている」と論文では主張している（王・朱，2014：140）。この研究は中国の特殊性を社会構造の転換に関する一般理論と結びつけて論じたことに特徴があり，さらに，社会転換の駆動力として「政府と市場の力」だけではなく，それ以外の社会組織の重要性を強調したことも特筆に値する。「政府と市場の二輪駆動は無論中国社会の構造転換を推進する上で巨大な力を発揮しているが，より持続的により深く社会の転換を発展させるためには，非政府，非市場の社会組織との連携が不可欠となる。これらの社会組織は社会構造の転換の結果として誕生したものであると同時に，転換を推進する力でもある。事実上，社会の転換期における社会組織の役割は政府や市場によって代替し得ないものであり，社会の効果的な運営にとっては『第三の手』にほかならない」と王と朱は論じている（王・朱，2014：138）。

　王と朱の研究は「転換」における社会組織の意義への部分的言及はあるものの，トップダウンの視点に基づく研究には変わりはない。トップダウンではなく，民間の視点を主張の基調とする研究として，まず中国社会学会名誉会長でもあった鄭杭生が黄家亮と共著で2012年に発表した「社会構成員が実感できない成長から実感できる発展へ―中国における社会転換の新たな命題と解題」が挙げられよう（鄭・黄，2012）。論文では「実感できない成長」は避ける

べきだと指摘し，「社会構成員が実感できる発展」という意味での
転換を目指すための課題を提起している。「富国強兵によって民族
の尊厳を取り戻し，世界における確固たる地位を獲得することがわ
が国の社会転換と現代化の目標とされてきた。この論理では，富国
が常に第一の課題とされ，国が豊かになれば民強，すなわち民も豊
かになると考えられていた」（鄭・黄，2012：7）。しかし富国は「民
が豊かになる」こととはイコールではないと鄭と黄は強調し，実際
に現段階の中国社会おける「転換」は，「構成員が実感できない成
長」を意味する側面が大きいと指摘する。「市場経済の無情，価値
観の多元化による対立と紛争，社会的格差の激化による不公平感の
蔓延と正義感の欠如，自然資源の濫用による生態環境の悪化など」
が人々の幸福感を低下させ，経済成長はもはや幸福をもたらさな
い現状に対応するためには，「再び生活世界の優先的地位を確認し，
真に人本主義を求め，民生（人々の生活）を第一とする政策と実践
を実施していかなければならない」という（鄭・黄，2012：8）。「生
活世界における民生」を第一に考えるならば，多様な主体による参
加の社会的メカニズムを構築する必要があると鄭と黄は主張してい
る（鄭・黄，2012：11）。

　同様に「生活世界」に注目し，そこで生きる人々の視点から社会
の転換を描き出そうとした研究に，劉少傑（2014）がある。劉は「転換」
に関する従来の研究を「経済体制の転換」，「社会構造の転換」，「社
会形態の転換」，「変容途上論」という4つの類型に分類し，そのい
ずれも中国社会の転換を説明するには不十分だという。改革開放後
の社会的変遷は市場経済の展開による経済体制の変化に過ぎず，完
全な意味における「社会転換」ではないとし，社会の転換を見るな
らば，経済体制ないしその他すべての体制の土台となる「生活世界」
に目を向けなければならないと劉は指摘する。J・ハーバーマスが
いう「生活世界」は中国ではまさに「梁漱溟が論じた家族を単位と

する倫理社会，費孝通が論じた差序格局（己を中心とする距離と序列の人間関係モデル）に基づく関係社会」として存在するという（劉，2014：35）。生活世界はすなわち中国の伝統社会であり，そこに定着している思考様式，行為様式と生活様式は，経済体制の変化にもかかわらず現在も不変な形で人々の生き方を規定している。「歴史的に見て，中国の政治体制は不変ではない。逆に体制外の生活世界は長期に亘ってその安定性を見せている。それは中央政権の影響力が及ばない末端社会であり，風習によって継承されてきた礼儀と習俗の社会である」（劉，2014：36）。生活世界は人々の原初的価値を反映している。中国における原初的価値とは「己を中心とし，家庭を根本とし，倫理関係に基づき善悪を判断し行動目標を定める」という価値原則だという（劉，2014：38）。経済体制が生活世界から分離して変化する場合，体制の精神的基盤の欠損を意味する。中国社会の多くの社会問題はそこに起因すると劉は指摘し，「相対的な不変性」を見せる中国の生活世界（伝統社会）と協調性を有する体制変革を目指さなければならないと主張する（劉，2014：39）。

　体制の土台となる末端の生活世界には「不変な中国がある」と劉は論じるが，他方，生活世界に生きる人々が社会の激しい変化に直面せざるを得ないという事実も否定できない。孟憲良（2014）は社会の転換には常に社会的交際の秩序の乱れと価値観の再構築が伴うと述べ，「技術優先の生産方式，功利主義的人間関係および価値理念に欠けた管理制度」などの転換期の特徴は，社会に生きる「個体」としての構成員を制約し，帰属感が得られない構成員は緊張状態に置かれてしまうと指摘する。このような社会構成員の緊張状態を解消していくためには，社会の「自治能力」を高めるしかないと孟は主張する。「自治」を実現してこそ，社会的相互承認を強化し，亀裂を修復し，構成員の生活と幸福にとって安定的な土台を築くことができる。そして自治の実現には「自律的な社会団体，社会組織を

発展させ，公共精神を育む」ことが求められるという（孟，2014：114）。

　以上の先行研究に基づいて言えば，中国社会の転換はトップダウンの政策的視点から定義すれば，「科学的発展観と人本主義に基づく社会構造の転換」を意味するだろうが，人々の生活世界に目を向けると，伝統社会の「原初的価値」に取って代わるような「転換後」の価値は全く見えず，自分たちがどこに向かうのか明確に把握できる確かな「転換」は実感できず，戸惑いと緊張と矛盾の中に置かれている状況が見えてくる。それを「主体性の困惑」という言葉で表現し論じたのが王洪波（2012）である。「人間の主体性は自然発生的に存在するのではなく，長期に亘る社会実践のなかで，歴史的な沈殿から生成される」と述べた上で，王は現在の中国社会においては，個人の主体性は市場を志向する経済活動の普及によって現実的に生成されているという。そんな個人には「自失的主体性」と「自覚的主体性」の両方の併存が見られる。自失的主体性とは，現実社会にどう対応すればいいのか分からず，「見知らぬ社会」という感覚に圧倒され，現実は壁だらけだと感じる状態だという。自覚的主体性とは，人生の真の意味に向けた覚醒の状態をいう。金銭や権力，地位や名誉などの外面的圧力に対して反抗し，自分自身ならではの価値と観念を確立させようとする主体を意味する。「転換期の中国では，自失と自覚両方の主体性が複雑に1人の人間の身に現れ，時には一方が他方を圧倒し，時には両者が拮抗する」（王，2012：17）。

　このように，中国社会の転換とは，そこで暮らす人々の目線から見れば，伝統社会の原初的価値と現実の経済・政治・社会体制との乖離に戸惑いと無力感を感じながらも，主体性に目覚め，新たな社会的連帯を体現する自治や社会組織の必要性を認識し，「自覚的主体性」を模索しようと揺れ動く人々の「生活の様態」にほかならない。現代中国社会の変動は，トップダウンの改革開放によって引き

起こされるものだが，変動のリアリティは，生活世界に生きる人々による，自覚的主体性と他者との新たなつながり方への模索の過程にこそ現れているといえよう。

第2節　「個人化社会」としての現代中国社会

トップダウンの視点からは「科学的発展観や人本主義」といったスローガンしか見えない中国社会の転換も，ボトムアップの視点から見れば，個々人の主体性への模索と新たな社会的連帯への志向性が見えてくる。トップダウンとボトムアップ両方の視点が交差するコンセプトとして，「個人化社会」を挙げることができる[1]。

「個人化」が可能になった条件として，一般的には1980年代以降に推進された経済の自由化，市場経済化，労働市場の自由化及び都市化が挙げられる。しかし，「個人化」は改革開放後に一気呵成に進められたものではない。それに先立ち，中国の場合は「近代以降の政治運動」が大きな役割を果たしたと趙が指摘する（趙，2011）[2]。新中国建国後，国家が政治運動を通して農民を伝統的な家族の権威から解き放し，その忠誠心を党と国家に帰属させようとした。家父長の威厳が打倒され，政治意識に基づく「同志」が血縁と人情に基づく友人や親戚関係に取って代わり，階級闘争が親族アイデンティティを大きく弱体化させた。「1949年から1979年まで，家族組織の経済的土台と組織構造が体系的に解消され，集団農業と群衆の管理に取って代わられた」（趙，2011）。それによって2つの結果がもたらされたという。個人とその家庭が伝統的な血縁的コ

1　本節の中国社会における個人化傾向に関する部分は，李妍焱（2015；2017）の一部に基づき加筆修正している。

2　趙爽（2011）は，原文が入手できず，中国社会発展研究ネットに転載されたものを参照しているため，引用箇所のもとの頁数は不明である。以下同論文からの引用に関しては同様。http://www.nisd.cass.cn/news/660569.htm（2017年6月20日参照）。

ミュニティの権力から解放されたこと，そして個人とその家庭は直接国家権力の下に置かれたことである。

だが1980年代に至るまで，公共生活における西洋型の個人主義や自律的な社会組織の存在が全く許されなかったため，親族社会から解放された個人とその家庭の日常生活は，すべてが集団，国家に依存し，組織化されるものとなった。「集団化時代におけるありとあらゆる公共活動は組織されたものであり，社交は常に政府が要求するイデオロギーの枠組み内で行われなければならない。そこで強調されたのは，国家の掌握下にある集団に対しての，個人の完全なる服従である」（趙，2011）。このように，改革開放前には，共産主義政治運動による「伝統的な家族社会からの個の解放」があった。しかし，解放された個はその独立性が認められず，完全に国家と集団に従属する存在と位置づけられた。個人に対する二度目の解放は，1980年代を待たなければならなかった。

改革開放後の中国の社会変動を，「下からの社会づくりの仕組み」である市民社会の動きに着目して捉えたい，というのが筆者の一貫した問題関心である。その根底には，中国の社会変動を，「個々人が自らの意志に基づいて動ける範囲，選択肢の拡大」という方向性に向かうものとして捉えたい意図がある。実際，「個人化」は改革開放後の中国社会を描くキーワードとして挙げられている（王春光，2013；王力平，2013；馮莉，2014など）。この用語はU・ベックの「個人化（individualization）」概念（Beck，1992）に基づくが，Yanによれば中国社会の個人化とは，社会的エリートのみならず，すべての人間が合法的に社会的流動を経験できるようになり，個人は家族や何らかの集団に所属する一員としてではなく，彼（彼女）自身として他者と付き合い，人間関係や組織，制度と関係性を築き上げることが可能になったことを意味するという（Yan，2009 = 2012）。

トップダウンの視点から見れば，「個人化」は中国社会において

リスクとして捉えられがちである。王力平（2013）は，ベックが中国の研究者からインタビューを受けた際の言葉を引用し，中国も西欧社会と同様に，リスク社会の段階に入ったと指摘する[3]。

　　ベックは次のように語った。「現代の中国社会は巨大な社会変動によりまさにリスク社会に入り，さらにはハイリスク社会に突入する可能性がある。西洋社会の発展の傾向から見れば，現在の中国は正に普遍的都市化の段階にあり，都市の容積の問題，発展の不均衡と社会階層の分裂，都市と農村の格差の拡大などの現象が顕著であり，これらはいずれもリスクの問題として捉えられる」。（王，2013：120）

　王力平は，「個人化」を社会問題の分析の「基点」とすべきだと主張する。社会の問題が直接「個人」の問題として現れるため，社会的な原因の探求が行われなくなる恐れがある。個人の成功と能力の強調により各種社会的不平等が正当化され，合法化されることが危惧される。人々が必死に自らの能力を高め，生きることに意味を与えようとするが，周りの環境は日々絶えず変化していく。頼りになる安全な，精神的な支えはもはやなく，そんな生活に直面する個々人は孤独で不安からは逃れられない。グローバルな利己主義のリスク時代におけるこのような「個人化」の状況は，社会にとってリスク以外の何ものでもないと王は指摘する（王，2013）。

　無論，中国社会の「個人化」とベックがいう「個人化」は同一ではない。王春光（2013）によれば，ベックの「個人化」概念は，福祉国家の制度が確立されているドイツの「第2の近代」を背景とす

3　薛暁源・劉国良，2005，「全球風険世界：現在与未来―徳国著名社会学家，風険社会理論創始人烏尔里希貝克教授訪談録（グローバルリスク社会―現在と未来　ドイツの著名な社会学者，リスク社会論創始者U・ベックインタビュー記録）」，『馬克思主義与現実（マルクス主義と現実）』2005年第1号より。

るのに対して，中国は伝統社会と第1の近代（伝統社会からの近代化）と第2の近代（再帰的近代）のいずれも混在する社会であり，福祉国家の制度も形成途上にある。しかし王春光も同様に，改革開放後の中国社会の個人化は，「社会秩序の土台を損ねる」と警告する。

　ベックの「個人化」概念は伊藤（2008）によれば，「一般社会学概念」としての個人化，「時代診断」としての個人化，そして「規範的要請」としての個人化の3つに分類できるという。「一般社会学概念」としての個人化とは「人が伝統的な社会形態や紐帯から解き放たれ」，伝統がその確実性を喪失し，個人が社会のなかに新しいやり方で組み込まれることを指す。これは，第1の近代である「伝統社会から産業社会への転換」における個人化と理解できる。「時代診断」としての個人化はいわば「第2の近代」の個人化であり，個人が「産業社会から世界リスク社会の動乱へと解き放たれ」，産業社会の確実性が失われる過程だという。「個々人を防御・支援する機能や，個々人の生やアイデンティティに長期的・持続的に意味を付与する機能」を果たせる集団の寿命が短期化し，十分にその機能を果たせなくなった第2の近代の「個人化」は，主体をフィクションにするという。「規範的要請」としての個人化は，第2の近代を生き延びるための個々人に対する「規範的要請」，すなわち「個々人は自分自身を，（中略）設計事務所として捉えることを学ばなければならない」という積極的な行為モデルへの要請である。伊藤は，「個人化は個人の人生上におけるリスクでもあるがチャンスでもありうる。ベックにおいて個人化は，それ自体が悪なのではなく，肯定的な面も否定的な面も持つものとして想定されている」と主張する（伊藤，2008：321）。

　今枝はさらに一歩進んで，ベックがいう第2の近代における個人化は，「社会の統合を脅かし，解体に導くのではなく，むしろ動態的な集合性や凝集性をもたらす」と主張する（今枝，2009：313）。

「もはや伝統的な規則や規範に依拠できない現代において，諸個人は手探り状態で自己選択的に他者との関係性を実験的に構築していくほかはない」。その行為には「自分の人生の選択と他者のそれとを調和させる圧力」が含まれているため，「必然的に実験的な文化に向けて開かれており，新しい社会形態を創造する」ことにつながるという。「今では諸個人はかつてよりもはるかに広い選択肢から自分自身の生活史を構築しなければならない。（中略）自己選択的な生活の時代において，諸個人はもはや伝統的規範や所与の選択肢によって統制されない。優先権は構成的な規範に与えられなければならない。それは自己選択的な実験を可能にし，個人化がアトム化に傾くのを妨げる」と今枝はベックの議論をこのように分析している（今枝，2009：312）。

　伊藤と今枝の議論に基づいて言えば，個人化傾向は，トップダウンの立場からすれば克服すべきリスクだろうが，ボトムアップの社会づくりという視点から見れば，新しい社会規範と社会関係を創出する源となりうる。本書ではボトムアップの視点を大切にし，後者の立場から論じていきたい。

　しかし，王建民（2013）によれば，中国の個人化はより複雑だという。改革開放後に現れた「主体」としての個人には，中国的特徴が伴う。

　第1に，強いエゴイズムの色彩が伴うこと。西洋型の個人化には，明確に権利と義務が定義された政治的主体としての「個人」が前提としてあり，それが「個人の確かさ」を制度的に保障している。しかし中国的な「個人」の存在の確かさは政治的権利と義務によってではなく，本人を取り囲む曖昧な人間関係網に依拠している。人間関係網に含まれる資源の多寡と強弱が，直接個人の存在根拠を左右するため，例え公共の利益を損なっても人々は個人の人間関係網を優先し，利己的に行動しがちだという。

第2に,「個人」としての精神世界が形成されにくい状況にあること。改革開放後の制度的変動によって個人化は推進されたものの,開放前に精神世界までも集団化されていた人々は,国営企業の改革を経てもなおその呪縛から逃れられない。「単位人（職場によってすべてを管理され,すべてを供給される存在）」から「社会人（社会的に独立した人間）」になったと言われても,どのように「社会人」として振る舞えば良いのか分からず,精神的に準拠すべき倫理・道徳の規範を見いだせない。その結果,自分の権利ばかり主張し,他者や公共に配慮しない「無公徳人間」が社会問題となった。

第3に,転換期の各種制度的不備による社会不信の問題。制度的な不公平や公権力の濫用などによって社会的信頼が大きく損なわれ,人々は「自衛する」心理からますます家族や友人などの人間関係網に頼るようになり,公共に対してコストをかけなくなる。

最後に,王建民（2013）はインターネットの影響を強調する。直接経験していないリスクもインターネット経由で瞬時に伝わり,ますます人々の警戒心,自衛意識を駆り立てる。直接対面関係にない相手ともネット上でつきあうようになり,人間同士の交流が表面的にとどまる傾向がもたらされ,「オンラインの賑やかさとオフラインの孤独」の同居現象が生じるようになったという。さらにネット依存の生活においては,自由に検索可能なネットの力を借りて自我を確立させたい側面と,結局は膨大な情報量の前では手も足も出ず,依拠できそうな「権威」を探し求める羽目になるという矛盾を抱え込む「個人」の姿がそこにあるという。

このように「中国的個人」は,計画経済時代の制度的束縛から大きく解き放された個人である一方,利己的で公共心と社会的信頼が乏しく,自我を確立させられないまま多くの矛盾を抱え込む存在だと王建民は指摘する。「個人化」が中国社会にとって「新しい社会規範と社会関係をもたらす」創造の源となるためには,王が指摘し

たこれらの問題に如何に対処すべきか，模索しなければならない。

第3節　個人の生き方に表現される「転換」
一市民リーダーの誕生

　ボトムアップの視点から中国社会の転換を見ると，個人化が進行する現在の中国社会において，生活世界を生きる人々が自らの主体性と他者とのつながり方に挑んでいる姿が見えてくる。その姿は特に，市民リーダーによって体現されている。その生身の姿を示すために，本節ではとりわけ環境保護の分野で活躍している中国の若き市民リーダーを取り上げたい。彼らは改革開放後に生まれ育った正に「個人化」時代を生きている世代であり，自失的主体性と自覚的主体性の間を揺れ動く彼らが，どのように王建国（2013）で指摘された「利己主義と公共心・社会的信頼のなさ，自我を確立させるための矛盾」による呪縛から逃れ，自らの自由意志により社会問題に取り組むようになり，自分ならではの価値と観念を確立させようとしているのか。彼らの生き方から，個人化社会となった中国社会において，「下から」新たな社会規範と社会関係を創出する担い手がどのように現れるのか，その一端を読み取ることができよう。

1．若き市民リーダーへの調査

　本節は，2016年度駒澤大学特別研究助成を得て筆者が実施したインタビュー調査に基づく。詳細は李妍焱（2017）を参照されたい。この調査は2016年11月から2017年1月にかけて，環境分野の若き市民リーダー11名を対象に実施したものである。4名は実際現地に赴き，対面によるインタビューを実施し，残りの7名はWeChatを利用した。

　対象者の選出においては，環境保護分野において特に活躍して

いる若者のリーダーを選出し，資金や運営のサポートを行う環境
NGO「合一緑学院」の「勁草プロジェクト」の協力をいただいた。
そこで選ばれたリーダーの中から，1980年代以降に生まれたリー
ダー（およそ36歳以下）を推薦してもらい選定を行った。なお，合
一緑学院の創設者呉昊亮，及び基金会で環境分野のNGOを支援し
ていた楊方義も対象者としている。

　勁草プロジェクトは，「成長期」の環境保護団体の「中核的人材」
を支援するプロジェクトであり，2012年12月から環境分野に熱心
な「北京市企業家環境保護基金会」[4]と「GLOBAL GREENGRANTS
FUND」（以下GGF）が共同でスタートを切ったプロジェクトであ
り，その後「浙江敦和慈善基金会」や「南都公益基金会」（以下「南
都基金会」），「深圳市紅樹林（マングローブ）湿地保護基金会」も支
援に加わり，合一緑学院が実施責任者として運営している。「成長
期」の定義としては，「一定期間の模索を経てすでに自分たちの活
動分野についてある程度把握しており，活動の方向性が明確であり，
中心となる事業内容も形成されている状態。かつ中心的なメンバー
が安定し，専従化・専業化が進んでおり，調達する資源の多角化も
進んでいる状態」だという。支援対象となるこのような成長期の環
境保護組織の「中核的人材」とは，端的に団体運営の責任者（CEO）
を指す。選定されるリーダーには「向上心，責任感，寛容，適材適
所の人材配置能力，仕事に対する熱意，成果と結果へのこだわり，
伸びしろ」などの素質と傾向が求められる。選ばれたリーダーには
3年間，合計30万元（約500万円相当）の資金援助が提供されるほか，
企業界やNGO業界のベテランによるメンター制度により，一対一
の助言やスキル指導のサポートが得られる[5]。2013年から毎年選抜
が行われ，2017年の時点で，すでに30名以上のリーダーがサポー

4　本書第5章で紹介する阿拉善SEE基金会の支部の1つ。

5　勁草プロジェクトについてはhttp://www.jctx.org.cn/a/about/参照。

表 1-1　インタビュー実施スケジュール

時間	対象者	活動団体	方法
2016 年 11 月 11 日	張 伯駒	自然之友 （自然の友）	対面 インタビュー
2016 年 11 月 12 日	呉昊亮	合一緑学院	同上
11 月 12 日	向 沖	楽水知行	同上
11 月 12 日	楊方義	阿里巴巴（アリババ）基金会 （現在は「中国公益研究院」）	同上
12 月 19 日	巫嘉偉	成都康華社区発展中心 （成都康華コミュニティ発展センター）	WeChat 経 由のインタ ビュー
12 月 20 日	郭永啓	緑行斉魯行動研究中心 （緑行斉魯行動研究センター）	同上
12 月 20 日	徐磐石	紹興市朝露環保公益服務中心 （紹興市朝露環境保護公益サー ビスセンター）	同上
12 月 26 日	巴雅尓図	内蒙古西鳥旗放牧区信息服務中心 （内モンゴル西鳥旗放牧区情報サー ビスセンター）	同上
12 月 27 日	Jerry※	IFINE	同上
2017 年 1 月 3 日	劉 丹	江西青贛環境交流中心 （江西青贛環境交流センター）	同上
1 月 10 日	王宇蕭	寧夏青緑環保中心 （寧夏青緑環境保護センター）	同上

※本人の希望により英文名を掲載。組織名も英文略称を掲載。

トを得ている。

　対象者のライフストーリーについて，以下の 6 つの質問に沿っ
てインタビューを行った。

① 今はどんな活動を，どんな方法で行っているのか，なぜその
　ような方法を取っているのか（活動内容・手法）。

② いつからその活動を始めたのか，なぜ始めたのか（活動のきっ
　かけ・背景）。

③ その前の人生経験。何が自分に重要な影響を与えたのか。特に，

主流価値観と行動パターンから抜け出すことに影響を与えたものは何か（活動の意志の由来）。

④ 今の活動を続ける力はどこから来るのか（継続の力）。

⑤ 今の生き方，生きる状態についてどう考えるのか（自己評価）。

⑥ 中国の若者の生き方について，どんな感想を持っているのか（若者の生き方の評価）。

聞き取り調査の結果に関するまとめと紹介は前述のように李（2017）を参照されたいが，ここでは考察の部分を一部修正した上で紹介しておきたい。

2. 若き市民リーダーが如何にして誕生したか

「先駆者たちは，世界を変えようとしたわけではありません。ただ"自分たち"の世界を変えようとしただけ。でもそれをやっていく中で，1人，2人，3人，コミュニティや国全体，そして世界の考え方やあり方までを大きく変えてしまうことがよくあるのです」。マーク・アルビオンが著書『社会起業家の条件』において，ザ・ボディショップ創業者のアニータ・ロディックの上記の言葉を紹介している（Mark Albion, 2006=2009: 21）。先駆者となる市民リーダーに注目するのは，彼らの人生に「周りを変え，世界を変える」可能性が秘められているからである。市民リーダーがどのように生まれるのかを考察することは，世界を変える可能性がどこから生まれるかを探ることを意味する。

「利己的で公共心と社会的信頼が乏しく，自我を確立させられない」という中国の「個人化」の問題は，インタビュー対象者たちによる同世代の若者の生き方に関する評価からも読み取ることができた。では，彼ら自身はどのようにこの問題を克服しているのだろうか。中国社会が激しく変動する中で，数年の違いだけでも意識や行

動パターンの変化が生じる。インタビューデータの整理から，80
年代生まれと90年代生まれの違いが見られた。この違いを理解し
た上で，若者の市民リーダーの誕生をもたらす要因について分析し
てみよう。

80年代生まれの市民リーダーの語りには，感性，情熱，理想，
市民意識，努力，仲間などの言葉が目立つのに対して，90年代生
まれに近づくにつれて，理性，個性，自己実現，他者の評価，自分
のやりたいこと，などの言葉が目立った。「個人化」がますます深
化していったことが，ここにも現れている。しかし共通していえる
のは，彼らの人生において環境問題への取り組みは「生き方」の一
部となっていること，すなわち「社会問題」としてではなく，「自
分の問題」として捉え，位置づけていることである。彼らの「エゴ
（自我）」の中に，公共と社会の問題が融合されている。では，なぜ
彼らが自らの人生において，「自分事」として社会問題に取り組む

表1-2　1980年代生まれと1990年代生まれの市民リーダーの傾向

	1980年代生まれ	1990年代生まれ
人物	呉昊亮（1979年生まれ）、楊方義，Jerry，張伯駒，巫嘉偉，郭永啓，巴雅尔図，劉丹	徐磐石，王宇簫，向沖
市民リーダーになったきっかけ	学生社団での活動（この点はほぼ共通するが，環境分野の学生社団の隆盛期は2002年〜2008年頃までだという。また社団の性質も「つながり熱意が刺激され暖め合う場」から「個性と能力を伸ばす場」への転換が見られる。）	
意志の由来	子ども時代の「心の風景」，情熱	個性と自己実現，理性
継続の力	同じ分野で頑張る仲間たちの存在	他者に認められ評価されること
自己評価	天性を大切に，努力の過程に誇りを	自分の信念とやりたいことに忠実
同世代の若者の評価	情報化・市民意識の萌芽⇔孤独・経済的プレッシャーの増大・理想堅持の困難	多元・多様化⇔世俗化・迷い・現実的な不自由

ことができるようになったのか。「個人化」した中国社会において，新しい社会規範と社会関係が「下から」構築される可能性を模索する上で，彼らのストーリーは示唆を与えてくれよう。

（1）子ども時代の原風景－肌感覚の感性と規範の土台形成

　若者の市民リーダーが今の活動に従事するようになった「思い」の根底に何があるのか。インタビュー対象者は幼少期の環境と経験，身の回りの環境を多く語っている。典型的なのは，呉昊亮がいう「天性」，張伯駒が述べる「心の声」だといえる。

　呉昊亮：江蘇省の出身だけど，子どもの頃は田んぼでいっぱい遊んだ。「天性」とでもいうべき素直な性格で，本に書いてあることはそのまま信じていたので，「環境は守るべきだ」という意識は子どもの頃からあった。大学に入学して環境 NGO の活動に関わると，子どもの頃，兄とよく田んぼで遊んでいた記憶が一気に蘇り，活性化したと思う。

　張伯駒：家は北京郊外にある父親の職場の植物園の中にあった。小学校と中学校の時はいつも朝５時頃起きて，鳥の鳴き声を聞きながら誰もいない植物園の中を通ってバス停に通っていた。夜も怖いぐらいに真っ暗になるまでいつも植物園で遊んだ。遠くの学校に通っていたので近所に一緒に遊ぶ友達がいなくて，木が遊び友達だった。北京人と言っても，「田舎育ち」の感覚があった。それが自分の「心の声」を作ってくれたと思う。その後の人生の進路は，この心の声の導きがあるのでほとんど迷うことなく進むことができた。

　張伯駒は植物・生物が大好きで生物学オリンピックにも出場し，大学でもそれを専攻しようとしたが，希望する大学に入れなかった

35

ために「旅行管理（観光ビジネスマネジメント）」学科を選んだという。「天文地理，歴史や環境とすべて関わる学問だから」という理由であったが，そこで学んだ観光は「都会の欲望を田舎に持ち込もうとする環境破壊にほかならない」と激しい反発を覚えたという。その反発の根底には，子ども時代のこのような経験，自分の「心の声」があるという。がむしゃらに「自然之友」の仕事に打ち込み，2010年ごろ体を壊したことで休養を決め，その後香港で政治学の修士課程を修めた。博士課程に進学すべきか，北京に戻るべきか考えるために登山に出かけたという。「何歩も歩かないうちに気づいた。自分の選択はとっくに自分の中にある」。すぐにちょうど募集中の「自然之友」の「総幹事」（CEO）に応募し，戻ることとなった。

ほかにも Jerry や巫嘉偉，巴雅尔図が子ども時代の家の周りの風景や遊びについて懐かしそうに語ってくれた。彼らはその風景の激しい変化に切実な衝撃を受けていた。上海郊外で生まれ育ったJerry は，遊んでいた川が黒く臭くなり，畑が消え煙を吐き出す工場に置き換えられ，親が健康問題を抱えるようになった様を見ていた。巴雅尔図は，遊牧民である自分たちが，遊牧民をやめさせられたことによって如何に「干上がりつつある川に残された魚みたい」になっていたかを見ていた。そして向沖は，故郷の環境汚染によって父親や親戚などの身近な人を病気で亡くしていた。彼らにとって自然や環境は，正に「肌感覚」で感じられる身近なものであり，自然と環境に関する感性，規範と価値観も，自らの「内側」にあるといえよう。

(2) 学生時代の「環境社団活動」－「意志」の成果との出会い
　若者が市民団体などに接するようになるのはほとんど大学（高校）に在学中で，学生社団への参加がきっかけとなっている。1980年代生まれの若者が学校に在学していたのはほぼ2000年〜2008年

ぐらいの間であり，この時期は環境問題に関する情報が報道されるようになり，多くの環境 NGO が登場した時期でもある。環境 NGO 分野の歴史上有名な「怒江事件（環境 NGO の反対により国家プロジェクトである怒江ダムの工事が休止に追い込まれた事件）」を筆頭に，2003 年〜2004 年頃は環境 NGO によるアドボカシー（権利擁護と政策提言）活動が特に盛んな時期であった（王・鄭，2007：79-87）。その背後には，NGO のネットワーク化が挙げられ（相川，2005），学生社団も学外の環境 NGO と密につながり，熱心に活動する学生たちには，環境保護分野の「伝説の人」と言われるキーパーソンたちに接し，そのすぐそばで一緒に活動する機会も多くあった。楊方義が最も影響を受けたという北京山水自然保護中心（北京山水自然保護センター）創始者，北京大学教授の呂植氏はまさに環境 NGO 分野の有名人の 1 人で，今回の調査対象者の 1 人でもある 1979 年生まれの呉昊亮も，「緑石」や「済渓論壇」を創設するなど環境分野では影響力のある 1 人である。「まぶしい先輩」との出会いによって熱意が点火される若者が多い。楊方義は，「1997 年から 2004 年か 2005 年までだと思うが，学生社団は大学ではまだ『新しい現象』で，大学側もひたすら支援していた。特に環境分野は花形だった」と語る。大先輩や他地域他大学の学生たちと交流できるだけではなく，海外の NGO や財団主催のプロジェクトに参加し研修を受ける機会もあり，一学生でありながら，「活動したいという意志」に従って行動すれば一気に世界が広がり，華やかな成果が感じられるという実感から，環境保護分野の学生社団は人気を誇っていた。

　1990 年代生まれの若者が在学するのは，2008 年以降になる。学校では相変わらず環境分野の社団は多く活動しているが，変化が明確に見られるようになったという。

呉昊亮：2005 年頃までは，「熱意と理想」を強く持って取り組む人が多いと感じていたが，2008 年あたりから，減ってきたように思う。背景には不動産価格の高騰による経済的なプレッシャーの増大がある。

向沖：熱意と理想のある人が，「周辺化」されるようになったといえる。環境保護に熱心に取り組む若者が，「かっこいい」存在から「変わったやつ」になった。…90 年代生まれは，仲間から力をもらうというよりも，自分自身の「心の強さ」，「意志の強さ」で頑張っている。

劉丹：歴史的な段階の推移があったと思う。「青年環境保護の潮流」は確かにあった。大体 2000 年から 2012 年ぐらいまで，確かにキャンパスで多くの若いリーダーが生まれたと思う。象牙の塔と呼ばれる利害関係があまり入り込まないキャンパスという環境，若者の情熱がこの潮流を支えた。しかし 90 年代生まれが大学生になると状況が変わった。彼らは他人ではなく自分自身の「内側」に関心がある。80 年代生まれに比べるともっと現実的で理性を重んじる。もう 1 つの原因は，当初ブームの時は，環境保護分野に入るハードルが低く，ただの宣伝活動の手伝いなども立派な活動とされた。しかし団体数が大きく増え，専門性や能力も求められるようになったので，大学生では務まらないケースが増えた。NGO で仕事をするには，法律やメディア，デザイン，コミュニケーション，技術など総合的に高い素養と能力が求められる。学生社団の「出る幕」が減ってきていると思う。

　このように，90 年代生まれの市民リーダーの誕生のきっかけには，80 年代とはまた異なる要素があるように思える。団体数が増え，専門性が細分化され，インターネットのモバイル化と SNS 技術の

進展に伴って，先輩から後輩へ，人から人へという「温度のある熱意の伝染」が減り，特定の具体的な問題に対して，知識や技術，スキルを以て対応しようとする「理性に基づく実践プロジェクト」が増えた。市民リーダーの「意志」は，「心の声」に従うものというよりは，「自らの能力を証明する，哲学と目標を貫く」ものへと変化していった。

(3)「社群」のサポート─尊敬と承認の連鎖による自己肯定

　若い市民リーダーが「環境保護」という公共の問題，社会問題への取り組みを自らの人生において「使命」と位置づけ，そのような自我を継続的に形成させていた原動力はどこにあるのか。「迷い」の多い時代，経済的プレッシャーが増大していった時代にもかかわらず，自らの意志を貫く力はどこから来るのか。「継続の力」に関するインタビューの結果から，「社群（何らかのテーマを共有するグループ）」の存在，そして他者による「評価と承認」が要素として浮かび上がった。

　張伯駒のインタビューは 2017 年「銀杏パートナーズ」の選定イベント会場で行った。「銀杏パートナーズ」は 2011 年からスタートした若者のソーシャル・イノベーターを育成するプロジェクトであり，2016 年まで 81 名の若き市民リーダーを輩出してきたという。当初は南都基金会が設立した人材育成プロジェクトだったが，2015 年から「銀杏基金会」として独立している[6]。NGO やメディア，学術，ビジネスの分野で少なくとも 10 年以上活動し，特に人徳の厚い人々を推薦人として集め，推薦人から中国大陸で 2 年間以上公益的実践を行っている 20 歳から 40 歳までの若者（国籍無制限）を推薦してもらい，厳格な審査を経て「銀杏パートナーズ」として

6　南都基金会については本章第 5 章で詳細に取り上げる。

選出している[7]。3年間の資金援助と海外研修を含む研修支援，広報支援のほか，このプロジェクトの最大の特徴は選出された若者たちの「社群」を構築することにある，と張伯駒は指摘する。張伯駒も「銀杏パートナーズ」の1人であり，「同じように頑張っている仲間の存在」を実際に確認でき，交流し，尊敬し合える関係を持てることが何よりも心の支えになるという。

90年代生まれのリーダーたちには「社群」形成の機会も増え，実際本研究のインタビュー対象者たちが属する合一緑学院の「勁草プロジェクト」も，同じく合一緑学院による水資源保護NGOの支援プロジェクト「成蹊計画」や「成蹊・平和台」も，「社群」形成の機能を持っている。しかし80年代後半もしくは90年代生まれのリーダーにとっては，特定の「社群」におけるつながりと支え合いよりも，さまざまな場において自分自身が「認められる」「評価される」ことのほうが，彼らの自我の形成において重要な意味を持つように見える。

巫嘉偉：学んだ知識が現実の問題の解決に役立たなければならない。科学知識は自分の力と自信になる。

郭永啓：「社会の進歩に携わることができた」感動が自信につながった。

劉丹：自分の能力で道を切り拓きたい。父親やみんなに認められたい。まだ十分に認められたわけではないので満足できない。

徐磐石：子どもの頃から「反逆児」で，自分の能力で社会を変えてみたい。

向沖：共感できる人・ことを，自分の意志で選びたい。

1つの潮流に気持ちと熱意を合わせていくのではなく，より若い

7　銀杏パートナーズについては http://www.ginkgofoundation.org/hbsq.html 参照。

リーダーたちは自らの能力を発揮することによって自信を獲得したい傾向が見られる。

（4）支援の生態系（エコシステム）づくりへのデザイン

以上で若者の市民リーダーの誕生において，①肌感覚によって内面化された彼らの感性と規範が活動への意志を生み出していること，②学生社団という活動の入り口が開かれていたこと（ただし現在変化しつつある），③各種「社群」における仲間の尊敬と承認に基づく自信，自らの能力が評価された際の自信による継続の力，といった要因を見出すことができた。もう1つ注目すべきは，リーダーの誕生と成長を重要視する「支援側」が，戦略的に支援の生態系（エコシステム）づくりを行ってきたことである。「支援側」となる基金会や中間支援組織の動向については，本書の第5章と第7章で詳細に取り上げるため，ここでは論じないこととする。

3．中国的市民—「民間公益圏」に生きる人々

環境問題に取り組む若き市民リーダーを取り上げ，その誕生の経緯を考察したが，彼らのように，社会問題や公共問題を「自分事」として捉え，自らの人生の生き方とする人々は，中国社会では「公益人」と名付けられている。彼らは個人化社会を生きながら，エゴイズムや公徳の欠如などの呪縛から脱出し，自覚的主体性を確立させるために模索を続けている。彼らの生き方と考え方に，中国社会の「転換」がリアルかつ具体的に投影されているといえよう。

公益人の実践とネットワークはもはや中国社会を構成する不可欠な一部となっており，1つの業界を成し，「民間公益圏」（以下「公益圏」）と呼ばれている。「公益圏」は，大学生にとって就職先もしくは起業する領域として認識され，選択されるほどの認知度と存在感を，中国社会において獲得している。日本でいう「NPOセクター」

もしくは「市民セクター」に類似するが，広義か狭義かその間かによって，また強調点の違いによって定義の範囲が異なる日本に比べると，中国では公益圏が指し示す社会的領域（業界）はより明確である。詳細は次章において，公益圏の展開の経緯を辿りながら説明していくが，基本的には「公益」を掲げて多様な実践活動に取り組む人々のネットワークを指し示す。活動の形態として必ずしも法人格の種類で定義できず，その公益性もしくは社会性も客観的指標で評価されているわけではない。しかし，さまざまな社会問題・公共問題の分野において，「公益」が価値理念として確固たる凝集力を示しており，その価値理念の共有が「公益圏」のベースとなっている。そのベースの上で展開される人々の人脈と事業（活動）の連携および競争，つながりおよびネットワークが，「公益圏」の胴体を形作っている。

　習近平政権以来，「市民社会」（中国語には「公民社会」と「市民社会」２種類の訳語があり，意味の相違が指摘されることもある）という言葉は敬遠される傾向が見られることから，「公益圏」が中国の市民社会を示す最も一般的でニュートラルな用語となっている。市民的な活動もしくは事業に身を投じる「公益人」は，次章で紹介するように，とりわけ20代から40代の若い世代が多い。本書は，公益圏で生きる彼らの目線に寄り添う形で，彼らが自分たちの活動領域に関連するどんな社会的な変動に注目し，議論し，対応し，活かそうとしているのか見ていきたい。彼らが織りなす活動の諸相を空中から俯瞰するのではなく，彼らを中心に据え，彼らの目に映る周りの社会的状況の推移と変化を捉えていきたい。それが，中国における市民社会のリアルな姿に近づき，市民社会の展開の中国的特徴にアプローチしていく上で，最も適切な方法となるのではないかと考える。

第 2 章

中国的市民社会としての
「公益圏」の展開

市民組織や活動者を示す言葉について，中国では官民とも認める
用語として「公益組織」，「公益人」が広く用いられており，市民社
会は「民間公益領域」もしくは「公益圏」という言葉で示されている。

　民間の「公益圏」はどのように改革開放後の中国社会で展開され，
公共の担い手として成長してきたのだろうか。本章では「民による
公共の展開」という軸に沿って，公益圏が本格的に台頭する 1990
年代半ば以降の展開の概要を示し，全体の流れと傾向を示しておき
たい[1]。

第 1 節　中国的「公共」概念

　「民による公共」の可能性を示す公益圏の展開を述べるに当たり，
中国における「公共」の概念を理解する必要がある。中国の公共概
念に関する詳細な検討は古賀（2010）や兪祖成（2017）を参照され
たいが，ここでは簡潔に整理しておきたい。

1.「公共」概念の検討—歴史的アプローチ

　高中建・周菲菲（2013）によれば，現代の公共意識は近代化され
た社会構造と社会的実践に基づき，近代の公共倫理に準拠し，公共
生活領域に密接に関連する社会意識だという。しかし，「公共」の
概念自体は古代の思想にすでに見られる。中国古代の思想から「公
共」概念の解説を試みたのは，溝口による一連の研究である（溝口，
1989；1995；2001）。それを「歴史的アプローチ」と呼んでおこう。

　日本の「公（おおやけ）」概念と比較しつつ，溝口は中国の「公（こ
う）」概念の特徴は「公平の意味の強調」にあると指摘している。「『公』
の語は，甲骨，金文の時代には，共同体の首長に関わるもの，ある
いはそれに対する尊称，または共同体の施設，所有物などを指して

1　本章第 1 節と第 2 節は，李妍焱（2015）の一部を元に加筆修正している。

いたが，戦国時代末期以降，公正・公平など倫理的な意味が新たに加わるようになった」という。その結果「公」には，「公門，朝廷，政府，国家」の意味（第1群），共同体に関わる部分から「公田，公開，世間，社会，共同」の意味（第2群），そして「平分」から「公平，公正」の意味（第3群）が派生した（溝口，2001：36）。

中国の「公」が「公平」を殊に強調するのは，1つは広い大陸における「流動性の高さ」によるという。日本のような共同体に定住する者同士と異なり，「心情の相互間の忖度」ではなく，誰もが時と場所を問わず従うべき普遍的原理を「規範」として共有する必要がある。「公平は原理として意識化され，遵守すべき規範として共同に認識される」のである（溝口，前掲書：39）。もう1つは，中国独特の「天の観念」によるという。中国では王権は「天の権威に基づく」とされてきた。天は単に「上帝」という主宰者を意味するのではなく，「民の欲するところ」，すなわち「民の意志に仮託される」ものである。「民は食を以て天と為す」（『漢書』より）とあるように，天は「民の生存」，それも万民の均等な生存を意味する。「中国の公観念には，天の観念が色濃く浸透して」おり，それは古来の「天理」（「天の公」），すなわち「万民の均等的生存」という絶対的原理に基づく。「政府，国家」も，「世間や社会，共同」もこの原理から外れてはならない。

「天の公」は政治的，社会的，自然的の3つの局面から説明できるという。政治的な「天の公」は，「天下」の観念に反映されている。天下とは国家を超えたものであり，「天の下」の無限の共同空間を意味し，「しかもその共同感覚には天の調和，条理，公平，正義などの観念が浸透している」ため，道義的な観念でもある。民は国家に帰属するのではなく，「天」に帰属するため，国家が道義に反する場合，民には国家を正す（王朝を倒す）役割が付与されている（溝口，前掲書：41）。

社会的な「天の公」の特徴として，16，7世紀にはそれまで相容れないものとされていた「人欲の私」が容認され，「私」を包容した概念となっていることが挙げられる。それが「人欲（所有欲）が各々成就した状態が，天理の大同の状態である」という大同思想に現れているという（溝口，前掲書：43）。社会的な共同を意味する「公」は「『私』を横につなげた『公』」であり，「私」は「公」に対して使用，所有などの権利を持っていると同時に，それを「私」自体として主張するのではなく，全体を「公」とする中で，それを構成する一部として，「公」を通じて主張するのである（溝口，前掲書：46）。すなわち「天の公」は，社会的にはあらゆる人の「人欲」の成就，それも全体を考えた上での，全体の一部だと自覚した上での成就を意味する。

　自然的な「天の公」とは，「本性のままに自ずと生々するのが公」であり，「そのような公に順ってこそ生々は全うされる」ことを意味する。「私」は，「万物の自然のありように対し何らか作為的なものが介在する」が，「公」は「自然の調和的な秩序そのもの，あるいはその秩序に順った自然本来の在り方」を指す（溝口，前掲書：48）。「天の公」は，自然本来の調和的な秩序（本性）に順うこと，作為的なものを介在させないことを意味するのである。

　このように，中国の公共概念は，古典的には「天の公」として存在する。それは中国的公共概念の浮き立った特徴だと，溝口は主張している。

2.「公共」概念の検討─東西比較的アプローチ

　姚中秋（2014）は，そもそも中国と西欧は公共性の文脈となる「社会」の在り方そのものが異なると指摘する。西欧の公共生活の原型は基本的に古代ローマやギリシアに存在するポリスにあり，政治共同体としてのポリスは「点状」に分布していたのに対して，中国は

堯と舜の時代から「点」ではなく，大規模な政治共同体を形成しており，多中心，多層の公共生活が存在し，「民」の身分も西欧とは異なる。階層によって関わり方こそ異なるものの，人々はそれぞれ公共生活に関わっていた。君子（共同体の首長，諸侯，卿大夫など）と士（文化人）は積極的に公共に関わっていた中国的な市民であり，庶民も共同体の中で部分的に公共生活に参加していたという。「我々は西側の経験に基づく公共生活や市民概念に囚われることなく，より普遍的な共同体や公共生活と市民理論を構築しなければならない」と，姚は中国の歴史的経験と儒教の思想に基づき，中国における公共性，公共精神を再考する必要性を唱える。

　しかし葛荃（2013）は，中国の伝統的な公の観念はそのまま現代の公共意識を生成させるわけではないと指摘する。現代社会における公共性を理解するには，近代化の過程と密接に結びつく西欧型の公共概念と合わせて考えなければならない。このような視点を「東西比較アプローチ」と呼んでおく。劉鑫淼（2010）や秦徳君（2011）が参考になる。

　劉鑫淼（2010）は，啓蒙主義や社会契約論からアダム・スミス，マックス・ウェーバーに至る諸説を分析し，西欧型の公共性の検討を行い，西欧型近代の公共性の土台は「個人主義」と「自由主義」にあると指摘する。その特徴は何よりも「個人の自我の至高性」にあるという。

　　西欧型思考様式の重要な特徴は，客観−主観の分離にある。
　　……主体と客体との対立が近代功利主義的解釈に基づき，改造と征服の関係性をもたらしている。個人の主体性と自我の絶対的地位の強調は，西欧型哲学と思想全体を貫く理念であり，個人主義や自由主義などの政治，経済，社会的思潮はすべてそれに立脚している。（劉，2010：119）

道徳や価値の源泉も基準も個人にあり，個人が最も根本的な意味において最終的な権威になっている西欧型思想において，公共精神は結局個人の私的利益の実現に帰結し，「純正」な公共精神ではないと劉が主張する。「特定の歴史的時期において，制度的仕組みによって私的利益と公的利益が平衡状態にあれば，公共利益も相対的に維持されるが，制度と仕組みが変われば，平衡状態が崩れ，元の公共利益や公共善の保護と実践が煙のごとく消え去ってしまう」（劉，前掲書：121）。すなわち，中国における伝統的な「天の公」に対して，西欧型の公共は「個人の至高性」に立脚し，それを最終目標とする「個人の公」だというのが劉の指摘である。

　「個人の至高性を掲げれば結局すべてが個人の私的利益の実現に帰結する」という劉の議論は，短絡的だと指摘しなければならない。しかし，現代の中国社会は自らの伝統に根ざしつつ，個人の至高性を掲げることなく自らの公共意識を形成させていく必要があると唱える劉の主張は理解できる。現代中国における公共の意識と精神を形成させるためには何が必要か。近代化の具体的な実践を通して，「理性的な，俯瞰的な視点から物事を捉え，西欧型近代化に伴う近代性の人道的要素を積極的に受け入れ，同時に中国の伝統的要素も継承し，両方あって初めて新たな公共精神を提唱できるようになる。これは『態度』と『立場』の問題だ」と，劉は指摘する（劉，前掲書：130）。このように，社会的な実践によって，西欧型公共にある人道的な要素と中国伝統の道徳倫理の指針―「天」の要素を結合させることによって，現代中国社会の新たな公共が生まれると，劉が考えているのである。

　泰徳君（2011）は中国の国民文化と西欧型の市民文化をそれぞれ分析した上で，現代中国社会において市民文化を育成し，徐々に市民による政治参加を拡大させ，市民社会を確立させていくための戦略を論じている。現代社会の市民とは，法的には国籍（身分と国

民としての権利・義務の保障）を意味し，社会的には社会の秩序や価値観を受け入れる「社会化された人間」を意味し，民事的・政治的には「主体性」（責任主体であること）を意味し，さらに公共的な物事に参加する資格と能力を有するという「参与性」を意味する，と秦が定義する（秦，2011：18-19）。すなわち，市民とは公共に参加し，公共を担う存在である。「現代中国に必要な市民社会」として，秦は以下の３つを列挙し説明している。第１に，それは非政府の，それぞれ社会的機能を果たす多くの社会団体が含まれる「社会的空間（領域）」であること。第２に，人々に市民の素養が備わり，比較的に良い品性が保たれている社会であること。第３に，それは「市民参加」，「公権力の有限性」，「寛容な多文化性」，「行政コストが低い」という４つの性質を有する社会である（秦，前掲書：37-38）。このような市民社会を中国で築き上げるためには市民文化の育成が不可欠であり，それは自国の国民文化に対する認識と尊重から始めなければならないという。中国の国民文化として，「徳を重んじる」，「実用主義の精神」，「自強の精神（向上心）」，「寛容の精神」，「博愛に通ずる愛国の精神」を特に指摘し（秦，前掲書：167-174），これらを市民の素養として育成し，中国的市民文化を育むことができると秦は主張する。

　東西比較アプローチによる中国の公共に関する議論は，基本的には中国の伝統思想と国民文化の特徴を継承し生かしつつ，西欧型公共の要素を戦略的に取り入れていくことを主張している。

3.「公共」概念の検討—制度論的アプローチ

　では，実際に共産党一党指導体制の下で，このように中国的な「公共」を実現へと導いていくことが可能なのだろうか。制度的・政策的にこの問題を考えようとしている研究を，「制度論的アプローチ」と呼ぶ。中国の政治改革や行政改革，政府機能の転換，「ガバメン

ト（政府による社会統治）からガバナンス（協働による社会管理と運営）
へ」の議論がこのタイプの議論だといえる。ここでは、「公共」は「社
会管理」の文脈で語られており、次章で紹介する中国市民社会に関
する先行研究の多くもこの観点から論じられている。

　2007年10月に開催された中国共産党第17回全国代表大会にお
いて、「党による指導、政府による執行責任、社会による協働、公
衆による参加」を指針とする「社会管理」の方向性が定められ、
2012年の第18回全国代表大会ではさらに「法治による保障」が
追加され、社会管理の5原則が出そろった。党の指導と政府の執行
責任を除く3つの原則は、党と政府にとっては新たな挑戦だとい
える。朱力・葛亮（2013）は、この挑戦において困難なのは、如何
に社会的な協働を促進するかにあるという。なぜなら、社会的協働
を実現する前提として、「社会組織の健康的な発展」が不可欠だか
らである。社会組織が社会的協働において機能するかどうかが、中
国の社会管理と社会建設の「とっかかり」になると、朱と葛が指摘
する。

　「社会管理への参加」に関する議論において、最も市民社会領域
の成長を意識した研究は、趙栄ほか『従政府公益到社会化公益－巨
災后看到的公民社会発育邏輯（政府公益から社会化公益へ－巨大災害
後に見られる市民社会成長の論理）』（2011）である。その表題が示す
ように、「公益」を政府主導から「社会化」、すなわち社会（民間）
の手に委ねるべきだと主張している。この主張は主に四川大地震の
経験に基づいており、震災後の救援と復興のような「公益事業」に
おいて、企業や個人が義援金を政府に託し、政府によって事業を行
う従来のやり方に対して、企業や個人が自ら行動し、義援金を小規
模なNGOに託したり、自ら基金会を設立して直接事業を実施した
りするほうが効果的だと主張する。「社会（民間）がお金を出して、
政府が事業を実施する」方法を「政府公益」と呼び、「社会自身が

お金を出すだけではなく，自らが主導し，自らのやり方で事業を行う」のが，「社会化公益」だという（趙ほか，2011：9）。

ここでいう社会化公益は主に，災害救援・復興支援事業のような「公益性の高い事業」の主導権と実施主体，実施方法を問題にしている。社会（民間）側が直接実施主体となる社会化公益は，人々の「公益参与」の責任意識を高め，横縦両方の社会的連携やネットワーク形成を促進し，参加する人々に自己表現の場を提供すると同時に，非政府，非市場である第3のセクターとして，「社会セクター」の価値を打ち出すこともできるという（趙ほか，前掲書：14-20）。

しかし，社会化公益と市民社会の育成の間には，論理的な空白があると趙ほかは指摘する。そこで定義される市民社会とは，「人々は公共領域における参加の権利を有し，友好，信頼，尊重に基づく横の紐帯によって結ばれ，個人の価値が自由に表現されることによって社会の価値も高まり，第三セクターとしての価値が定着する社会」である（趙ほか，前掲書：167）。社会化公益からこのような「市民社会」を実現していく上での論理的空白，それは次の2点だという。1つは「公益活動を行う民間組織に自由に表現する権利を与えても，これらの団体が最も社会の公共利益を代表する理想の価値観に基づき，活動できるかどうか」。もう1つは，「公益事業への参加は，どの程度の人を巻き込むことができるのか。圧倒的大多数は，それぞれの利益が関わるコミュニティの範囲を出ることはない。この問題をどう考えるべきか」，である（趙ほか，前掲書：168）。

このように，党と政府側も民間も公共に「民」の力をどう参入させるか模索している。ただ，多くの先行研究が示すように，党と政府側は社会管理に役立つ民間の力を活かす（逆にそうではない力は不要だと考える）という姿勢であり，民間が公共を主導することは大変困難だと言わなければならない。これは共産党一党支配による問題ではなく，実際日本においても同様に，「民」主導の公共は実

現できないでいる。

第2節　中国における民間公益圏の展開

　民が公共に関わる取り組みは，中国の歴史上においても見られる事象だが，1990年代半ば以降の草の根NGOの誕生と展開は，社会主義中国における「民の公共」の可能性を切り拓くものであったといえる。本書では，「要求された職務や役割」ではないにもかかわらず，自らの意志によって何らかの公共的・社会的問題をめぐる議論と実践にかかわる人々を「公益人」と定義し，彼らを中国の市民社会の主な担い手として考える。そのため，中国的市民社会として，主に1990年代以降の草の根NGOや自発的社会活動実践者の台頭に着目し，今までの流れを整理したい。

1.　中国の社会組織と草の根NGOの概要

(1)「草の根」の組織の規模と特徴
　中国において，草の根NGOはどの程度存在するのだろうか。2013年3月，中山大学中国公益慈善研究院と中国公益2.0プロジェクト，南都基金会の3組織が，中国民間公益組織基礎データベース事業を立ち上げた。その際に定義されたデータ収集対象の4つの基準が，一般的に想定される「草の根NGO」である。①中国大陸で創設された団体（香港，マカオと台湾の団体は含まない），②中国大陸の民間の個人，団体によって設立された非政府組織，③営利を目的としない公益慈善事業に従事していること（不特定多数に貢献する公益事業と，メンバーシップの互助である共益事業の両方を含む），④登記する法人格のタイプを問わないが，基金会は含まれない。この4つの条件は，本書で言う「草の根NGO」を定義する条件だと理解してよい。同年12月末までに合計3,602団体のデータが集まっ

たという。

　フォーマルな文脈で制度的に登記できる「社会組織」（2007 年党の第 17 回全国大会までは「民間組織」）は，2016 年 9 月に「慈善法」が成立するまで，「社会団体」，「民弁非企業単位」と「基金会」の 3 種類であった。社会団体とは「市民が自発的に結成し，会員の共通した意志を実現するために，規約に基づいて活動する非営利の社会組織」であり，業界団体，学術団体，専門団体と連合会などが含まれる。「民弁非企業単位」は，市民個人や企業，社会団体などの社会的な力が，「非国有財産」を用いて行う社会サービス供給団体であり，教育，衛生，科学技術，文化，労働，民生，体育，仲介サービスと法律サービスなど特定の分野が定められている。基金会は寄付された資金を用いて公益事業を行う社会組織であり，不特定多数を対象に募金を集める資格が認められる「公募基金会」と，認められない「非公募基金会」に分かれる[2]。この 3 種類の社会組織の登記はそれぞれ「社会団体登記管理条例（1989 年制定，1998 年改定，2016 年 2 月再改訂）」[3]，「民弁非企業単位登記管理条例（1998 年制定，2016 年に「社会サービス団体登記管理条例」に改訂）」[4]，「基金会管理条例（2004 年制定，2016 年改訂）」[5] という 3 つの条例に準拠し，行政管理部門である「民政部」に登記する。民政部の管理を受けるだけではなく，登記時には，いずれも行政機関ないし準行政機関に「業務主管機関」になってもらい，業務主管機関経由で初めて登記申請

2　ただし 2016 年 9 月に成立した「慈善法」では，設立後 2 年経過した基金会ならどれも公開募金の資格を申請することができると規定したことから，「公募基金会」と「非公募基金会」の区別は事実上消えると思われる。非公募基金会の由来と制度的位置づけについては，今井（2012）が詳しい。

3　中華人民共和国中央人民政府「政府公報」 http://www.gov.cn/gongbao/content/2016/content_5139379.htm（2017 年 6 月 22 日参照）。

4　中華人民共和国民政部「通知公告」 http://www.mca.gov.cn/article/zwgk/tzl/201605/20160500000664.shtml（2017 年 6 月 22 日参照）。

5　中華人民共和国民政部「通知公告」http://www.mca.gov.cn/article/zwgk/tzl/200711/20071100003953.shtml（2017 年 6 月 22 日参照）。

が可能となる（行政管理と業務管理の二重管理制度)。中国では登記せずに活動する「任意団体」は違法とされるため，「草の根NGO」の多くは長い間「業務主管機関」が見つからず正式な社会組織として登記できず，「合法性」の獲得が大きな課題であったが，2006年ごろ直接登記に関する改革が実験的に始まり，特定の4種類の組織が主管機関なしで登記できるようになった。制度変遷の詳細については本書第4章で詳細に述べる。

表2-1は民政部による「2015年社会サービス発展統計公報」に基づき，社会組織の数の推移を示したものである。

表2-1　社会組織の数の推移

	2008	2009	2010	2011	2012	2013	2014	2015
社会団体	23万	23.9万	24.5万	25.5万	27.1万	28.9万	31万	32.9万
民弁非企業単位	18.2万	19万	19.8万	20.4万	22.5万	25.5万	29.2万	32.9万
基金会	1597	1843	2200	2614	3029	3549	4117	4784

出典：中華人民共和国民政部「2015年社会服務発展統計公報（2015年社会サービス発展統計公報)」http://www.mca.gov.cn/article/sj/tjgb/201607/20160700001136.shtml

このように民政部に登記しているフォーマルな社会組織の増大はめざましいものがある。しかし，実際に草の根NGOと呼べるような民間団体の規模はそれほど大きくないと推測される。上記の中国民間公益組織基礎データベース事業が2014年4月に発表した『中国民間公益組織基礎数拠庫数拠分析報告（中国民間公益組織基礎データベースデータ分析報告書)』でも集められたのは3,602団体であった。公益圏を牽引する基金会や団体が共同で運営する「中国好公益平台(中国ナイス公益プラットフォーム)」[6]では全国各地に「ハブ団体」を募集し，そのハブ団体からアクセスできる公益組織の数を収集しているが，2017年10月現在の数は法的に登記済みの団体7,649,

---

6　中国好公益平台（中国ナイス公益プラットフォーム)，http://www.haogongyi.org.cn/（2017年10月30日参照)。

第2章　中国的市民社会としての「公益圏」の展開

未登記団体 5,345 である。1994 年から教育，環境，災害救援など
の分野で活動している NGO 業界のキーパーソンの 1 人，梁　暁　燕
氏によれば，環境分野の「きちんと生きている」草の根 NGO につ
いてここ数年で数回統計を行ったが，毎回 200-300 団体程度だと
いう。教育分野についても，調査した結果 150 団体ぐらいしか数
えられなかった。農民工の権利擁護 NGO「工友之家」のリーダー
孫恒氏によれば，全国できちんと活動できている農民工支援 NGO
は 40-50 団体ぐらいだという[7]。上記のデータを踏まえて，さらに環
境，教育，農民工問題は NGO が扱うテーマの中でも主要なもので
あることから，顔が見える形で活動できている草の根 NGO 全体は，
数千ないし 1 万数千団体程度にとどまるのではないかと推測される[8]。

　草の根 NGO の設立の時期を見ると，2001 年以降に顕著に増加
しており，図 2-1 のグラフのうち，三角の線は上記の民間公益組織
基礎データベースに基づいたものであり，四角の線は 2011 年に中
山大学中国公益慈善研究院が実施した全国民間公益組織サンプル調
査の結果を示しており，2001 年以降の急増については概ね一致し
ているといえる。

　また，データベース分析報告書によると，公益組織の登記状況
は，39.21% が民弁非企業単位，19.04% が社会団体，9.26% が一
般の企業として登記しており，7.74% が他の既存団体の附属組織と
して登記し，24.75% が未登記，すなわち合法的な身分がないまま
の状態となっている。地理的分布を見ると，東部 11 省が最も多く
54.70% を占めており，西部 12 省に 29.70%，中部 8 省が 15.61%
となっている[9]。全国範囲で活動する組織は全体の 27.28% であるが，

7　筆者が 2012 年に梁氏と孫氏に対して実施したインタビューによる。

8　ただし，民弁非企業単位の登記が容易になったことやソーシャル・ビジネスへの支
　援が増大したことを踏まえて考えれば，現在は 2014 年より大きな増加があることも
　考えられる。

9　東部には北京市，天津市，河北省，遼寧省，上海市，江蘇省，浙江省，福建省，山東省，

出典：中華人民共和国民政部「2015年社会服務発展統計公報（2015年社会サービス発展統計）」http://www.mca.gov.cn/article/sj/tjgb/201607/20160700001136.shtml

　その拠点は圧倒的に北京に集中しており，35.81％を占める。広東省18.14％，上海市7.91％と続く。公益組織のスタッフについては，40代以下の若者が圧倒的に多いという傾向を複数の調査報告が示している。『2010年中国公益人才発展現状及需求調研報告（2010年中国公益人材発展現状及びニーズに関する調査研究報告）』によれば公益組織の従業者は，40歳以下が全体の63.0％を占めると報告し，『中国公益従業者保障状況専題調査報告2015（中国公益従業者保障状況調査報告2015）』では，調査対象者のうち40歳以下が79.6％を占めた[10]。

　公益組織の活動分野を見ると，図2-2が示すように児童と青少年の育成が34.52％で最も多く，教育支援（学校に行けない子どもたちの支援）が25.76％，総合的ボランティアサービスが25.25％と続く。そして環境保護17.77％，障がい者分野16.24％，公益業界中間支援13.83％，都市部コミュニティづくり13.32％，高齢者分野

広東省，海南省の11省が含まれ，中部には黒竜江省，吉林省，山西省，安徽省，江西省，河南省，湖北省，湖南省の8省が含まれ，西部には内モンゴル自治区，広西チワン族自治区，重慶市，四川省，貴州省，雲南省，チベット自治区，甘粛省，青海省，寧夏回族自治区，新疆ウイグル自治区の12省が含まれる。

10　南都基金会公式HPよりこの2つの報告書をダウンロードできる。http://www.naradafoundation.org/category/78（2017年10月20日参照）。

11.17％，農村発展が 10.53％となっている。それ以外の医療衛生健康，企業の CSR（Corporate Social Responsibility 企業の社会的責任）支援，災害，文化などはそれぞれ 10％以下である。

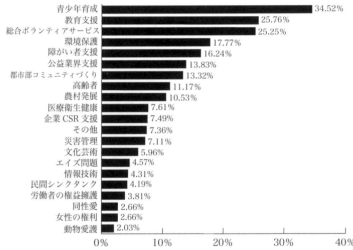

図 2-2　公益組織の活動分野

出典：中国民間公益組織データベース，2014，『中国民間公益組織基礎数拠庫数据分析報告（中国民間公益組織基礎データベースデータ分析報告書）』http://www.naradafoundation.org/Uploads/editor/20141020/14137751038509.pdf

このように公益組織の活動分野は多肢に亘り，民間公益圏の誕生は，中国社会における歴史的な幕開けであったといえる。とりわけ近年は，草の根 NGO は「組織」として注目されるよりも，多様な形式で「公益活動（公益イベント）」や「公益産品（公益プログラム）」，「公益項目（公益プロジェクト）」を展開し，それらを「公益品牌（公益ブランド）」として打ち出し，「ブランド力の構築を競う公益圏」のあり方を示しているのが特徴的である。これらの公益活動は組織単独で行うものよりも，社会団体や基金会などの社会組織と連携して行うことが多いため，「草の根 NGO」とそうではない NGO に単純

に分けられるものではなくなっている。

(2)「組織」という枠組みを超えた活動形態

「組織よりブランド」というあり方は公益圏では伝統があるといえる。中国で最も知名度の高い公益活動は，1989年に正式に開始された「希望工程（希望プロジェクト）」である。貧しい農村地域で小学校を作るために広く人々から寄付をつのったこのプロジェクトは，中国人なら知らない人がいないと言われるほどである。しかしこのプロジェクトの設計と実施者が中国青少年基金会という組織であることは，それほど知られていない。組織もしくは団体よりも，社会の舞台に登場するのは「プロジェクト」であることが多い。草の根NGOの中では，「自然之友」のような組織自体の知名度が高く，「組織＝ブランド」という団体はむしろ少数であり，圧倒的多数はプロジェクトやイベントなどを「ブランド」に仕上げて舞台に送り出している。例えば本書第1章で言及した「勁草プロジェクト」は，環境分野ではよく知られているブランドの1つだが，それを主催している「合一緑学院」の知名度は高くない。ほかにもリーダー育成の分野では例えば「銀杏計画」，「創緑家」，「成蹊計画」，「清源行動」，「XINパートナー」などのプロジェクトは，その主催者となる基金会や団体の名前よりもよく知られている。

2017年7月，アリババグループが中国の100以上のメディア企業と連携し，「天天正能量大数据（日々ポジティブエネルギービッグデータ）」と題する「公益プラットフォーム」を公開した。ビッグデータ技術を用いてリアルタイムで中国全土における公益イベントや公益プロジェクトの数と動向を示し，同時に寄付者の関心の傾向や地域的特性などを分析する機能を持っている。日本では「NPOひろば」のような「法人組織のデータベース」はあるが，このような全国の公益イベントやプロジェクトをリアルタイムで示す「動的」なデー

タベースはまだない。2017年7月5日付けの「北京晨報（北京モーニングポスト）」の報道によれば，その時点で進行中の公益募金活動は13,200に上り，進行中の公益プロジェクトは20,700であった[11]。NGOが単体で行う活動やプロジェクトよりも，むしろマスメディアやネットメディア，大企業，基金会，地方政府などと連携した「協働型のプロジェクト」が多い。公益ブランドの主たる仕掛け人もしくは主催者は必ずしも公益組織とは限らない。中国の公益圏では草の根NGOとともに基金会や大企業，メディアなど多くのアクターが積極的に関わっており，着眼点やアイデアの斬新さを競い，影響力と問題解決における効果の大きさを競うように活発な動きを見せている。

　中国における草の根NGOの展開過程について，李妍焱編（2008）と李妍焱（2012）が詳細に述べている。ここでは主に「担い手」である公益人の特徴に目を向け，NGO団体が担い手の中心となる1990年代半ば～2000年代半ばまでの時期と，ネット新世代の個人もしくは緩やかな仲間ネットワークが担い手の中心に躍り出る2000年代半ば～2010年代半ばまでに分けて整理し，中国的な「民による公共」をとらえるヒントを示唆していきたい。

2. 民間公益圏の展開過程

（1）知識人がリードする草の根NGOの台頭

　1990年代半ば頃から環境分野と女性支援分野を中心に出現した草の根NGOは，当時急速に顕在化した社会的ニーズを敏感に捉え，政府と異なる立場から取り組む必要性を感じ，自らの社会的責任として取り組んだ知識人たちの存在による部分が大きい。同時に，

11　北京晨報（北京モーニングポスト）2017年7月5日デジタル版, http://bjcb.morningpost.com.cn/html/2017-07/05/content_450086.htm（2017年7月23日参照）。

1995 年北京で開かれた世界女性会議によって中国国内に示された「NGO」の概念，そして国際 NGO や欧米の財団による支持も，草の根 NGO の誕生と成長を支えた。

2002 年か 2003 年頃から，知識人たちがリードしていた「第 1 世代」の草の根 NGO で経験を積んだスタッフやボランティアたちが成長し，社会的ニーズの多様化と細分化に応える形で，さらに多くの NGO を新たに設立していった。「第 2 世代」と呼ばれるこれらの NGO の特徴は，「それぞれ専門領域を有し，分野も多様であること」と，「社会的な不公平や弱者の境遇改善に関する取り組みと主張が多いこと」である。NGO の主宰者は知識人などの社会的エリートにとどまらず，当事者（たとえば農民工や C 型肝炎の患者など）もリーダーとして活躍するようになった。資金源としては，相変わらず国際 NGO や海外の財団に頼るところが大きかった。表2-2 は 90 年代から 2000 年代半ばまでの，草の根 NGO の展開とそれに大きな影響を与えた出来事をまとめたものである。

このように，改革開放後の民間公益圏の最初は，社会問題を看過できない知識人と彼らを慕う若者たちによって切り拓かれ，海外（主に欧米や香港）の財団の支援の下で，NGO という組織の形態で展開していたことが分かる。当事者がリーダーを担う諸団体にも，知識人の支援者がついていることが多い。社会的啓蒙の責任感に突き動かされた知識人たちには，中国古代の「士」に通ずる精神が感じられる。この観点は李妍焱編（2008）第 4 章「知識分子の役割」において詳細に論じている。完全なる管理と服従の体系から解放された個人の中で，いち早く公共に目覚めたのは，古代の「士」に当たる知識人たちであった。現代の士である彼らが欧米や香港の財団と国際 NGO から理念や方法，資源を吸収し，自らの問題意識と結合させ，中国現在の体制下で可能な活動スタイルを工夫して模索していったのが，中国における民間公益圏を可能にしたといえる。

第2章　中国的市民社会としての「公益圏」の展開

表2-2　草の根ＮＧＯの展開上重要な出来事（1990年代半ば-2000年代半ば）

年	出来事と動向	草の根ＮＧＯに関連する動き
1995	第4回世界女性会議が北京で開かれ，同時にNGOフォーラムが開催されたことから，中国の知識人の間で初めてNGOという組織形態が知られるようになった。	女性会議は中国におけるNGOの幕開けを決定づける出来事となったが，初の環境NGOとされる「自然之友」の設立は93年，同じく環境分野で「緑家園」や「北京地球村」（96年）が設立され，農村からの出稼ぎ女性をサポートする「農家女」（96年）など，環境と流動人口といった当時の主な社会問題を背景に，NGOが相次いで設立された。「第1世代NGO」とされるこれらの団体の特徴は，知識人リーダー，海外の財団によるサポート，啓蒙的色彩が強いこと，大学生ボランティアを引き寄せたこと，会員制や寄付などの社会参加のツールを開発したことである。
1998	国立清華大学に「NGO研究所」が開設される。	NGOが初めてフォーマルな文脈で認められるカテゴリーとなり，学問的に研究される領域となった。その後北京大学，人民大学，中国社会科学院，中山大学などでも関連分野の研究組織が続々登場した。
2003	北京でSARS発生，売血によるエイズ村の存在が露見し，都市での建築ラッシュに伴い男性の出稼ぎ者が集中的に流入するようになった。社会格差の拡大と固定化も見られ，多分野にわたる社会問題が多発した。「個人」の財産や生き方がより追求されるようになった。	多分野にわたる社会問題に対応するために，第1世代NGOに関わりを持っていた人を中心に新たにNGOを設立するブームが始まった。コミュニティ自治を目指す「社区参与行動」（02年），農村でエコヴィレッジを作る「北京緑十字」（03年），出稼ぎ者の教育事業を行う「北京協作者」（03年），受刑者のコミュニティ生活をサポートする「恵澤人」（03年），受刑者の子供を守る「太陽村」（00年），知的障がい者の居場所をつくる「慧霊」（00年）など。「第2世代NGO」と呼ばれ，知識人リーダーに頼った運営ではなく，専門性と当事者にこだわり，具体的なサービス内容とともに，弱者の権利擁護の色彩も強い。第1世代と連携したキャンペーンやイベントを多く展開。大学生の実習拠点としても機能する。

出典：李妍焱（2014）p.219に基づき一部修正。

（2）ネット新世代による公益行為への追求

「民間公益領域」という言葉がNGOの間で広く使われるようになったのは，2008年頃からだと思われる。やはり四川大地震による影響が大きい。それまで分野ごとに活動していた草の根NGOが，大震災を受けて共同声明を発表したり，被災地で他分野の団体と協力しながら復興の支援活動を行ったりするようになった。「四川汶川地震によってもたらされた最も重要な成果は，初めて政府，メディアと社会一般にNGOとボランティアの価値を認識させ，災害時に彼らがきちんと機能することを阻碍する構造的な問題を認識させたことである。災害救援と復興支援における彼らの活躍は，NGOが『和諧社会』の構築に貢献できることを証明し，政策決定者にNGOへの規制を緩むように制度を再検討するきっかけを与えた」と指摘されている（趙敏，2011）。

四川大地震後特に顕著となった傾向として、中国国内の基金会の急速な増大が挙げられる。2003年に954だった基金会は2004年から2008年まではほぼ毎年100を超えるペースで増加していたが，表2-1（54ページ）で示したように2008年以降は，年に約400-600団体増のペースで増え続け，中国社会科学院社会政策研究所が刊行した『慈善藍皮書：中国慈善発展報告2017（慈善青書－中国慈善発展報告2017）』によれば，2008年に1,597団体だった基金会は，2016年末には5,545に達し，うち約71.8%の3,980団体が非公募基金会だという。世界金融危機の影響により海外の財団からの資金支援が減少する中，急成長する中国国内の基金会は資金供給の意味において存在感を示すだけではなく，公益圏における言論や活動の方向性にも大きな影響を与えるようになった。

2008年以降に見られたもう1つの大きな特徴は，若者たちの活躍である。社会問題に対する意識の高い知識人だけではなく，80年代さらには90年代生まれのある程度高学歴の若者が公益圏の前

面に躍り出た。若い社会起業家の育成という世界的潮流と，インターネットの急速な普及が背景にあると考えられる。若者たちは団体の設立にこだわっておらず，アソシエーションに価値を見出しているわけではない。「社会問題の解決」，それも創造的な，表出的な手法で解決することに多くの若者たちが惹かれていった。社会起業家とソーシャル・ビジネスへの熱気，「微公益（http://gongyi.weibo.com/）」と呼ばれるミニブログを活用した公益活動が，公益領域の新しい波となった。

「微公益」の仕掛け人として『鳳凰週刊』のジャーナリスト鄧飛氏が最もよく知られている。彼がキーパーソンとして立ち上げたミニブログ上の公益プロジェクト，誘拐された子供を家に帰すプロジェクトと，貧困地域の子供たちに給食を寄付するプロジェクトが，政府の関連機関とも連携し，今では全国的に展開され，1つのNGO団体ではとても達成できない大きな成果を上げている[12]。

2011年から大手インターネットサービス会社テンセント（中国名「騰訊」）によって中国版LINEの "WeChat" がサービスを開始し，文字・音声・写真・動画・表情・グループチャットなどのコミュニケーション機能だけではなく，2013年にリリースされたバージョン5.0以降はモバイル決済機能も追加されており，WeChatの活用が中国の公益領域で一気に広がった。記事やイベントの広報を行うために公式アカウントを開設するのは言うまでもなく，イベントなどがきっかけとなり関心を共有する人々によって結成されたWeChatグループの数も膨大となった。参加費や寄付などの決済までスムーズにできるため，公益活動に関連する宣伝も討論も進行も評価もアフターフォローも，WeChatを主たる舞台として展開されるように

12　日中市民社会ネットワーク公式HP，「鄧飛－微公益活動の火付け役」，http://csnet.asia/archives/16115（2017年7月20日参照）。鄧氏については本書第6章で詳細に紹介する。

表2-3　草の根NGOの展開上重要な出来事(2000年代半ば－2010年代半ば)

時期	出来事と動向	草の根ＮＧＯに関連する動き
2004	民間企業による財団設立を容易にした「基金会管理条例」施行。	企業や企業家が設立した非公募基金会が，草の根NGOにとって重要な資金源として期待される一方で，他方ではNGOの人材が吸収されるなど，阻碍要因となる一面も見られた。
2008	四川大地震発生。「80後」と呼ばれる80年代生まれの若者が社会人として活躍する時期を迎える。インターネットを媒介にした情報ツールが普及する。	四川大地震の発生を受けて，活動分野の違いを超えてNGOが連携を見せ，民間公益の存在を世間に印象付けた。80年代生まれでインターネットに慣れ親しむ若い世代が，「民間公益」の領域で，斬新なアイデアや人目を引くパフォーマンスを披露する事例が多く見られ，「新世代の公益行為」として注目された。「社会起業家」の概念も導入され，多くの若者を引きつけた。ジェット・リーによる「壱基金」，南都基金会，友成基金会など，中国本土の財団が急速に影響力を伸ばした。
2010年頃	上海発「ソーシャル・イノベーター」育成投資ブーム。その後他の都市にも波及。	中間支援組織NPIによる公益組織孵化器プロジェクトが上海でブレークし，政府や大企業がそれぞれの思惑から，ソーシャル・ビジネスの新しいアイデアやプロジェクトに積極的に投資しようとしている。「公益創造と公益投資」がこの領域の話題の中心となった。
	法的に認められるNGOの登記制度が一部地域で緩和され，「業務主管機関」がなくても登記が可能になった。	「二重管理」(行政ないし準行政機関しか資格が認められない業務管理機関を通して，初めて登記機関で登記を申請できる)の撤廃が意図された制度改革だが，適用されるのは政府に奨励される4種類の団体(業界団体，科学技術分野の団体，慈善団体，コミュニティ・サービス団体)。政府の管理と誘導の強化をキーパーソンたちが懸念している。
2016	「境外非政府組織境内活動管理法(海外NGO管理法)」「中華人民共和国慈善法」が制定される。	それまでのNGO登記制度が改訂に入っただけではなく，中国で活動する海外のNGOに対する法的規制，そして公益組織全般を対象とする初の総合的な法律である「慈善法」が成立する歴史的タームポイント。

出典：李妍焱(2014)p.219に基づき一部加筆修正

なった。

WeChat の普及と相まって，ネット寄付の増大の勢いもとどまるところを知らない。2017 年 1 月に中国互聯網絡信息中心（中国インターネット情報センター）が公表した第 39 回「中国互聯網絡発展状況統計報告（中国インターネット発展状況統計報告）」によれば，中国国内のネット利用者は 2016 年末の時点で 7.31 億人であり，普及率は 53.2% を超え，携帯電話を使ったネット利用者は 95.1% の 6.95 億人である。4.69 億人はネット決済を利用しており，うち 2.38 億人（ネット利用者全体の 32.5%）がネット経由で寄付を行っているという[13]。インターネットの普及とモバイル化，ネット決済の一般化に伴い，公益活動を支持するための寄付の呼びかけがネット上で溢れるようになり，寄付者の注意を引きつけるための奇抜なアイデアも次々に登場した。ALS 患者のための寄付を呼びかける「氷桶挑戦（Ice Bucket Challenge）」[14] や教育のための寄付を呼びかける「一個鶏蛋的暴走（卵のハードウォーク）」[15] などが広く知られている。2016 年から「全民公益」という言葉が多くの場面で使われるようになったのは，ネット経由の公益活動への参加が極めて容易になったことによる。

---

13 中国互聯網絡信息中心, 2017 年 1 月 22 日,「第 39 次《中国互聯網絡発展状況統計報告》（第 39 回『中国インターネット発展状況統計報告』）, http://www.cnnic.cn/hlwfzyj/hlwxzbg/hlwtjbg/201701/t20170122_66437.htm（2017 年 7 月 24 日参照）。

14　氷水を頭から被るチャレンジ。多くの有名人が参加し，世界的に展開された。

15　50 キロを 12 時間で歩き抜く挑戦。2011 年から毎年行われており，2017 年 6 月までに 1,000 万元以上の寄付が集まり，33 万人の子どもたちが受益者となっている。http://baozou.lianquan.org/index.jsp（2017 年 7 月 25 日参照）。

第3節 「民の公共」を切り拓く公益圏
―環境分野を事例に

　以上で草の根 NGO 第 1 世代と第 2 世代による組織的な公益活動，その後のインターネットの活用を特徴とする若者の公益行為やソーシャル・ビジネスの起業など，中国社会における公益圏の展開状況を見てきたが，公益圏はどのような意味で「民による公共」を創出しているのだろうか。ここでは環境分野の「公益圏」の展開経緯を紐解くことによって，その一端を示していきたい[16]。

1. 啓蒙・教育（1990 年代〜）

　公共的な事象に，その職務に従事していない一般の民間人が関わっていくことは，社会主義中国では考えにくいことであった。「公共」は党とその指導下にある政府が「計画」に基づいて一手に担うものだったからである。しかし，1992 年，鄧小平が「南巡講話」で社会主義市場経済の方針を打ち出し，計画経済が本格的に終焉を迎え，経済開発が一気に加速していった。

　民間人が公共の分野に自らの意志で関わるようになったのは，そのころからであった。中国初の草の根環境 NGO とされる「自然之友」は，1993 年に中国文化書院の歴史学教授，中国近代史に名を遺した梁啓超の孫でもある梁従誠氏によって創設された。法的に登記したのが翌年であったが，「自然之友」の始まりは，93 年に開かれた有志による会合だったという。「集会は自由にできなかったので，だれかに聞かれたら，梁先生の誕生会と答えよう」と，のちに自然之友の幹部が振り返って語った[17]。

　その後，1994 年に「環境と発展研究所」（現「道和環境発展研

16　第 3 節は李妍焱（2013）の一部に基づき，加筆修正を行っている。
17　2010 年 7 月に来日した「自然之友」当時の副代表張赫赫氏の講演会での発言による。

究所」），1996年に「北京地球村」，「緑家園志願者（Green Earth Volunteers）」が設立され，「第1世代環境NGO」と呼ばれる団体が登場した。この設立ラッシュには，1995年に北京で開催された「世界女性会議」のNGOフォーラムの影響があったとされる[18]。環境分野に市民がアクターとして登場する時代の幕開けであった。

前述のようにこれら第1世代の環境NGOは，カリスマ性のある知識人リーダーの存在を特徴としている。環境と発展研究所の設立者李来来博士は持続可能な発展に関する専門家であり，地球村設立者廖　暁義は哲学修士で米国留学経験者。緑家園設立者汪永晨は中央人民ラジオのベテラン記者であった。彼らに共通するのは，急激な経済開発による環境問題に対する抑えられない危機感と義務感，そして知識人，社会的エリートであるゆえの，相対的に豊かな社会資源であった。

1990年代，環境NGOの活動の焦点は「啓蒙と教育」にあった。教材を作り，テレビやラジオの番組を制作し，キャンペーンを行い，政府に対してだけではなく，一般の人々に，環境問題に目を向けてもらうための絶え間ない努力を重ねてきた。3,500を超える民間の環境NGOが存在するとされるが[19]，第1世代環境NGOは，中国の環境分野における「民力」をけん引する存在だといえる。知識人リーダーたちは「公共知識人」としての生き方を貫き，社会主義制度の下で「個」が公共の問題に関わる必要性と，関わる可能性を世に示した。「人を引きつける力」を大いに発揮し，多くの若者を彼らの元に惹きつけ，NGOの遺伝子を受け継がせた。彼らは中国社会で初めて，大学生に「動員されたボランティア」ではなく，自らの意

18　世界女性会議が中国のNGOに与える影響については，Ma, Qiuxia, 2006, Non-Governmental Organizations in Contemporary China, New York: Routledge, P.78を参照。

19　環境NGOの数は，中華環境保護連合会が発表した『2008年民間環境保護組織発展状況報告』に基づく。

志によるボランティア活動の機会を提供し，初めて「上下関係」に基づかないネットワーク型の「会員組織」を作り，「NGO」というタイプの組織とはどんなものなのかを，実践を通して社会に示した。第1世代環境NGOは事実上，環境問題に対する意識の啓蒙の役割を果たしただけではなく，環境分野の民間による取り組みの方法と仕組みを開発し，「環境公益人」を誕生させる人材育成の役割も担ってきたと評価できる。

2010年10月，自然之友会長の梁氏が逝去した。その告別式には，1,000人を超える一般市民が自発的に集まった。第1世代環境NGOの努力は，決して無駄ではなかった。

2. 啓蒙・教育＋実践＋監視・評価（2000年〜）

2002年ごろから，啓蒙と教育のみならず，具体的な環境保護の実践活動に携わる環境NGOが増えた。その背景として，環境問題が大気，水質，土壌の汚染，砂漠化など具体的なケースとしてより明白に見えるようになったことが挙げられる。この頃から環境汚染の実態が一般の人々にも新聞報道で伝えられるようになった。相川は情報が報道されるようになった背景として，「江沢民政権から胡錦濤政権への交代や，数年内に北京オリンピックと上海万博などの国際イベントを控えての透明化」を指摘しているが（相川，2011：19），SARSにおける情報非開示が招いた国内外の激しい批判が教訓となったこと，また，それまで情報開示を求めてきたNGO側の努力も要因だと考えられよう。これらの情報公開の結果，知識人リーダーが率いる団体だけではなく，何らかのきっかけで具体的な環境問題のケースに出会い，活動を始める新しいリーダーたちが多く現れた。「第2世代環境NGO」の台頭である。川や湖の汚染に関する調査と対応，野生動物の保護，砂漠化対策，ごみ問題などのコミュニティの環境問題，気候変動。環境NGOの活動分野は多様化と専

門化の段階を迎えた。

　カメラマンの霍岱珊が雑誌の依頼で淮河の風景を写真に収めよう
としたのが1987年であった。撮れたのは，醤油の色になり，死ん
だ魚が漂う川であった。その後10年以上，彼は汚染の写真を撮り
続け，政府の関係部署に働きかけ続けた。しかし汚染は一向に収ま
る気配がなかった。2003年，彼はNGO「淮河衛士」を設立した。
流域の800キロにわたる範囲で8か所の観測拠点を作り，水質汚
染の監視を行うと同時に，汚染による健康被害を減らすために，大
企業の支援を得ながら，10以上の村で水質浄化を行っている。

　安徽省の「緑満江淮」も2003年に設立された。創始者のひとり，
周翔氏は，第1世代環境NGO「環境と発展研究所」が主催して
いた中国LEAD（Leadership for Environment and Development）プ
ロジェクト第12期研修のメンバーであった。安徽省の水環境の問
題を中心に，環境教育だけではなく，ごみ問題とエコツーリズムに
も取り組んでいる。

　同じく川をテーマとする団体として，2002年に設立された「緑
色漢江」もある。創始者運建立氏は元高校生物教師であった。地
元湖北省の政治協商会議委員と婦女連合会委員などを歴任する有力
者でもある。その専門性は水質調査と水質改善，そして教師のノウ
ハウを活かした環境教育である。現在は政府の協力を得て学校と行
政機関に環境教育プログラムを提供し，ボランティア3万人によ
る徹底的な汚染実情調査を実施し，科学的に水質改善に取り組んで
いる。

　野生動物保護の動きも加速していた。各地で「観鳥会（野鳥の会）」
が次々と誕生するほか，金糸猴や雪豹，チベットカモシカなど特定
の動物や植物の保護活動を行う団体も誕生した。内モンゴルや甘粛
省など砂漠化が顕著な地域では，「甘粛緑駝鈴」や「内モンゴル赤
峰砂漠緑化プロジェクト」などの団体が活動している。

「啓蒙と教育」という当初からの活動も，より多様な形式で，より専門的に行われるようになった。学生団体を母体とし，2000年に南京市で設立された「緑石環境行動ネットワーク」は，特にベースを置く江蘇省および周辺地域で，若者の環境問題への積極的な参加を促進することにフォーカスしている。2003年設立の「北京天下渓」は「田舎」をテーマに，映像教材，エコツアー，自然観察を中心とする環境教育専門の団体である。ダーウィン自然求知社は，「真相を伝える」ことをモチーフに，ごみ，重金属汚染，大気汚染など，人々の関心が最も高い話題をとらえ，その都度「真実」を追求し，伝えることによって，人々の環境意識の向上を図ろうとしている。

　実践活動に従事すれば，必ず政府や企業あるいはその他の個人や団体による環境汚染行為に対して，監視と評価をするようになる。汚染情報を整理し，わかりやすく公表することによって，「社会による監督の力」の増大を目指す団体の誕生が，象徴的な出来事だといえる。2006年に設立された「公衆環境研究センター（IPE）」の創始者馬軍氏は海外メディア勤務を経験し，『中国水危機』を執筆出版した。馬氏はタイム誌に「最も影響力のある100人」に選ばれた人物でもある。中国水汚染，大気汚染の地図のデータベースの作成と提供が，IPEの最も分かりやすい活動成果だといえる。専門用語や数値で説明される汚染問題は，一般大衆には伝わりにくい。地図の形で示せば一目瞭然となる。さらにIPEは汚染企業の情報を集め，どの産業のどの地域のどの企業が，どれだけの違反行為をしたのか，データベースですべて検索できるようにしている。政府や企業の環境情報公開を促し，それを社会一般が分かりやすい形で示す「情報の翻訳」が，彼らの戦略である。

　このように2000年代以降，環境NGOの多様化と専門化，そして各地域に根差していく傾向が見られただけではなく，その実践活

動に伴って，環境汚染行為の監視・評価の分野における活躍も始まった。「監督者は党と政府以外にありえない」という従来の状況に対して，環境NGOは風穴を開けたといえる。この点は「民による公共」を考える上で意義が大きく，その後，「情報公開の促進，政府と企業行為の評価と監督」を自ら担う環境NGOは相次いで設立されており，本書第1章で取り上げた環境分野の若き市民リーダーの郭永啓，劉丹，徐磬石，王宇簫はいずれもこのような環境NGOの創始者である。

　さらに2008年ごろから，大気汚染問題の表面化により環境問題は「報道される問題」から「誰もが身近に感じられる問題」となり，市民による取り組みも新たな傾向を見せるようになった。インターネットの急速な普及に伴い，ネット利用に慣れ親しんでいる若者たちは，団体や組織活動という形式を超えて多様な実践を創出していった。監視と評価は個々人レベルでも実践されるようになった。汚染の現場を撮影し，ブログやミニブログに流せば，たちまち問題を暴露することができる。若者たちによる暴露の手法もユニークなものとなった。北京の空を毎日撮影してブログに載せ続け，青空の日数と政府が公表した日数とを比べてみる「北京青空日記」が，『新京報』主催の「2010年度コミュニティに最も感動を与えた人物」コンテストで，市環境保護局リーダーによるノミネートと賞賛を得た。その後，このような手法が「一目瞭然」という公益行動となり，中国全土に広がっていった。環境分野での市民参加は，環境NGOを経由せずともできるようになった。それらも環境NGOが地道に人々の意識に訴えかけてきた成果の1つだといえよう。

3. 啓蒙・教育＋実践＋監視・評価＋アドボカシー
   （2010年〜）

そして2011年，環境分野における「民」の力が目に見える形で成果を収めるようになった。環境NGOによるアドボカシー活動の顕在化である。

アドボカシーは中国語で「公共唱導」と訳され，公共的な出来事に対して，何らかの価値，行動様式を提唱し，何らかの方向性に導いていくことと理解されている。第1世代環境NGOからアドボカシーは欠かせないもの，NGOの悲願として絶えずチャレンジが行われてきた。2003年から翌年にかけて，緑家園や自然之友を中心とする環境NGOの怒江ダム反対運動が，アドボカシー活動を象徴する事件として伝えられている[20]。新聞記者による草の根NGO「緑家園」はいち早く怒江ダム建設の情報を入手し，すぐに生態系への影響に関する調査を専門家ボランティアとともに行い，その調査結果に基づいて反対のメッセージをマスメディアで発表した。これをきっかけに開発の是非を問う議論が巻き起こり，2004年，当時の温家宝首相が「ダム建設を停止し，慎重に研究を行い，科学的に決断せよ」という指示を出した。

アドボカシーは反対運動に限らない。「エアコン26℃キャンペーン」のように，現在中国の主な都市部で広がりつつある省エネ運動も，第1世代環境NGOが「提唱運動」を続けてきたことによる。

しかし，怒江ダムはその後工事が再開となり，省エネ運動も，エネルギーの大量消費の流れの前では無力そのものである。「アドボカシーをもっと力強く」，環境NGOは明確にこの姿勢を打ち出すようになった。2009年，中国民間組織国際協力促進会の主催により，

---

20 怒江ダムに関連する環境NGOのアドボカシー活動については，王名・鄭埼，2007，「中国環境NGOのアドボカシー活動についての一事例研究」『国際開発研究フォーラム』第33号：79-87を参照されたい。

環境 NGO による政策提言能力を向上させるための全国シンポジウムが開催された。筆者も出席した1人であるが，各地から NGO の代表が集まり，地元行政の政策に影響を与えるための戦略と実践について，熱のこもった情報交換と議論が2日間にわたって行われた。

2011年9月，上記のシンポジウムにも出席していた「アモイ緑十字」が『中国環境保護アドボカシー指南』を出版した。1か月後に「環境保護アドボカシーオンライン」（www.eac-cn.org）を開設し，アドボカシーに関連する情報と資料の提供を行っている。そして2012年6月，アモイ緑十字のこれらの成果をベースに，「中国環境保護アドボカシー行動ネットワーク（Environmental Advocacy Network in China）」が成立し，22の環境 NGO が加盟した。

マスメディアの活用やキャンペーンなど，社会一般向けの手法のほか，法律を武器に，環境訴訟によるアドボカシーも見られるようになった。2011年，中国初の環境訴訟を専門とする弁護士事務所「北京環助弁護士事務所」が成立した。2014年に，環境保護法（1979年試案制定，1989年正式制定）の改正が行われ[21]，行政責任と罰則の強化のほかに，情報公開と公衆参加が新たに規定され，特に「環境公益訴訟」，すなわち直接の被害者以外にも代理による環境訴訟を認めたことが，改正法の特徴とされる。環境分野における市民側の努力を踏まえた法改正だといえる。

NGO を主体とするのではなく，専門家が直接アドボカシー活動を行い，立法に影響を与えようとするケースもある。中国科学院動物研究所に勤務する解焱博士は，自然保護区に関する立法が，市民による参加がないまま討論され，不完全な形で実現されようとしていることを知り，2012年2月に公開の呼びかけ状を発表し，80名を超える関連分野の専門家を集めた。「自然保護区立法研究会」が成立し，1年間の研究によって，『自然保護区立法（草案）』を作成

21　環境分野の法制定については，片岡（2011），岡村（2014）を参照されたい。

した。人民代表大会の代表を対象にロビー活動を行い，大会での議論に影響を与えた。

4．オルタナティブな価値を求める人々を支持層に

中国の公益圏の展開からは，「NGO」という組織形態にこだわらず，多様な形式で活動する動きが見えてきたが，公益圏が「民による公共」を担う存在になるためには，思想と価値を継続的に主張できるNGOが中核組織としてしっかりと機能していくことが求められる。そのためには，草の根NGOは人々にとって身近で，参加しやすく，興味を引かれる組織になっていかなければならない。GDPが世界2位に躍進し，経済的な中間層が大きく増大した現在の中国では，NGOが提唱するオルタナティブな価値を求める人々は，決して少数ではない。公益人を公共の担い手として育て上げるには，草の根NGOは価値を提供し続け，ビジョンを示せる存在でいなければならない。

2011年以降に中国で展開されてきた「自然学校運動」から，新しい価値を求める人々が草の根NGOの支持層になる可能性が見いだせる。

この運動は，筆者が設立した「日中市民社会ネットワーク」（略称「CSネット」）という団体が企画，実施したプロジェクトから始まったものである。それは，中国に日本型自然学校のコンセプトを導入し，中国的自然学校運動を引き起こすプロジェクト（JICAによる資金提供，2012年11月〜2015年10月まで）である。「日本型自然学校」の思想と運営方法及び具体的な技術を中国のキーパーソンたちに伝え，中国型の持続可能な自然学校をたくさん作り上げていく人的・知的ネットワークを構築することが，このプロジェクトの目的である。

プロジェクトの成果は仕掛けた我々の予想を大きく超えるもので

あった。当初 3 年間で 30-40 名のキーパーソンを育てる予定であったが，2 年目にすでに 200 名を超えるキーパーソンが集まり，自然学校関係者によって構成される WeChat グループも複数でき，グループメンバーもそれぞれ数百名規模に達している。それも実に多様な人たちが集まっている。NGO の関係者はごく一部であり，農場経営者，保護区のスタッフ，一般企業の経営者，学校の教員，生物学者や地質学者，建築家，芸術家，IT 企業の会社員，子供を持つ親たち……。今では中国各地で日本の自然学校の影響を受けた人たちが，自分たちの活動と事業を多彩に展開するようになった。

欧米型の自然学校は，雄大な自然を背景にした国立公園において，「自然をいかに理解すべきか」というテーマでパッケージ化されたプログラムを展開し，国立公園の中で事業が完結することが多い。それに対して日本型自然学校は，地域社会の中で活動することがほとんどであり，「地域性」が日本型自然学校の最も大きな特徴となっている。地域の中で持続可能な暮らし方を実践し，第一次産業の復権を唱え，地域の生態，暮らし方，そして産業から体験型の教育プログラムを開発し，子供からお年寄りに至るまで，幅広い層に参加してもらう場となっている。地域の外から人を呼び込む効果だけではなく，そこを拠点に地域行政や企業・住民たちが多様な立場からプログラムに関わることができ，地域への再認識，人間関係の醸成，公共の問題への気づきも促進されていく。日本型自然学校は環境教育の場にとどまらず，地域づくりの場として認識されている所以である。

このような「日本型自然学校」のコンセプトが中国の社会意識の高い人々の間で共感を呼んだのは，以下の 3 つの社会的背景による。まず政府主導の開発がもたらす負の側面はもはや誰の目にも明らかとなったことである。2014 年以降の PM2.5 の問題に象徴されるように，環境問題はもはやそこで暮らすすべての人間にとって「逃れ

られない切羽詰まった問題」となった。負の側面を背負わされるのは社会的立場の弱い層にとどまらず，開発の恩恵を受けてきた社会階層にとっても耐えがたいものとなっている。政府による対策への不満を背景に，自分たちの手でやれることをやろうとする市民の活動がますます活発化し，特に多くの若者にとっては，環境問題は生まれた時から深刻化の一途をたどっている「自分事」となっている。「持続可能な開発を民間からアプローチしていく場，拠点」が求められるようになった。次に，過激な学歴競争に心身とも疲れ果てている子供たちを前にして，知識の詰め込みではなく，人間性と真の問題解決力を育む教育に対する親のニーズが格段に増大している。第3に，食品安全の問題が人々の生命と健康を脅かす待ったなしの社会的課題となっており，農への関心がかつてないほど高まった。持続可能な開発を目指す場，体験型教育を実践する場，さらに農的な暮らし，農を支える暮らし方を提唱する場，それがまさに「日本型自然学校」である。

　「別の価値，別のやり方，別の道」を求めようとする人々が多く存在することが，2-3名しかスタッフがいない小さな団体であるCSネットの事業を大きく開花させた。草の根NGOにとって重要なのは，良い価値，良いコンセプト，良い仕組み，良い方法論を提示できるかどうかである。自然学校運動は，中国的なものと外来のものの結合を如何に実現するかを考える上で，有意味な素材になると考えられる。

5. 環境分野の公益組織と公益人が切り拓く「民の公共」

　中国の環境NGOは，激しく変動するここ30年の中国社会において，どんな特徴を見せ，どのような「民による公共」を可能にしているのだろうか。

　まず言えるのは，中国の草の根環境NGOは，早い段階から「社

会運動」の潮流としてよりも，むしろ「業界」として存在していたことである。原因の1つは，中国の体制下では運動体として集会や請願，キャンペーンなどを自力で行う道がほとんどなく，すでに起きた現実的な問題に対処する形でしか活動を展開できなかったことである。専門性を以て活動や主張に説得力を持たせる必要があるため，草の根NGOは啓蒙的働きにとどまらず，常に専門性を向上することに熱心であった。中国の公益圏で活動のプログラムが「公益産品」，プロジェクトが「公益項目」と称され，優れた公益プログラムと公益プロジェクトを「公益品牌（公益ブランド）」として打ち出すことができなければ，支持が得られず容易につぶれてしまう。活動を行う主体となる団体よりも，人々が認めるのは「ブランド」である。従って公益組織は「思い」だけでアマチュア的な活動を行うのではなく，専門性によって自らの居場所と存在意義を確立していこうとする志向性が強い。

　それぞれの団体の専門性を強化するだけではなく，専門性を活かし，「業界」としての存在感を向上させるという意識も見られる。例えば，環境NGO業界のキーパーソンたちは，それぞれの団体や課題にとどまることなく，環境問題全体に対して，NGOの視点に立った分析と解説を提示しようとしている。2012年，「創緑センター」，「北京山水自然保護センター」，「自然之友」，「中国民間組織国際協力促進会」，「公衆環境研究センター」などの団体が中心となり，『中国可持続発展回顧和思考 1992—2011：民間社会的視角（中国持続可能な発展に関する回顧と思考 1992〜2011：民間草の根の視点から）』をまとめ上げた。本のきっかけは「リオ +20」[22]であったが，中心となる環境NGOはそれぞれの専門性を超え，多肢にわたる環

22　「リオ +20」とは，2012年6月にブラジル・リオデジャネイロで開催された「国連持続可能な開発会議」を指す。20年前の1992年に，同じ街で「国連環境開発会議（「地球サミット」）」が開催され，20年後のこの会議はそのフォローアップとして位置づけられていたことから，「リオ +20」と略され，語られている。

境問題について，その分野で活動するNGOに書き手になってもらい，NGOならではの視点から論じている。環境問題とその対応に関するNGO側の見解をまとめて提示するこの試みは，NGOのネットワーキング志向，そして社会的影響力の拡大志向を体現したものだといえる。

　次に，具体的な「業」を持ち続けなければならないプレッシャーもあり，NGOは当初からコストが安くかつ優秀な大学生や若者を巻き込むことに積極的であった。リーダーである知識人の人格的魅力や，厳しい競争を勝ち抜くためのキャリア形成にNGOでの経験が役立つなども影響し，中国の環境NGO業界は担い手が20代，30代の若者の割合が大きい。特定のNGOに着目すれば，スタッフの出入りが激しく，人材の確保が大きな課題となっていることが分かる。しかし，業界レベルで見ると，さまざまな環境NGOを渡り歩く人，スタッフを経験してから独立して自分の団体を立ち上げる人，企業に再就職しても，環境に関係するポジションに就く人など，環境分野から離れずに関わり続ける若者が多い。担い手が若いこと，業界内での人材の流動が激しいことは，業界の活況をもたらすというメリットもある。

　第3に，知識人や高学歴の若者が多く集まっていることから，公益圏全体の発展について考えたり討論したりする場面が多いことも挙げられる。特に，中国の市民社会全体の発展に注目し，草の根の立場から情報を収集し，発信し続ける市民メディア『中国発展簡報（China Development Brief）』の存在が大きい。1996年に英国人ジャーナリストによって設立されたこのメディアは，一度は「違法調査」の名目で政府側に閉鎖を迫られたが，2003年に企業として登記し直し，生き延びた。「独立・客観・公正」をモットーに，中国の市民社会に関する情報の共有を通して，市民社会のダイナミズムをとらえ，分析し，台頭しつつあるNGOのキャパシティ・ビル

ディングに貢献することが，彼らの活動目標である。そこでは，環境分野のみならず，市民社会を横断的にとらえ，個別の戦略にとどまらず，大きな方向性やビジョンの問題を常に提示し，「中国の市民社会領域」として意識させ，まとめ上げていこうとする力が働いている。中国本土の700近い草の根NGOと中国で活動する約300の国際NGOのデータベース，市民社会研究者たちによるコラム，市民社会分野での最新ニュースを発信する以外に，年4回雑誌を発行している。雑誌の特集は，市民社会全体の発展に関わるテーマを取り上げることが多く，日々の雑用と自分たちのフィールドに埋没しやすい現場のNGOにとっては，市民社会領域全体を意識し，自らの活動を位置づける貴重な仕掛けとなっている。現在はWeChatの普及により業界における議論の場は数えるのが困難なほど増えているが，領域全体に関わる議論を意識的に行う「よき伝統」は，『中国発展簡報』が土台を作ったといえる。

　最後に，中国のNGOは世界に目を向け，グローバルな注目の獲得に積極的だといえる。発展途上国のNGOという立場を生かし，欧米の財団や国際NGOから資金のみならず，理論や方法論も獲得した中国のNGOは，当初から「世界とつながるNGO」という状態に慣れている。海外からの注目は，資金の獲得や，中国国内での活動空間の開拓にも不可欠であった。知識人リーダーが多く，高学歴の若者に支えられているこの業界は，英語での発信力が高く，「NGO活動＝英語を使う」というイメージが定着するほどである。海外での受賞歴も珍しくない。例えば北京地球村のリーダー廖氏はクリントン財団のグローバル・シティズン・アワードをはじめ，数々の国際的な賞に輝いている。このような「世界とつながる」視野のみならず，ネット上のニューメディアによるつながりの活用の勢いにも目を見張る。「より広がりを，よりつながりを」という方向に向かおうとする意志と活気を多くの組織から感じ取ることができる。

中国では草の根NGOの生存環境が大変厳しいがゆえに[23]，より戦略的に，より効果的に行動することが常に求められており，その結果社会一般に対する影響力を意識した活動スタイルが出来上がっている。業界の形成，専門性の強化，NGO同士の連携，NGOならではの知識や見解をまとまった形で世に示そうとする姿勢，若者を巻き込む戦術，市民社会領域全般に対する思考と反省の蓄積，世界に目を向ける視野の広さ，そしてニューメディアなどの新しいツールや技術に対する積極性。草の根NGOの中でも環境NGOは最も成熟した分野であり，党や政府からの支持を相対的に得やすい分野でもあるため，民による公共の創出という意味では先頭を走っているといえる。環境分野の公益人たちは，知識や良識，公正や弱者支援といった市民社会的な見地から環境問題を提示し，解決策を模索しているだけではない。「NGOたる組織が中国社会で如何に可能となるのか」を，中国国内にのみならず，世界に向けて示す役割をも果たしているのである。

6.「公益人」が熱く論じる身近な論点への注目

本章は国家管理から解放された個人によって公共が構築されること，すなわち「民による公共」が可能かについて，中国的な公共概念の特徴を検討した上で，自発的に公共的課題に関わる民間公益圏の展開を概観し，とりわけ環境分野の公益圏を事例に考察してきた。

中国の伝統思想と歴史経験を踏まえ，「天の公」を原理としつつも，西欧型公共の要素と融合していくことが求められる中国の民間公益領域。さらに共産党の一党指導体制下で活動空間を求めるには，ますます困難が伴う。しかし，相対的に政治的機会構造が開かれてい

23　中国では，NGOの登録・管理の制度が厳しかっただけではなく，政府側は常にNGO側の動きの掌握と管理を志向し，活用はするものの警戒を怠らない。生存空間と必要な活動資源を獲得するために，NGO側は絶えず戦略的に，効果的に活動を展開するプレッシャーに直面している。李妍焱（2012）を参照していただきたい。

る環境分野の公益圏に目を向ければ，中国における民の公共は不可能ではないことが分かる。民間による環境公益分野は確かに中国社会において形成されており，多くの環境公益人が誕生し日々活動している。

　中国の公益圏に対して，それが政府にとって，中国社会のシステム的転換にとってどんな機能を果たすのかにばかり，研究の目が集中しがちである。しかし，公益人たちが自らの生き方を模索し，選び，切り拓いていく過程こそが，公益圏の形成を支え，その方向性を導き，中国社会の変動のリアリティを物語っている。次章では中国の市民社会に関する先行研究を詳細に取り上げ，「中国的市民社会」の普遍性と独自性についてどう考えるべきか検討する。市民社会概念の普遍性は，西洋の個人主義や民主主義の制度にあるのではなく，あるいは中国の「天下主義」にあるのでもない。そこで暮らす普通の人々が，自分たちが望むような社会を思い描き，少しでも近づくために行動し，自分の価値を表現する過程にこそあると主張していく。

第 3 章

中国の市民社会に関する
先行研究の検討

信頼と温かさが感じられる社会をつくっていくプロセスにおいて，人々が自分自身の価値を表現し，自己実現を試みることができること，それこそが市民社会であると筆者は考える。本章は現代中国の市民社会，とりわけ 1990 年代以降に台頭した草の根 NGO などによる公共問題・社会問題への市民的実践を想定した先行研究の整理と考察を行い，中国の市民社会の捉え方に関する筆者の主張を明示したい。

第 1 節　中国国内における先行研究の概観

1. 先行研究の論文サーベイ

　中国本土の研究者たちによる研究からまず見ていこう。筆者は日頃中国の市民社会に関連する中国国内の議論を検索し，関連論文を集めてきた。1998 年に国立清華大学において NGO 研究所が設立されたことが象徴していたように，NGO などの市民による実践が本格的に学問の研究対象となったのは 90 年代末以降，特に 2000 年に入ってからであった。研究は増加の一途を辿り，専門の研究拠点も清華大学公益慈善研究院（NGO 研究所はその一部），北京大学市民社会研究センター（中国語名称「北京大学公民社会研究中心」），中国人民大学非営利組織研究センター（中国語名称「人民大学非営利組織研究中心」），中山大学市民と社会研究センター（中国語名称「中山大学公民与社会研究中心」），北京師範大学中国公益研究院，人民大学中国公益イノベーション研究院（中国語名称「人民大学中国公益創新研究院」）などが相次いで設立され，活況を呈している。

　検索した研究論文のタイトルの傾向から，市民社会の扱い方の変化を読み取ることができる。最も顕著なのは，市民社会の領域を指し示す名称の変化と研究関心の推移である。表 3-1 は，筆者が集め

84

た市民社会全般に関わる問題を議論の対象とした中国国内の研究論文のリストである。無論すべてを網羅したわけではないが，資料として整理しておくとともに，先行研究の傾向を見る上での参考としたい。

表 3-1　中国国内における中国の市民社会に関する主要な論文

※日本語訳は括弧内、下線はキーワード

論文タイトル	著者	雑誌名	発行年	研究関心
中国公民社会的興起及其対治理的意義 (中国における<u>市民社会の台頭</u>とガバナンスへの意義)	兪可平ほか	http://www.aisixiang.com/data/10721.html	2001 年	政府ガバナンスとの関係
治理転型与競争：合作主義 (<u>ガバナンスの転換</u>と競争―<u>協働主義</u>)	徐　勇	開放時代	2001 年7 月	
北京市民間組織個案研究 (北京市<u>民間組織</u>ケーススタディ)	孫志祥	社会学研究	2001 年第 1 号	公共問題に対する実践と公共政策への市民参加
改善我国公共政策参与方式的思考 (わが国の<u>公共政策における参加</u>に関する考察)	王学傑	中国行政管理	2001 年第 2 号	
浅談城市更新中的公衆参与問題 (都市化における<u>公衆参加</u>の問題について)	銭　欣	都市問題	2001 年第 2 号	
転型経済国家中的"第三部門"発展：対中国現実的解釈 (経済転換期の国における<u>第三セクターの発展</u>―中国の実情に基づいた解釈)	熊躍根	社会学研究	2001 年第 1 号	第三セクターの基本概念
中国非政府公共部門（上，下） (中国<u>非政府公共セクター</u>　上，下)	王　名	中国行政管理	2001 年第 5 号第 6 号	非営利NPO の概念と特徴

従"非国有化"到"非営利化": NPO 的法人治理問題 (民営化から非営利化へ－ NPO の法人ガバナンスの課題)	陳　林	中国研究	2002 年 第 8 号	
市民社会，公民領域及其与中国法制発展的関係 (市民社会，市民的領域と中国の法制健全化の関係)	趙　勤	開放時代	2002 年 3 月	市民社会と法治
中国民間組織的興起与国家－社会関係理論的転型 (中国民間組織の台頭と国家－社会関係理論の転換)	郁建興 呉　宇	人文雑誌	2003 年 第 4 号	
机会与約束：中国福利制度転型中非営利部門発展的条件分析 (機会と制約—中国の社会福祉制度の転換において非営利セクターが発展するための条件)	田　凱	社会学研究	2003 年 第 2 号	民間組織・NGO・第三セクターと国家・政府との関係性 制度との関係性
中国 NGO 対政府的策略：一個初歩考察 (中国における NGO の対政府戦略—初歩的考察)	趙秀梅	開放時代	2004 年 第 6 号	
杜絶"新人"患"老病"：構建政府与第三部門建的健康関係 (新人が古い病気にかからないために－政府と第三セクターとの健康な関係性を構築する)	郭道久 朱光磊	戦略と管理	2004 年 第 3 号	

題目	著者	掲載誌	発行	分類
中国社団的歴史，現状及発展趨勢初探 （中国社団の歴史，現状と発展の趨勢）	劉祖雲 胡　蓉	学術論壇	2004 年 第 1 号	結社（社団）
中国的社団革命：勾勒中国人的結社的全景図 （中国社団革命―中国人の結社に関する俯瞰的考察）	王紹光 何建宇	浙江学刊	2004 年 11 月	
中国非営利部門与城市反貧困治理 （中国の非営利セクターと都市における貧困対策のマネジメント）	田　凱	学術探索	2004 年 第 3 号	社会問題解決における効果
中国民間組織的合法性困境 （中国の民間組織の合法性的困難）	謝海定	法学研究	2004 年 第 2 号	民間組織の法制度
浅談非営利組織的誠信建設 （非営利組織の社会的信頼の構築）	曾維和	哲学視界	2004 年 第 5 号	非営利組織の社会的信頼
政府与非営利組織的信任関係研究：一個社会学理性選択理論視角的分析 （政府と非営利組織の信頼関係―社会学の合理的選択理論による分析）	田　凱	学術研究	2005 年 第 1 号	非営利組織・NGO と政府との関係
分類控制：当前中国大陸国家与社会関係研究 （分類して掌握する―現在中国大陸における国家と社会関係）	康暁光 韓　恒	社会学研究	2005 年 第 6 号	
政府与 NGO 合作関係的両維度分析：以中国環境科学学会与国家環保総局的関係為例 （政府と NGO との協力関係の二次元的分析―中国環境科学学会と国家環境保護局との関係を事例に）	丁　娜 方衛華	社団理論研究	2005 年 1 月	政府による掌握とコントロール

中国"第三部門"起源的経済分析 (中国第三セクターの起源に関する経済分析)	邢以群	浙江社会科学	2005 年 第 1 号	第三セクターの起源と課題
当前中国"第三領域"発展面臨的何代 (中国第三セクター発展の難題)	劉　偉	現代中国研究	2005 年 第 3 号	
中国非営利組織研究的新発展 (中国非営利組織研究の新展開)	唐　斌	南京社会科学	2005 年 第 7 号	非営利組織研究の進展
浅談転型期的中国政府与 NGO 関係 (社会転換期における中国政府と NGO との関係)	鄧敏玲	中山大学大学院論集社会科学篇	第 27 巻 第 4 号 2006 年	政府と NGO の関係
中国公民社会：概念，分類与制度環境 (中国の市民社会－概念・分類・制度環境)	兪可平	中国社会科学	2006 年 第 1 号	中国の市民社会の基本概念と制度
中国公民社会組織発展的制度性障碍分析 (中国市民社会組織発展の制度的障碍に関する分析)	何増科	寧波市中国共産党学校学報	2006 年 第 6 号	
非営利組織社会道徳教育価値目標探析 (非営利組織の社会道徳教育における価値目標の探索と分析)	李茂平	吉首大学学報社会科学篇	第 27 巻 第 5 号 2006 年 9 月	非営利組織や市民社会と倫理・道徳観の再建
試論当代中国市民社会的倫理精神 (現代中国の市民社会の倫理的精神)	李楠青	四川省共産党学校学報	2007 年 第 3 号	
培育和発展公益性非政府文化組織 (公益的非政府文化組織を育成し発展させる)	周　膺	浙江学刊	2007 年 第 4 号	文化とガバナンスへの NGO の貢献
国際 NGO 与中国地方治理創新：以珠三角為例 (国際 NGO と中国地方のガバナンス・イノベーション－珠江デルタを事例に)	朱健剛	開放時代	2007 年 第 5 号	

第3章　中国の市民社会に関する先行研究の検討

国家与社会：公民参与的両個層面 (国家と社会－市民参加の2つの次元)	儲松燕	学習時報	2007 年 11 月	市民参加 草の根 NGO の生存戦略
非正式政治：一個草根 NGO 的行動策略 (インフォーマル政治－ある草の根 NGO の戦略)	張緊跟 荘文嘉	社会学研究	2008 年 2 月	
中国特色的非政府組織：挑戦与応対 (中国的特徴のある非政府組織－挑戦と対応)	Lee Won Jun	世界経済と政治	2008 年 第 9 号	
参与式互動：第三部門在政府改革中的積极作用 (参加型相互作用－政府改革における第三セクターの積極的役割)	張　彬	理論月刊	2008 年 第 2 号	第三セクター・NGO と政府との関係
基層治理中的国家‐社会関係：対一個参与社区公共服務的 NGO 的考察 (ローカルガバナンスにおける国家‐社会関係－コミュニティサービスに関わる NGO のケーススタディ)	趙秀梅	開放時代	2008 年 第 4 号	
政府与 NGO 信任関係研究：以"合作式治理"模式為視角 (政府と NGO の信頼関係の研究－協働型ガバナンスモデルの視点から)	陳世偉	江西社会科学	2008 年 11 月	
政府与 NGO 合作関係的邏輯与生成：建構主義的視角 (政府と NGO の協働関係のロジックと形成－構築主義の視点から)	高　猛 趙平安	学術探索	2009 年 第 2 号	
走向公民社会：我国社会組織発展的歴史及趨勢 (市民社会に向かって－わが国の社会組織の発展史と趨勢)	王　名	吉林大学 社会科学報	2009 年 第 3 号	中国での社会組織・非政府組織の歴史的展開と現状及び趨勢

改革開放后中国非政府組織的発展過程及趨勢 (改革開放後中国の非政府組織の展開経緯と趨勢)	李　丹	鄭州航空工業管理学院学報	第 27 巻 第 4 号 2009 年 8 月	
中国 NGO 生存状態調査 (中国 NGO の生存状態調査)	卞　宁	資治ダイジェスト	2009 年 5 月	
強市場中的"弱参与"：一個公民社会的考察路径 (強い市場における弱い参加−市民社会を考察する 1 つの視点)	陳福平	社会学研究	2009 年 第 3 号	
論市民社会理論及其当代価値 (市民社会の理論と現代における価値)	李文峰 劉栄軍	西南大学学報 社会科学篇	第 36 巻 第 4 号 2010 年 7 月	市民社会の価値と中国での困難
公民意識表現及其影响因素研究 (市民意識の表現とその影響要因の研究)	王　卓 吳　迪	社会科学研究	2010 年 4 月	
本土情境下中国第三部門発展困境及道路選択 (中国本土の制度環境における第三セクターの発展の困難と選択)	劉　傑 田毅鵬	社会科学研究	2010 年 第 5 号	
公民社会理論視角下的"新媒介運動"及其闡釈 (市民社会理論に基づく「ニューメディア運動」とその解釈)	連水新	福建師範大学学報	2010 年 第 3 号	市民社会とメディア
回帰国家責任：公益慈善之資源組織及群衆参与的新伝統 (国家責任への回帰−公益慈善の資源動員と群衆参加の新しい伝統)	劉　威	深圳大学学報 人文社会科学篇	2010 年 第 5 号	国家の指導の下における市民参加と民間社会組織の育成
公民社会的発育与形成：民間社会組織的培育与公民的有序参与 (市民社会の成長と形成−民間社会組織の育成と市民の秩序ある参加)	張丹丹 潘関宝	学術界	第 157 号 2011 年 6 月	
加強社会管理与培育公民社会：兼与周本順先生商榷 (社会管理の強化と市民社会の育成−周本順先生との討議)	夏禹龍 周羅庚	学術論争	2011 年 9 月	

2006 年以来中国公民社会研究的新発展 (2006 年以降の中国の<u>市民社会研究</u>における新しい展開)	周　俊 郁建興	思想戦線	2011 年 第 6 号	市民社会研究の検討
中国社会組織発展：従社会主体到国家意識 (中国社会組織の発展－<u>社会主体から国家意識へ</u>)	葛道順	江蘇社会科学	2011 年 第 3 号	国家主体への回帰
1978 年以来中国 " 国 " 与 " 民 " 関係之歴史演進：立足于国家自主性理論的思考 (1978 年以降中国の<u>国と民の関係</u>の歴史的変化－<u>国家自主性理論</u>に基づく思索)	王　星	人文雑誌	2011 年 第 2 号	
当代中国慈善事業：現状、路径、前景 (現代中国の<u>慈善事業</u>－現状、方法、展望)	王振耀	中国社会科学報	第 107 号 2011 年 4 月	慈善事業
公民社会：制約跨国公司的另一種可能 (<u>市民社会</u>－多国籍企業を<u>制約</u>するもう 1 つの可能性)	呉敖祺	開放社会	2011 年 第 6 号	企業監視機能
社会企業家与公益創業、社会創新 (<u>社会起業家</u>とソーシャル・ベンチャー、<u>ソーシャル・イノベーション</u>)	付鴻彦	人民論壇	2011 年 第 33 号	社会起業家
新媒体与 NGO 公益伝播中的数字鴻溝現象研究 (<u>ニューメディア</u>と <u>NGO</u> の宣伝における数字のギャップに関する研究)	鐘智錦 李艶紅	思想戦線	2011 年 第 6 号	NGO とニューメディア
微博空間的媒体知識分子与社会公益行動動員 (<u>ミニブログ</u>におけるメディア知識人と<u>社会公益行動</u>の動員)	張愛鳳	南京社会科学	2012 年 第 5 号	

重建公民社会：中国現代化的路径之一 (市民社会の再建―中国近代化への道)	蕭功秦	探索と論争	2012 年第 5 号	市民社会への道 NGO・社会組織と政府との関係
公共服务提供中的 NGO 及其与政府的关系之研究 (公共サービスを提供する中での NGO と政府との関係に関する研究)	顧立梅	中国行政管理	2012 年第 1 号	
非制度性依頼：中国支持型社会組織 与政府関係探索 (非制度的依存―中国の中間支援組織と政府との関係の模索)	葛　亮 朱　力	学習と実践	2012 年第 12 号	
NGO 与政府合作中的自主性何以可能？―以上海 YMCA 為個案 (政府との協働において NGO の自律性が可能か―上海 YMCA を事例に)	姚　華	社会学研究	2013 年第 1 号	
"個人"概念的演進及其時代精神―従"抽象的人"到"現実的個人"再到"公民社会人" (個人概念の変化及びその時代精神―抽象的人間から現実的個人、さらに社会的市民へ)	張三元	学術界	2013 年第 6 号	個人がいかに市民となるか
NGO 的生態関係研究：以自我提升型価値観為視角 (NGO をめぐる関係性研究―自らの価値観の向上という視点から)	趙小平 王楽実	社会学研究	2013 年第 1 号	NGO の価値観
社会性与公共性析論：兼論中国社会三層次説及其方法論意義 (社会性と公共性の分析―中国社会三階層説とその方法論的意義について)	葛　荃	学習と探索	2013 年第 10 号	公共性

社会管理創新与公民社会培育：社会建設的路径与現実選択 (社会管理のイノベーションと<u>市民社会の育成</u>—社会建設の道と現実的選択)	王　名 李　健	現代社会と 社会主義	2013 年 第 1 号	社会管理の イノベーション
社会協同：社会管理的重大塑新 (社会協働—社会管理の重大な<u>イノベーション</u>)	朱　力 葛　亮	社会科学研究	2013 年 5 月	
公民社会的"民情"与民主政治的質量 (市民社会の状況と<u>民主政治の質</u>)	楊光斌 李楠龍	河南大学学報 社会科学篇	2014 年 第 3 号	民主政治
公民社会領域下我国社会建設之思考 (市民社会の視点から見る我が国の<u>社会建設の思考</u>)	周暁麗	金陵科学技術 学院学報 社会科学篇	2014 年 第 2 号	市民社会と 社会建設
<u>我国社会組織発展制度環境析論</u> (我が国の<u>社会組織発展の制度環境分析</u>)	張　傑	広東社会科学	2014 年 第 2 号	社会組織発展のための 制度環境と 動力
社会組織発展動力初探 (<u>社会組織発展の動力</u>への模索)	孫録宝	東岳論叢	第 35 巻 第 4 号 2014 年 4 月	
中国的社会組織培育：必然、応然与実然 (中国<u>社会組織の育成</u>—必然、理想そして現状)	陳友華 祝西氷	江蘇社会科学	2014 年 第 3 号	
公民身份与公民参与：法治中国建設的関鍵要素 (シチズンシップと<u>市民参加</u>—法治中国を建設するための鍵)	蒋伝光	浙江社会科学	2014 年 第 6 号	市民参加
重新思考公民与公共生活：基于儒家立場和中国歴史経験 (<u>市民</u>と<u>公共生活</u>再考—儒教の立場と中国の歴史的経験から)	姚中秋	社　会	第 34 巻 2014 年 3 月	中国的公共性

中国青年公益創業与社会創新 (中国における若者のソーシャル・ベンチャーとソーシャル・イノベーション)	譚建光	青年探索	2014 年 第 3 号	ソーシャル・イノベーション
造血之"元":本土社会企業的営銷哲学 (元金はどこから？－本土の社会的企業の経営哲学)	段佳佩 呂静淑	ソーシャルワーク	2015 年 第 1 号	社会的企業の経営
公益慈善組織能力建設及其影响因素分析：基于広東省珠海市的調査 (公益慈善組織の能力の構築及び要因分析－広東省珠海市の調査から)	賀志峰 崔 雲	ソーシャルワーク	2015 年 第 3 号	公益組織の能力向上
青年微公益的社会学分析 (若者のネット公益活動の社会学的分析)	鐘一彪	中国青年研究	2015 年 第 7 号	ネット公益
社会組織参与社会治理路径拓展与治理創新 (社会組織がソーシャル・ガバナンスに参加するための道とガバナンス・イノベーション)	範和生 唐恵敏	北京行政学院 学報	2016 年 第 2 号	社会組織とガバナンス
中国社会組織成長条件的再思考：一個総体性理論視角 (中国社会組織の成長条件再考－総合的理論考察の視点から)	黄暁春	社会学研究	2017 年 第 1 号	社会組織の制度環境

2. 先行研究のタイトルから読み取れること

「市民社会」の概念については，鄧正来が代表するように「国家―市民社会」という二元構造に基づき，市場の領域を市民社会に含む捉え方もあるが（鄧，2008），兪可平や康暁光，王名，朱健剛をはじめ圧倒的に多くの研究者は，市民社会の領域を非政府・非市場の「第三領域」として定義している。研究対象としては，国家権力に対してある程度の対抗性を有し，権力を制御する機能を有するNGO に注目するものと，制度的に政府の許可を得て活動し，政府

の影響を大きく受ける官製 NGO に注目するものに分かれるという[1]。

本書は「第三領域」として市民社会を理解する。筆者は李妍焱（2012）において，以下のように市民社会を定義している。「公共的な事柄に関する討論と決定に，人々が自らのイニシアティブによって参加する権利，仕組み，及び文化」（李，2012：7）。本書も基本的にはこの定義に基づくが，「現代中国の市民社会」と述べる際に筆者が念頭に置くのは，改革開放後の社会主義中国において，自らに課せられた職務ではないにも拘わらず，なんらかの公共的・社会的問題に，自らの問題意識に基づき，仲間や資源を集め，方法論とツールを開発し実践に取り組む人々と彼らの主張，その活動内容，その関係性のネットワークである。

上記の先行研究から，まず，市民社会の組織を指し示す名称の変化を読み取ることができる。「民間組織」，「非政府組織（NGO）」，「非営利組織（NPO）」，「非営利セクター」，「社団」，「第三セクター」，「社会組織」，「社会的企業」，「公益活動」などといった用語が用いられてきたが，2011 年頃を境に，「社団」や「民間組織」，「非営利組織（NPO）」および「非営利セクター」は使われなくなり，2013 年以降は「非政府組織（NGO）」もめっきり減少し，それに取って代わるように「社会組織」が多用されるようになった。李（2012）で指摘したように，用語の変化は市民社会の領域に対する政府の扱い方の変化を反映している。2007 年に中国共産党が「社会建設」を国家建設の戦略目標として掲げ，党と政府の「指導」の下で社会建設を計画的に推進していくこととなった。それまで社団などの組織は，政府側の政策言語においては「民間組織」という「非政府」の意味合いを持つ言葉で語られていたが，国家主導の社会建設の一部を担

---

1 胡兵，2007，「探索民間組織最佳生存環境：政党組織対民間組織的影響（民間組織にとっての最も望ましい生存環境の探索―政党組織の影響）」，『学会』2007 年第 9 号。香港中文大学中国研究サービスセンターより，http://paper.usc.cuhk.edu.hk/Details.aspx?id=4735（2017 年 7 月 23 日参照）。

うという意味での「社会組織」に置き換えられていった。研究においても，市民社会領域のアイデンティティを表現する名称は，当初は世界的な潮流に合わせたNGOやNPO，第三セクター及び中国的な用語「民間組織」が用いられていたが，党と政府が主導する「社会建設」に収斂される形で「社会組織」に取って代わられた。

　名称の変化から，市民社会の世界的潮流とつながりつつも，中国独自の体制に対応する形で中国の市民社会を論じようとする研究者たちの姿勢が見て取れよう。しかし特筆に値するのは，政策用語として「社会組織」が主流となっていくと同時に，民間では新たに「公益組織」もしくは「公益慈善組織」という名称が台頭し，市民社会が「民間公益領域」として社会的な存在感を獲得していったことである。市民組織の基本法となる「慈善法」が2016年9月に中国で成立した背景に，自らのアイデンティティを「公益慈善」として打ち出した市民社会に対する社会的認知と承認があったと指摘できよう。それについては本書第4章で詳細に述べていく。

　次に，先行研究のタイトルから研究関心の傾斜と推移を読み取ることもできる。「政府との関係性」は一貫して最も頻繁に登場するテーマとなっていることが伺える。それと関連して行政改革や政府ガバナンスに市民社会を位置づけようとする議論，党と政府が先導する社会建設，社会管理に市民社会を位置づけようとする議論が多く登場し，市民組織の制度環境や発展の困難なども論じられてきた。研究の視点と内容の推移から見ると，2006年頃まではガバナンスにおける市民社会の意義や市民参加の重要性，国家と社会との関係の転換や政府とNGOの協力関係の重要性が強調されていたが，2011年あたりから国家主導への回帰が明白となり，社会管理の強化や社会建設の目標に向けた社会組織の育成が多く論じられるようになった。同時に「公益」，「慈善」，「社会的企業」，「イノベーション」が，ニューメディアの活用や若者によるソーシャル・ベンチャー

を語る際のキーワードとなった。市民社会の意義は、「政府と異なる立場からの活動」を強調した「非政府組織」，もしくは「営利を目的としない活動」を強調した「非営利組織」から，「党と政府主導の社会建設の成功に貢献する公益・慈善活動やソーシャル・ビジネスのプロジェクト」という意味へと変化していったことが分かる。

3. 2006年から2010年までの中国の市民社会に関する研究の傾向

　市民社会独自の意義を強調していた2006年頃から国家主導へと回帰していく2010年ごろまで，中国国内における市民社会の議論にどんな特徴があったのか。周俊・郁建興（2011）は2010年頃までの数多くの先行研究を丁寧にサーベイし議論している。中国の市民社会に関する研究は2つの段階に分けられ，1990年代から2000年頃までは「初期段階」であり，「この段階では中国に市民社会が存在しうるのか，市民社会と社会主義的現代化との関係性を中心に議論が行われていた」という。市民社会の論理に関する本格的な研究は2000年以降の「第2段階」から始まっており，「市民社会を一種の理想的な社会モデルと想定した上で議論と検証が行われ，社会主義的市民社会論の構築を試みる研究者が相次いで現れ，市民社会というコンセプトは普通の民衆にも受け入れられるようになり，海外の社会理論も導入された」という（周・郁，2011：42）。この第2段階以降の議論，とりわけ2006年以降の研究を踏まえて，周と郁は4つの特徴を指摘している。

　第1は「参加型ガバナンス」理論に関する模索である。中国の市民社会研究は最初から，「如何にこの西洋社会のコンセプトを本土化するか」という問題に直面していたという。「国家に対抗する市民社会」という観念からの脱出を唱えた甘陽の議論や，政府と市

民社会との「良性相互作用」（中国語は「良性互動」）の関係性を論じた鄧正来と景躍進らの研究を列挙しながら，著者らはガバナンス理論，社会関係資本の理論や「協商（協議）」理論の進展によって，中国独自の国家－社会関係，すなわち「分離・独立」という関係ではなく「良性互動」関係の理論が徐々に形成されたと指摘する（周・郁，2011：43）。しかし，ガバナンスへの「中国的な参加」に疑問を呈する研究者も多い。「社会的な実践が行政のシステムに呑み込まれるようならば，実質的な参加は困難となり，市民社会の理想状態には到達できない」というこれらの研究者の議論に理解を示しつつも，著者らは，中国的参加は「行政権力と対等になる」ところには至らないが，「社会における自治能力の増大」に貢献する点は注目に値すると強調する。すなわち，中国における参加型ガバナンスを「行政権力を制限し監督する」という意味で捉えると，「市民社会の展開を促進するどころか，阻碍状況を招きかねない」。「参加型ガバナンス」の「本土的理解」を検討し，「社会の自治への社会組織の参加」として捉え直す必要性を著者らが主張している（周・郁，2011：44）。

　第2の特徴として，「良性互動」の関係性モデルを超えるような，より中国的実情を表現した理論モデルの提起が挙げられた。2006年まで主流であった「良性互動」論は，中国における国家－社会関係の理想型として提示されていたが，具体的にどう実現できるのか明確ではなかったと著者らは述べ，2006年以降，経験的研究に基づいた中国ならではのロジックを示そうとする研究が増えたという。そこで登場したのが「容認と掌握」説，「相互依存」説と「参加による成長」説である。3つの説に共通するのは，中国の社会組織は政府に高度に依存し，「独立性の欠如」という前提条件の下に置かれてもなお，自らを発展させることができる，という考え方である。2008年に郁建興らが発表した浙江省温州商会の事例研究が例示さ

れ，「中国の市民社会の発展を考えるならば，独立性は必ずしも前提条件ではない」との見解が紹介されている。「政府のガバナンスに参加していく中で，政府への社会組織の依存は無論減ってはいない。しかし大事なのは，その過程において，社会組織に対する政府の依存が深まったことである。この『相互依存』の関係性の意義は重大だ」と郁らの研究が示しているという。しかしこの理論モデルを説得力のあるものにしていくためには，社会組織への行政の依存についてさらに詳細に例証し，このような「依存」は社会組織の発展をどのような意味で促進していくのか議論を深めていかなければならないと著者らは主張している（周・郁，2011：45）。

　第3の特徴はネット公益に関する研究のブームであり，ネット技術による市民社会のエンパワーメントが可能かどうかを中心とした議論である。本書第5章においてその話題を取り上げる。

　第4の特徴として，著者らは市民社会の研究に関する展望の困難を挙げている。2009年，清華大学と北京大学の間でちょっとした論争が起きたという。北京大学の研究者たちは，「中国における市民社会はすでに形成され，これは過去30年間の改革開放の成果だ」と主張したのに対して，清華大学の研究者たちは，「中国はまだ市民社会に向かっている段階に過ぎない」と主張したという。興味深いのは「双方とも民間組織を，政府の体制改革にとって不可欠で重要なパートナーで，同盟軍であると位置づけ，民間組織は中国を市民社会に向かわせる力になると考えている」ことだと著者らは指摘する。

4．市民社会論は消えていく？

　しかし，2011年初頭，「市民社会」は政府の複数の部署から「煽るべきコンセプトではない」と通達されたという。「誤信，誤解を防ぎ，西側諸国が用意した『市民社会』という名の落とし穴に我々

は陥るべきではない」との論調に対して,「学界はほとんど返す言葉を失った」と,周と郁は次のように結論づけている。

> 中国の市民社会に関する研究は,まだこの挑戦に応えられるほどの適切な解釈と規範的な理論を打ち出せていない。中国における市民社会の展開を楽観視する研究がある一方で,他方では社会組織の活況やボランティア精神の成長を国家主導の社会発展の一環に過ぎないと見なし,市民社会は「遠い神話」だと考える研究もある。……現実的な挑戦に応えるためにも,中国の市民社会の研究者はそれぞれの偏見を脱ぎ捨て,中国社会に適応可能な「中国的市民社会」の理論構築のための対話を始めなければならない。(周・郁,2011:47)

振り返れば2008-2011年頃は,中国の市民社会研究の盛り上がりのピークだったのかもしれない[2]。2008年10月に,清華大学NGO研究所所長の王名が編集した『中国民間組織30年－市民社会に向かって』が刊行され,さらに12月には北京大学の研究チームによる『中国市民社会発展青書(Blue Book on Civil Society Development in China)』が出版された。『青書』の序文において,北京大学市民社会研究センター主任の李景鵬は「これは最初の1冊に過ぎない。我々はこれから2-3年ごとに一部発行し,この事業を続けていき,中国の市民社会の発展に貢献をしていきたい」と述べている。しかし,筆者が調べた限りでは,2017年現在でも『中国市民社会発展青書』2冊目の出版はまだない。

---

2 辻中・小嶋によれば,市民社会・公民社会(Civil Societyの二種類の中国語訳)を文章に含む哲学・人文科学・社会科学分野の各種論文,評論,会議記録,新聞記事の数は,2011年にピークを記録し(公民社会は12,570件,市民社会は8,384件),その後急降下している(辻中・小嶋,2014:27-28)。

100

第2節　中国の市民社会に関する中国国内の諸研究の解析

　周・郁（2011）の議論は，主に政府との関係性に着目した研究の整理だったといえる。筆者が表 3-1 で整理した先行研究のタイトルからも分かるように，「政府との関係性」は確かに中国の市民社会を論じる際の最も重要な論点だといえる。しかし，政府との関係以外に関する論点として，どんなものが挙げられていたのか。政府との関係についてはどんな具体的な議論の展開があったのか。ここではもう少し丁寧に先行研究を紐解いていきたい。

1. 西洋型市民社会への批判的まなざしと「本土化」の主張

　劉傑・田毅鵬（2010）は，中国の市民社会を論じる困難として，市民社会コンセプトの強い「西洋社会的文脈」と，中国社会の伝統文化に存在する市民社会への阻碍要因を指摘している。「第三セクターの概念は西洋文化に根ざしており，典型的な舶来品である。市場経済における利他主義，ボランタリー精神，公益ないし共益の社会サービスを提唱し，私的領域，ボランタリー組織，公共領域，社会運動の 4 つの構造的特徴を有する。同時にこれらの構造的特徴を支える価値規範的原則として，個人主義，多元主義，公開制，開放性，法治の原則が挙げられ，これらはいずれも西洋の文化と社会制度を背景に持っている」と述べる[3]。しかしこれらは欧米社会の第

3　劉傑・田毅鵬，2010,「本土情境下中国第三部開発展困境及道路選択（中国本土の制度環境における第三セクターの発展の困難と選択）」,『社会科学研究』2010 年第 5 号：88-94。ただし原文は入手できず，筆者が参考にしたのは中国社会学ネットの以下の URL にあるこの論文の再投稿であり，そこには刊行された論文の元の頁数は表示されていないため，本稿において引用する際に具体的な頁数は表記していない。http://sociology.cssn.cn/webpic/web/sociology/upload/2010/12/d20101202093335768.pdf（2017 年 7 月 24 日参照）。

三セクターに立脚した「抽象的な理想型」であり，現実的には欧米諸国においてもそれぞれ異なる形で展開されていると劉と田は指する。

西洋社会の「国家－社会の分離」という二分法の上に成り立つ第三セクターの概念は，明らかに西洋キリスト教の宗教性と西洋文化の刻印を持っており，中国の社会構造と伝統文化に融合可能な形に「転換と溶接していく必要がある」と著者らが主張する。そのためには，中国の伝統文化が市民社会の制約・阻碍要因になりうることを認識しなければならないという。

中国社会の伝統である「儒教」の基本理念は「家族制度と官僚制度」にあり，社会的エリートは政府の官僚集団を構成する主体となるため，国家と社会の間に入る「社会的なくさび」の役割を果たせない。さらに儒教的価値観の下で中国社会には「差序格局」の局面が形成されている。これは「個人は永遠に自分自身と家族の利益を最優先する」価値観であり，家族以外の集団意識や社会福祉と公共善を推進する精神が乏しいという。

　　家族の中での生活経験と習慣は中国人にとって唯一の集団生活の経験と習慣であり，家族以外の集団活動においても，彼らは自然に家族の中の構造形態や関係モデル及び行動方式を持ち込む。(中略) 儒教における内と外を明確に区別する論理は，キリスト教の博愛精神と根本的に異なる。「差序」の価値観は第三セクターの理念が中国で伝播・成長・発展していく上である程度阻碍要因となりうる。(劉・田，2010)

儒教の伝統的価値観だけではない。著者らは梁漱溟による「個人本位の社会である西洋に対して，中国は倫理本位の社会」という議論や，楊笑思による「個人－社会の二極構造を持つ西洋社会に対し

第3章　中国の市民社会に関する先行研究の検討

て，中国は個人─家族（親族）─社会の三極構造」の議論を引用し，家族（親族）の「倫理」が中国の社会構造を規定する現状において，「特殊な関係構造の中でしか人は生きることができず，礼も人情も自ずと特殊主義の色彩を帯びる」という。

　儒教の価値観と家族倫理本位の中国社会で第三セクターを発展させるためには，著者らは「創造的な転換」の必要性を説く。中国の社会構造と社会関係，中国人の生活習慣に受け入れられやすい第三セクターの価値規範の再構築が求められており，例として麻国慶の「家族市民社会」の考え方や，古代から地方のエリートが中心となって作ってきた「民間の共助の仕組み」が紹介されている。「国家と対峙する，国家から分離し独立する第三セクター」という西洋型の捉え方は，明らかに中国の実情に合わないと著者らは指摘し，「第三セクターは中国においては必然的に政府の補助的位置にあり，効果的に政府の補完を行うのがその役割である」と主張する（劉・田，2010）。

　儒教などの中国の伝統文化を阻碍要因としてではなく，むしろ市民社会の理論構築に生かすべき要素として主張するのが，邵龍宝（2008）の議論である。邵は古代ギリシアの政治家と哲学者の議論に遡って西洋型市民社会の理論的系譜を辿り，ホッブズやヘーゲル，ロック，ルソー，カントの思想を経てどのように平等や人権，主権在民の考え方が確立してきたか分析している。「西洋文化における市民の民主，自由と人権は，個人が国家に対して要求する一種の権利であり，逆に個人が社会に対して，家庭に対して，他者に対して果たすべき義務と責任はしばしばこの権利の陰になってしまう。西洋型市民社会と市民観を考察する際にはこの点に注意しなければならない」と邵は指摘する（邵，2008：50）。

　このような西洋型市民社会理論の特徴を踏まえた上で，邵は中国の伝統文化を取り上げる。「古代ギリシアやローマが西洋の現代人

103

に残した最も価値ある遺産は，民主と法の理念と実践の経験および
制度・仕組み・モデルだとすれば，古代中国が現代の中国人に残し
た最も価値ある遺産は，五千年来中断したことのない人文精神，道
徳資源と生命の知恵である」（邵，2008：51）。自然権の考え方に基
づく人間の自由と平等という西洋の理念に対して，中国の伝統文化
は，「天地の間における人間の尊さ」を説き，「差序格局」による社
会関係を説き，人々に「五倫[4]の中で他者との社会関係を上手に調
整し，自らの心身と宇宙との内的調和を目指すように」自制心を
促すという。「仁義・寛容・慈愛」や「寡欲・養心・内省・慎独」
「知行合一」などの道徳観と修練の内容と方法が，経済的・政治的
不平等と個人の利益同士の衝突を緩和すると著者が指摘する（邵，
2008：51）。儒教の考え方では，王朝の統治については，「天から授
かった権威」としながらも，「民心と民意」こそがそれを支える土
台だと強調する。このように中国の歴史においては，「個人」は表
に現れることなく，社会関係の中で中国の世俗社会を構築してきた
という。

　邵は，中国の伝統文化に「民」を尊ぶ要素が十分に含まれている
と主張すると同時に，中国古代の思想に「自由の精神」も宿ってい
ると述べている。

　　　我々の伝統文化には，西洋とは異なる自由の精神がある。老
　　荘思想には「避世の自由（世俗世界から離れる自由）」があり，
　　儒教には「入世の自由（世俗世界で出世を求める自由）」がある。
　　西洋における古典的な自由観は「外的自由」であるのに対して，

4　「五倫」とは，主に孟子によって提唱され，「父子の親（父と子の間の親愛の情）」「君
　臣の義（君主と臣下の間の忠義や義務，義理）」「夫婦の別（夫と妻のそれぞれの役割）」
　「長幼の序（年少者は年長者を敬う）」「朋友の信（友人同士の信頼）」という5つの
　徳性を指す。「五常」と呼ばれる「仁義礼智信」の倫理観と合わせて，儒教の中心的
　な教えとなっている。

中国的な自由は「内的自由」である。……（西洋的自由は）外的に付与されたものであるのに対して，中国的自由は高貴な人格を指し示し，人格の向上，円満と自足を重んじ，絶えざる自己修練の中に存在する。……それは西洋の自由のように「理性」という客観的形式では語られず，むしろ人間に内在する精神として，反理性によって得られる。(邵，2008：52)

　著者は，「西洋文化は，ひたすら個人を他者の束縛，社会的束縛から解放しようとしたが，自らの欲望から解放することへの注目が少なかった」と述べ，自身の欲望から自由になる思想は，むしろ中国古代の文化遺産にあると主張する。

　このように劉・田（2010）も邵（2008）も，西洋型市民社会と中国の伝統文化の融合による中国独自の市民社会論の構築を主張しているが，2013年以降，西洋型市民社会のコンセプトを正面から否定する議論が目立つようになる。2010年に共産党機関誌『求是』に当時の党中央政法委員会事務局長の周本順が，「市民社会は欧米国家が我々に対して仕掛けた落とし穴」という文章を掲載し（周，2010），その後2013年に清華大学教授の胡鞍鋼が，西洋型市民社会に取って代わる労働者主体の「人民社会」概念を打ち出し[5]（胡・王，2013），さらに2014年に香港中文大学の王紹光が『開放時代』で論文を発表し，中国社会が目指すべきは「市民社会」ではなく「人民社会」であると主張している[6]。

5　2015年7月24日，周本順が規律違反の疑いで党中央による取り調べを受けていることが公表され，2015年9月25日にすべての職務の免職処分を受けた。さらに2017年2月15日に，厦門市中級人民法院で「収賄罪」により15年の刑期を言い渡され，個人資産200万元が没収される処分を受けた。

6　王紹光，2014，『開放時代』第6号，『開放時代』のオンラインデーターベースのURLから引用しているため，本書では引用頁数の表記はしない。http://www.opentimes.cn/bencandy.php?fid=378&aid=1848（2017年7月25日参照）。

20年前から市民社会の理論は中国でも研究されるようになり、あれ以来虫眼鏡を使って中国社会にある「市民社会」の痕跡を必死に探し求める学者は後を絶たない。しかし少々深く勉強すれば分かるように、「市民社会」の概念には2つの問題がある。1つは「きちんとした概念ではない」こと、もう1つは「名と実が合わない」つまり「現実が伴っていない」ことである。この概念は新自由主義が編纂した粗雑な神話に過ぎず、概念が曖昧なだけではなく、言いふらされている奇跡のような効果も本当かどうか疑わしい。市民社会を中国の社会建設の方向性とすべきではない。真に中国人が追求すべきは、労働する大衆を主体とする政治共同体, すなわち「人民社会」である。(王, 2014)

正面から市民社会のコンセプトを全面的に否定するこれらの議論を受けて、そのような党中央からのメッセージに配慮しつつも、市民社会の価値を肯定し、用語や言い方を変えながら「中国的市民社会論」、「中国ならではの市民社会論」の構築という方向性をなんとか模索しようとする研究が数多く現れた。

2. 市民社会の方向性と独自の価値を肯定する研究

王名は市民社会の方向性を肯定する代表的な研究者だといえる。2008年に『中国民間組織30年』の編集を終えた王名は、2009年に「市民社会に向かって－わが国の社会組織発展の歴史と趨勢」と題する論文を発表した。改革開放後各種社会組織の成長と拡大が顕著であり、すでに300万組織を超えたのではないかとの予測を示し、それらの社会組織は「社会の包容力と多様化の促進、社会関係資本の増大と市民による社会参加の能力の向上に貢献し、わが国が市民社会に向かう足取りを速める」と王名は主張する。「21世紀に

入ってからわが国の社会組織は多くの機会と挑戦に直面するであろう。どのような道筋で発展していくのかまだ定かではないが，確実にいえるのは，社会的な実践における社会組織の発展はもはや逆転できない潮流となっていることである」と結論づける（王，2009:5）。

2010年に以降の「人民社会」論の提起を受けて，王名は「社会主義的市民社会」の概念を用いて対抗している。王名・李健（2013）は「中国の特色のある社会主義的市民社会建設」の道を主張し，「社会管理」というトップダウンの社会建設と，市民社会というボトムアップの社会建設を効果的に接続させることができれば，社会管理のイノベーションが実現され，党が主張する「人本主義」や政治と社会サービスのイノベーションが可能になると論じている。夏禹龍・周羅庚（2011）は，市民社会を「西側諸国が用意した落とし穴」と見做す議論を批判し，むしろ市民社会は市場経済の必然的な産物であり，中国の実情を踏まえた社会建設とは「市民社会の排除」を意味するのではなく，如何に「中国的な市民社会」を育成するかの問題だと主張する。蕭功秦（2012）は「中間集団」として市民社会は，党が最も憂慮する「群衆による突発的な抗議行動や暴動」を防ぐ上で不可欠だと主張し，同様に中国的市民社会の育成を唱えている。周暁麗も，市民社会の理念の下で社会建設を行うメリットとして，社会組織が十分に役割を果たすことによって，社会における一般的信頼が回復し，社会関係資本が蓄積されることを指摘している。同時に市民参加によって社会建設への人々の認識と賛同を強化していくことができ，市民の責任，法治の推進及び秩序の構築が容易になると周は主張する（周，2014）。

では，中国の社会建設において市民社会はどのような「独自の価値」を有しうるのだろうか。先行研究からは主に，社会のバランスの欠如と崩壊を防ぐための「監視・監督のシステム」と「調節システム」としての市民社会に関する提起が見出される。

呉敖祺（2011）は多国籍企業の不正を制約する力として市民社会の重要性を強調する。2010 年 5 月，アップル社に部品を供給する台湾資本の会社「富士康」の深圳工場で，労働者の飛び降り自殺が相次いで発生したことが話題を呼び，中国国内では多国籍企業への批判が一気に高まった。呉は多国籍企業への批判と排除の論調には同調せず，中国のような規模の大きい国は「多国籍企業の負の影響に対しては十分な免疫を持っており，リスクよりもグローバル化から得られる利益のほうがはるかに大きい」と指摘し，多国籍企業の負の影響については，「市民社会」の力で対抗できると主張する（呉，2011：3）。

　　中国本土の NGO 活動によって消費者の公共意識を喚起することができれば，往年の「アンチ・ナイキ」運動を展開した欧米の学生のように，中国の消費者も直接アップル社に圧力をかけ，会社の利潤をサプライヤーに少し譲ってもらうようにし，かつ中国国内にあるサプライヤーに対して監督責任を果たすように迫ることができるだろう。中国という巨大な IT 製品の消費市場を後ろ盾に，中国の市民社会と消費者が公共意識の下でアップル社に圧力をかけ続ければ，多国籍企業による人権軽視の調達モデルを打ち破る可能性は十分にある。これこそが，「大国の風格」なのではないだろうか。（呉，2011：7）

　実際，李妍焱（2012）でも紹介しているように，企業による汚染情報の公開に取り組む NGO「公衆環境研究センター」が呼びかけ人となり，2008 年から数十社の NGO が「中国緑色選択連盟（The Green China Alliance）」を結成し，多国籍企業を含む大手企業に対して，そのサプライチェーンを中心に汚染や人権への配慮の面で調査を実施し，報告書を公表してきた。市民社会による監視と監督の

効果的な仕組みとして知られている。

　財の再分配に貢献する「調節システム」としての市民社会の重要性を強調する研究に，康紀田（2010）がある。中国は収入の増加から収入の公平な配分へと改革の方向性を転換させていかなければならないと康は主張し，市場も政府も十分に調整機能を果たせないと論じる。「市場というのは常にバランスを失いやすく，特に資本が権力となった状況では，市場は貧富の拡大と利益衝突の激化をもたらすのみである。（中略）政府も収入の増大を目標とする改革においてすっかり経済成長モデルに馴らされ，人本主義や公平と正義の原則を掲げていながらも公平の分配の現実的な術に疎い。実際地方政府は市場の中で競合関係にあり，それが公平の分配を行う際の制約となる」と康は公平な分配における市場の失敗，政府の失敗を述べた上で，「民衆の利益を求める政治体制改革が必要であり，それは体制内では実現できず，体制の外で構築しなければならない。すなわち市民社会の構築である」と主張する。「市民社会は寛容性を有し，人々の権利の尊重と擁護を目的とする自治的領域である。民主政治の論理的立脚点であり，社会が発展するための土台と動力である。国家の政治を監督し，制約し，政治参加を促進し，主的政治と文化の活動を促進する空間である」と康は調節システムとしての市民社会の理想像を打ち出している[7]。

3．中国的官民関係における市民社会の位置に関する模索

　市民社会と人民社会の対立図式の根底には，中国における政府と市民社会との関係をどう解釈すべきかという，研究者が最も熱心

---

[7]　康紀田，2010，「公民社会是収入分配改革的第三只手（市民社会は収入分配改革の第三の手）」，『中国発展観察』2010年第10号。本稿では以下の中国社会学ネットのURLに転載されたバージョンを参照しているため，引用頁数は表示していない。http://sociology.cssn.cn/xscg/ztyj/shfz/201010/t20101020_1980682.shtml（2017年10月12日参照）。

に論じたテーマがある。議論の流れとしては，政府と市民社会を独立した異なる領域として見做しつつも，行政改革や政府の善きガバナンスへの追求において市民社会は独自の価値を持っているという「良性互動」論から，領域としての分離と独立を前提とせず，互いをますます必要とする「相互依存」説への展開が見られたことは，前節3の部分で指摘したとおりである。無論，論者によっては議論の志向性として「政府本位（政府にとって市民社会が必要との主張）」か「市民社会本位（市民社会にとって政府が必要との主張）」か，という違いはあるものの，政府と市民社会との「結合」の重要性はもはや共通認識となっているといえよう。

　鄧敏玲（2006）は，中国の非政府組織の成長は，一方では世界的な非営利セクターの台頭を受けたものだが，他方では「中国の改革と社会の発展自身のニーズに応えたもの」であるという。広東省の出稼ぎ者にサービスを提供するNGOのケーススタディを行い，そのサービスはまず「政府にとって必要」であり，「政府の機能を補うもの」だと鄧は強調する。政府がそれを認めれば，NGOも生存しやすくなる。国家中心主義の社会福祉制度の下では，国家との関係はNGOにとって死活問題となると鄧は指摘し，「非政府組織として，形式的に政府から独立した存在だとしても，そのサービスと実践の展開は，政府の協力に大きく依存する」と，政府とNGOは互いが互いを必要とする関係であると述べている。

　高猛・趙平安は「政府とNGOの協力関係の論理と生成」（2009）において，構築主義の視点から両者の関係は「付与されるもの」ではなく，現実の問題に対応していく中で「構築されていく」ものだと述べている。社会的ニーズが多様化し，政府による一元的な管理とサービス提供では対応できない状況において，またNGOにとって調達できる資源が制限され，外部に依存せざるを得ない状況において，政府とNGOとの協力関係は双方にとって「合理的」だという。

李丹（2009）は改革開放後の非政府組織の発展を「組織創設期」,「規模拡大期」,「活動活発期」と段階分けし，NGOと政府との関係は「未分離もしくは無関係」から「良性互動」に転換したと述べている。また劉傑（2012）は，権力と市民社会の間の「良性互動」の実現は，当事者ないし関係者の「能力」と「資源」の両方を必要とすると述べている[8]。

　しかし，2010年以降，市民社会に対する党の否定的見解を受けて，政府にとって市民社会は不要，との議論が出てくる。王星（2011）は中国の「官民関係」の歴史を考察し，そもそも中国の官民関係に「市民社会」を介在させる必要がないと主張する。1978年改革開放以来の官民関係を「所有権・調節システム・意識形態」の3つの側面から分析し，王は「改革の偉大な成果はすでに，国家による効果的な関与と経済社会の発展の間では相乗関係が達成できることを証明している。強い国家主導の発展モデルは中国の改革開放の基本的特徴であり（中略），大事なのは国家がどんなタイミングで強い関与もしくは弱い関与を選択するかに注目することであり，それによって歴史的に国家による効果的な関与が如何に達成されるか考察することである」と論じている（王，2011：70）。「西側国家の自主性はしばしば市民社会の制約を受けるため，市民社会と合理的な契約を交わすことによって国家の自主的行動を展開するしかないが，中国では国家の自主行動は強い『自己調節性』を有する。（中略）その能動的で実用主義的な意識形態により，挑戦と危機に直面した時でも適切な行動様式を選択できる」と王は結論づける（王，2011：70）。中国の国家（国家を統治する中国共産党）には，「実践こそが真理を評価する唯一の基準である」という実用主義的精神があり，階

8　劉傑，2012,「抜開"権力"与"公民社会"的迷霧（権力と市民社会のベールを外す）」
　　http://sociology.cssn.cn/webpic/web/sociology/upload/2012/08/d20120815145315111.pdf
　　（10月12日参照）。

111

級闘争を放棄し経済発展へ，さらに科学的発展観へと方針を柔軟に転換できる「自己調節力」があることを王は強調し，従って西側諸国のように「市民社会と交渉し契約関係を結ぶ必要がない」という。

それに対して，市民社会を肯定する論者が取る戦略は，党による統治（ガバナンス）をより良くしていくために，王が言うような「党の自己調節力」を高める一環として市民社会が「同盟軍」であり不可欠だと主張するものであり，「党のより善き統治」という方向性の共有を強調している。

「良性互動」論から「相互依存」説への変化は，市民社会の独立性を前提とした「Win-Win 関係」の主張から一歩退き，政府と市民社会の「一体性」を強調する論調の台頭を意味する。しかし，「依存」の状態をポジティブに捉えようと模索する研究も見られる。葛亮・朱力（2012）は，社会組織及びメンバーを育て，社会組織のネットワーク化と連盟を促進する「支援型社会組織（中間支援組織）」を研究対象とし，中間支援組織は「権威・個人的な付き合い・リーダーの人格的魅力などのインフォーマルな関係」によって，政府に対して強い依存関係を見せていると指摘しながらも，その依存は中間支援組織側が求めた結果であると強調する。

　　「依存」とは，資金，目標，指導，行動戦略の面で，政府が中間支援組織の成立と運営，発展に不可欠な役割を果たしていることを指し示す。しかしこれは，政府の影響力が強引に加えられたことを意味しない。むしろ後者（中間支援組織）が誕生と発展を求める過程において，自ら政府から各種資源と支援を獲得しようと求めた結果である。（中略）「インフォーマル」とは，法律や規定，条例などのフォーマルな根拠に基づいて政府から資源と支援を獲得しているわけではなく，権威，友人同士の人脈，人格的魅力などの非制度的な関係によって獲得しているこ

とを意味する。（葛亮・朱力，2012：76）

　政府への依存は市民社会側の組織が非制度的方法を駆使して「自ら求めた結果」であり，政府が強引に依存させたわけではない。「非制度的依存」こそが，現段階では中国の市民社会にとって必要な形態だとこの論文は指摘する。なぜなら，「中国社会はこのような中間支援組織を必要としている」ため，政府は支援の手を差し伸べる必要があるが，政府の支援を制度的に規定すると，中間支援組織は政府の体制内の一部と化してしまい，「第三セクター」として存在できなくなってしまうからである（葛亮・朱力，2012：77）。著者らが見出す「非制度的依存」は，中国における政府と市民的領域の関係性構築の模索がたどり着いた1つのモデルなのかもしれない。

　中国の市民社会組織は政府との関係において間違いなく「妥協と活用」の戦略を必要とするが，姚華（2013）は，政府との協力関係においてNGOは自主性を保つことが不可能ではないと強調する。20年間政府と協働関係にある上海YMCAの事例研究を通して，著者は目先の資金獲得ではなく，確固たる「理念と責任」を示しつづけ，「専門性」を高めていくことが，NGOの自立性の保持に効果的だと論じている。

4．中国的市民社会の「育成」を主張する研究

　2011年ごろから，「相互依存」説と同時に，意図的，戦略的な社会組織の「育成」を強調する研究が目を引くようになる。葛道順（2011）は，社会組織の実践は「わが国の社会思想と文化及び意識形態の安定性に積極的な意味を有する」と述べ，「中国的特色のある社会主義核心価値体系」を強化していく上で有益との見解を示している。社会組織は政府にとって「サービスの提供」という意味で補完となるのみならず，思想統治の側面でも補助的な効果があると

主張し，社会組織を「諸刃の剣」とする伝統的な見方を改め，社会組織を国家の意識形態の内部に「包容」し，社会組織の育成を提案している。

　葛のような露骨な議論がある一方で，「人本主義」や社会の秩序と安定に貢献する「中国的市民社会」の育成を論じた研究も多い。育成の方法においてとりわけ社会組織に関する「法制度の整備」と，人々の「秩序ある参加」の促進が挙げられている。張丹丹・沈関宝（2011）は，「目下の中国にとって，市民社会の形成は民間社会組織の発展と，公共に対する市民の普遍的な，秩序ある社会参加の実現にかかっている」と述べ，現段階では社会組織の発展は，「利益表出と社会参加の目標が明確ではない」，「活動展開の機会が限られている」，「法的・制度的保障に欠ける」などといった課題に直面していると指摘する。課題解決のためには，政府が「合理的に」権限を付与し，社会組織自身が制度化と規範化を強化し，提供できるサービスをニーズにマッチングさせる必要があると主張する。蒋伝光（2014）は「市民文化」育成の観点から，「市民」として行動するように人々の意識を向上させることを強調する。市民としての責任への意識と自覚が，公共への市民参加の行動につながる。「社会組織は市民参加のツールである」と，市民参加への効果という観点から社会組織の育成を提唱している。

5. 個人の価値表出と自己実現の場としての市民社会

　以上で詳細に検討してきたように，中国国内における諸議論は，西洋型市民社会のコンセプトを受け入れる程度の差こそあるものの，基本的には中国独自の，「中国的市民社会」のあり方を示そうとしている。特に「中国独自の社会体制と政策制度」を決して否定，批判するのではなく，むしろそれを生かす形で市民社会論を構築しようとする姿勢がベースにあるといえる。その結果，中国的市民社

の捉え方は，「国家から分離できない」，「政府の補足」，「党と政府主導の社会建設の要請に応え，貢献していく」存在，という枠からはなかなか離れることはできない。

　市民社会を1つのセクターとして捉え，俯瞰的に政府との関係，社会建設における役割を論じようとすると，どうしても党と国家主導の枠組み内に包摂されることになる。むしろそれしか継続していく道はない。「落としどころ」として「非制度的」に政府に依存しながらも，少しでも自律性と影響力を保持していくための戦略を模索する，という結論になる。

　しかし，俯瞰的視点からの考察ではなく，市民社会を生きる「公益人」の目線から周りの環境の変化を見ていけば，何か異なる様相が見えてくるのではないだろうか。実際中国社会では，個人の選択肢と選択できる範囲が確実に拡大しており，個の困窮や権利への侵害に対して敏感に反応する人々が確実に増えている。他者との意見の交わし方が確かに変化しており，他者との全く新しいつながり方が確かに生まれている。「党と国家主導の社会建設」では語れない中国社会の変化のリアリティがそこにある。中国的市民社会の意味をそこから描き出すことはできないだろうか。

　中国における理想的な市民社会のあり方を示そうとした研究がある。第2章第1節でも挙げた，「社会化公益」を唱えた趙栄ら4人の研究者による『従政府公益到社会化公益：巨災后看到的公民社会発育邏輯（政府公益から社会化公益へ――巨大災害後に見られる市民社会成長の論理）』（2011）である。NGOを単にサービス提供者として見るのではなく，「市民を生み出す効果」と，社会的信頼と社会的責任感の促進，自らの価値と個性の表現，自己実現を容易にするという「社会的な効果」から考察しなければならないと主張し，「NGOが政府の補完」という見方を多くのNGO自身が示していることに警鐘を鳴らしている。「社会化公益とは，社会の人々による公益で

あり，社会における信頼や友好的な雰囲気，自我の価値の表出，社会に対する自らの責任を果たす行為を生み出す。これらは政府公益では到底実現できないことである」（趙ほか，2011：4）。この研究では，従来の研究でも言及された市民参加や横のネットワーク化も論じられているが，特徴的なのは個人の価値の「自由な表出」，そして何より「普通の人」（中国語は「小人物」）の人生の意義を表現する不可欠なツールと場として，「社会化公益」が位置づけられていることである。大事なのは西洋型市民社会の理念を批判するもしくは賛同することではなく，政府主導の社会建設に貢献することでもない。信頼と温かさが感じられる社会をつくっていくプロセスにおいて人々が自分自身の価値を表現し，自己実現を試みることができること，それこそが市民社会であり，それは中国のものでもなく西洋のものでもない，という。「我々は市民社会を西洋化する必要はない。我々の心にはすでに望んでいる市民社会はある。西洋型市民社会の概念が存在しているとしても，私たちはそれをローカル化しなければならない。それは『中国化』を意味するのではなく，逆に一種の『普遍化』である」（趙ほか，2011：177）。

　政府との関係云々ではなく，生活世界に生きる「普通の人」にとって，「信頼と温かさと自己実現の社会」こそが理想的な市民社会だと著者らが主張している。「西洋＝普遍，中国＝特殊」という図式を打破し，市民社会概念の普遍性は，そこで暮らす普通の人々が，自分たちが望むような社会を思い描き，少しでも近づくために行動し，自分の価値を表現する過程にあるという著者らの考えに，筆者は大いに賛同する。

第3節　日本と海外における中国の市民社会研究

　趙ほか（2011）のような斬新な視点もあるものの，中国国内の研究は，基本的には「国家―社会」の関係性の問題に直接もしくは間接的に縛られ，市民活動の領域を中国の国家建設[9]との関連性にどう位置づけ，扱うかに集中しがちである。では，欧米圏や日本では，中国の市民社会はどのように論じられているのだろうか。本節で概要を捉えておきたい。

1．欧米圏における中国市民社会論

　英語圏における現代中国の市民社会研究について，張緊跟（2012）は詳細な文献サーベイに基づき，「構造に関する論争から行動分析へ」という傾向と特徴を描き出している。「構造に関する研究」は，マクロレベルの国家―社会関係を軸に，政治的な権力配置に着目し，主に国家と社会の権力配分状態を描き出そうとするのに対して，「行動分析」はメゾレベルもしくはミクロレベルで国家と社会との融合の仕組み，戦略とツールに注目し，NGO の実践を描き出そうとするという。

　初期の研究は「構造に関する論争」がメインであった。2つの理論的枠組み，NGO の活発な台頭を強調する市民社会論と，国家による制度的抑制を強調するコーポラティズム論の対立が見られたという。中国における国家―社会関係について，前者は「分離」の状態を主張し，後者は「依存状態から脱出できない」と主張する。しかし構造に関する静態的考察では，中国社会の激しい変化には追いつかない。NGO の実践そのものを考察の対象とし，合法性の獲得と国家との相互作用を展開する具体的な過程を描き出そうとする研

9　「社会建設」も国家建設の一部だと考えられる。

究が増えるようになったという（張，2012：200）。

　張が指摘したように，研究の着目点の変化は確かに見られるが，英語圏における中国の市民社会研究は，ミクロレベルにせよマクロレベルにせよ，基本的には「共産党指導の国家との関係性」に関心が集中しがちだといえる。構造論争は言うまでもなく，「行動分析」の傾向が顕著になったといわれる近年に出版された研究も，その問題関心の呪縛から逃れられないように見える。

　Ma（2009）は，中国の草の根 NGO に対する詳細な質的調査に基づき，体系的な分析を試みた代表的な書物だといえる。改革開放後の中国で，市場経済の展開および人々の関心と社会生活の多様化により，「国家システム」の外に存在する新たな組織や仕組みとして NGO が生まれたと指摘し，2 つの問いを立てた。「一党独裁の状況で NGO は，経済的・政治的・社会的に重要な役割を果たせるのか」，そして「NGO は中国で市民社会を形成させるか」である（Ma，2009：1）。結論として Ma は，「中国はもはや，共産党国家が社会と人々の生活のすべてをコントロールする国ではない」と指摘し（Ma, 2009:201），NGO の影響力についてはとりわけ知識人リーダーと企業家，そして国際 NGO が果たしていた推進の役割を強調すると同時に，公共的な出来事への人々の参加を推進した官製 NGO の役割も評価している。NGO は中国的市民社会を形成させるかについては，「中国の NGO はまだ持続可能な政治的発言力を有せず，政策制定に影響を与えるほどに至っていない」と認めながらも，「市民的な結社は中国における市民社会の進展を現実的に推進している」と断定する（Ma, 2009:207）。国家との「互動」の構築と，「徐々に進展する」こと，そして「非対抗的アプローチ」が中国的市民社会の特徴だという（Ma, 2009：208）。

　Timothy Hildebrandt による Social Organizations and the Authoritarian State in China（2013）は，権威主義的国家への関心に基づく社会組織の

分析となっている。この本は環境保護，HIV／エイズ予防，ゲイとレズビアンの３つの問題領域を取り上げ，中国の社会組織の画期的な比較分析を行っており，これらのNGOが中央政府と地方政府の変化する利害にどのように適応し，政府に対峙するのではなく，政府と協力し合う形で社会問題に取り組むために働いているのかを示している。中国におけるNGOの性質は，「国家」を弱めるのではなく，むしろ国家を効果的に強化すると著者は指摘する。

　John Tai（2015）と Jessica C. Teets（2016）は，「権威主義国家」である中国の下にある市民社会は如何に構築可能かという議論を展開している。Tai（2015）は制度環境ではなく，中国のNGOのリーダーシップに着目し，リーダーがどのように政府と連携し，メディアとの関係性を築き，国際的なつながりを作っているのか検討している。Teets（2016）は中国でケーススタディを実施し，国家に対峙する市民社会という西洋型のモデルよりも優れたガバナンスの道を中国から見出せるかもしれないと主張する。彼は「協議権威主義モデル（Consultative Authoritarianism Model）」という概念を用いて，中国の政府側と市民社会組織が相互作用を通じて学び合う状況を描き出している。その結果，政府機関は時間の経過とともに適応力が増し，壊れにくくなるという。Teets は権威主義的中国の耐久性とダイナミズムに対する新しい理解を唱え，中国社会に西洋型の民主主義の息吹を期待するのではなく，中国社会にとって建設的なガバナンスの道を見出すことが重要との見解を示している。

　中国の国家による社会統制の有効性を評価する著書として，Lijun Yang & Wei Shan（2016）も挙げられる。この本は，国家―社会関係の変化を受けて，中国の国家がどのようにますます多様化する市民社会に対応し，政権の安定を維持しようとしているのかを考察している。インターネットやソーシャルメディア，NGOなどの「新たな社会的勢力」に対するマネジメント，戸籍改革やロー

119

カルガバナンスなどの社会改革の推進，政治協商会議や文化制度，宗教政策などの制度的変化という3つの側面から，中国の指導者による社会統制のメカニズムが洗練されつつあり，変化する状況に適応し発展を遂げている状況を描き出している。

　国家によるガバナンスの視点に基づく議論が多い中，A.Fulda（2015）は市民社会への国家の管理よりも，市民社会が政策革新に貢献するのか，どのように貢献するかに焦点を当てる重要性を主張する。Fulda は中国国内に長く滞在し，筆者もケーススタディの対象とした NGO「社区参与行動」で参与観察を行い，社会起業家という言葉に倣って彼は「政策起業家」という言葉を用いて，NGO の政策的影響力を論じている。では，NGO の政策的影響力は如何に可能となるのだろうか。

　Carolyn L. Hsu（2017）が示唆的である。この研究は「社会起業精神（NGO などの公益組織あるいは社会的企業などの社会的事業を創業する人々の精神）」の視点から中国の NGO を分析し，政府の政策への「民主的関与」の可能性を示している。「中国的特性の持つ社会起業精神」は，「国家権力の制約に成功する」ことによって示されるのではなく，むしろ「国家権力を，人々のニーズを理解し，彼らに質の良い生活を提供する方向に導く力」により表現されるという（Hsu, 2017：152）。社会起業精神を支えるのは中国的な「素質信仰（Suzhi Ideology）」だと Hsu は主張する。「素質」という中国語はもともと個人の教養と徳性を指すが，「質の良い生活」を定義づける考え方となったことから，民主的関与の市民的実践の道が拓かれたと著者はいう。なぜならば，「素質」に関する中心的な主張は，個人の生活だけではなく，コミュニティ，国家そのものがより健康に，豊かになり，教育的，環境的，経済的状況がより望ましい状態になることを求めており，そのための「社会的変化」を起こす「方程式」を提供しているからである。その方程式とは「社会問題への

公共的関心を呼び起こすことによって道徳的な憂慮と中間層の人々の集合的な参加行動を形成させる」ことだという。その結果，政権は自らの政治的正当性に関するリスクを回避するために，その社会問題に対する国家の福祉的投資を増やし，官僚もNGOや社会起業家とより連携を深めるようになるという（Hsu, 2017：152）。

　他方では，「素質信仰（Suzhi Ideology）」は，NGOの参加者や支持層が高学歴，都市住民，専門的キャリアなど「素質」の高い個人にかたまりがちであること，彼らの間の人間関係に左右されがちだという制約をもたらし，社会に変化をもたらすNGOの実践と効果が「民衆に認識されにくい」という問題を引き起こしているという。NGOの努力による政府の福祉政策の改善でも，一般の民衆には単に政府側による改善だと受け止められ，NGOの「民主的関与」が逆に国家の力を増大させる結果をもたらしかねない（Hsu, 2017：153）。しかし，このような側面にもかかわらず，Hsuは，中国のNGOや社会起業家は「素質信仰」を用いてNGO活動の社会的空間を切り拓き，中国社会の「質」を向上させるように政府と住民の活動を促進したと結論づけ，その積極的な意味は大きいと評価している（Hsu, 2017：154）。

　同様に，中国のNGOや社会起業家を支え，活性化させている要素の分析として，David Horton Smith（2016）も挙げられる。この著書は豊富な文献サーベイに基づき，NPOの価値に対する党内の理解の増進，登記制度の緩和と合法性の促進，NPOに対する政府資金の投入（特にソーシャル・イノベーションのプロジェクトや効果的なNPOプロジェクトへの助成），この分野に関する研究への持続的な助成，中国の研究者と海外の研究者との交流促進などといった「非市場社会主義（Nonmarket Socialism）」の側面に注目することによって，中国における市民組織の拡大と効果を理解することができると論じている（Smith, 2016：47）。

以上で述べてきたように，欧米圏（とりわけアメリカ）における中国の市民社会研究は，中国の Party-state と市民社会との関係性に最も注意が集中しており，初期は西洋型市民社会の理解をベースに中国の状況を「診断」しようとする傾向が見られたが，近年は西洋型市民社会の理解を前提とせず，中国社会の「質」の向上に市民社会が如何に役割を果たせるのか，また中国の国家運営がいかなる効果的な戦略を見せているのかを理解することに重点が移りつつあるように思われる。市民社会を理解し評価する新たな軸として，「社会の『質』の向上」が提起されたことはたいへん興味深い。

2. 日本における中国市民社会論

　日本における現代中国の市民社会研究に目を向けると，おおよそ中国の社会変動を理解し解釈することを目的とする研究と，中国の市民社会への考察を通して「アジア的」または「東アジア的」な社会理論および近代化思想の構築を目指し，近代性や普遍性の問題を再考するための研究という 2 種類に大別できる。議論のほとんどは 2000 年以降であり，初期のものには，アジアにおける非営利セクターの一部として中国の第三セクターを紹介した大塚健司（2001，2002）や沈潔編（2003）などが挙げられるが，大塚による中国研究はその後環境問題，環境政策，水汚染の問題などが中心となり，沈の研究も社会福祉と社会保障にフォーカスしている。日本で最も早い段階から中国の草の根 NGO そのものへの注目を打ち出したのは筆者による一連の研究であり，筆者の研究は基本的には改革開放後の中国の社会変動を解釈しようとする立場に立脚したものである。

（1）「自由意志と自発的実践」に着目し中国の社会変動を捉えようとする筆者の研究

筆者は 1994 年に来日し，東北大学大学院で社会学のフィールドワークを行う際に，「自らの自由意志に基づいて社会に参加する個人，参加によって素敵に輝く個人」に出会うことができた。来日前に中国で獲得した「個人主義を悪とする価値観」が 180 度転換し，その後「社会にボランタリーに関わり，輝く人々」を研究対象としてきた。

2000 年に筆者が発表した「中国におけるボランタリー・セクターの現状と課題に関する一考察」は，中国の第三領域を「ボランタリー・セクター」として捉える重要性を提起し，「中国では，政府の補完として，資源運用の合理性の向上，弱者に対する社会的支援の喚起と社会的公正の促進など，新たな社会サービスの担い手として，第三領域の経済的効用や社会的効果への期待が先行し，『自発性』と『自律性』に基づいた独立した社会セクターの形成は必ずしも意図されていない」ことをいち早く指摘している。この論文はコミュニティ（中国語は「社区」）におけるボランティア活動を取り上げ，中国的文脈において人々の「自発性」と「自律性」が如何にして実現可能かを論じている。

「個人の自由意志」という「ボランタリー」な側面から中国のこの領域を捉えたいという筆者の姿勢はその後の研究においても一貫しており，2002 年に刊行した『ボランタリー活動の成立と展開－日本と中国におけるボランタリー・セクターの論理と可能性』（ミネルヴァ書房）では，自発的活動を「創発する」リーダーと，その活動展開を支える「コーディネート機能」の 2 つの視点から，日本と中国のボランタリー・セクターの現状と特徴に関する比較研究を行っている（李，2002）。

その後「コーディネート機能」が展開されやすい社区での市民

的実践に注目し，李妍焱（2004；2005；2007；2009a；2010；2011）を発表している。現実のニーズに迫られ打ち出された政府の社区政策の下で，不動産の分譲・内装作業や移転の圧力，周辺商業地域とのトラブルなど，「住環境」が人々にとって身近で切実な公共問題になっている。それを背景に，実質的に行政の末端的機能を果たす「社区居民委員会（コミュニティ住民委員会）」によるボランティア活動のコーディネート機能にとどまらず，社区では，自治に向けた隣人同士の自発的なつながりが生まれ，自治にとって望ましいと思われる仲間づくり，人づくり，雰囲気づくり，参加の習慣づくりが可能となっていることを上記の論文で指摘している。さらに自治に向けた制度づくりと組織づくりを試みるNGOのケーススタディを行い，その戦略と成果を分析している。第三領域としての「市民社会」を中国で見出すには，知識人エリートではなく「社区」の住民に注目しなければならないと主張する李暁東（2016）も，筆者と問題意識を共有していると見受けられる。

　しかし，「自由意志」はどのように生まれるのか。自発的活動のリーダーが如何に誕生するのかに再度注目し発表したのは李妍焱（2016；2017）である。東日本大震災の被災地の復興活動におけるリーダー，そして中国の環境保護分野の市民リーダーにそれぞれフォーカスし，ソーシャル・イノベーションを引き起こしていくような市民リーダーが誕生する条件の考察を行った。「自由意志」を生成させる肌感覚やインパクトのある経験と体験，オルタナティブな発想を促進しうる環境やサポートのあり方，リーダーが活動を継続していく上で支えとなる仕組みと「社会生態系」（ソーシャル・エコシステム）の重要性を提起している。

　上記以外に，筆者は「人々の自発的意志を反映する草の根NGOの活動展開」が中国社会でどのように可能となっているのかについて，立体的・体系的に論じた論文と書籍を多く発表している。『中

国の NPO －社会改革への扉が開く』（王・李・岡室，2002），『台頭する中国の草の根 NGO －市民社会への道を探る』（李編，2008），『中国の市民社会－動き出す草の根 NGO』（李，2012）が代表的な 3 冊である。さらに，日本と中国の市民社会の領域を比較し，両者の特徴と相補性を指摘した上で，連携の推進を主張した李妍焱（2009b；2014）もある。

　このように，筆者は「下から構築される中国社会」という視点から，一貫して自発的・自律的な市民活動が如何に現代の中国社会で発生し，活動空間を獲得し，展開していくことが可能となっているのかに注目してきた。政府との関係性についても NGO 側の自律的戦略を強調しており，下から社会を構築する力と仕組みの強化（エンパワーメント）という方向性に向けて，リーダーの誕生条件や自治の促進要因およびコーディネート機能のあり方を論じてきた。

(2) 「公共性」「国家（政府）との関係」に着目し中国の社会変動を捉えようとする研究

　ほかに中国の社会変動を理解するために中国の市民的領域の解釈を試みる研究として，李永晶（2005），李光国（2006），古賀（2010），兪祖成（2017），辻中ほか編（2014）が挙げられる。李永晶「1990年代の中国における市民社会論と中国社会—市民社会論の妥当性の検証」（2005）は，いわゆる「国家—社会の良性的な相互作用」（前述の「良性互動論」）という枠組みに立脚し，社会の民主化を追求する市民社会論が，どの程度適切に現代中国社会の変容を捉え得ているのか検討している。李光国（2006）は中国の NPO を，政府関連部門の幹部や有力者が中心となって設立された半官半民の「社団型 NPO」，社会サービスの自由化と需要の増大から都市を中心に生まれた「事業型 NPO」，1990 年以降環境問題への関心の高まりを背景に，知識人有志によって結成された環境 NGO のような，任意

かつ主体的に結ばれた「草の根 NPO」という 3 種類に分類し，西洋型市民社会は「あくまでも国家権力の対極に位置し，普遍的な自由と平等の価値観に基づくものである」のに対して，「現代中国の市民社会は，公共問題を『民』主体で解決していくシステムが確立するような社会」を意味すると指摘し，「民による公共」の視点を示している（李，2006：178）。

　筆者による「中国における民間公益領域の形成－民による公共は可能か」（李，2015）は，「公共性を誰が担うか」という視点から端的に中国の市民活動領域の展開過程と特徴を描き出している。ここでは同じ視点に基づく古賀と兪の研究を紹介したい。古賀（2010）は「改革開放の 30 年間に起こった中国の都市社会の構造変動を明らかにし，社区建設，環境保護，農民工問題といった喫緊の課題について，ガバナンスの視点から検討すること」をテーマとしており，「中国都市社会の新しい公共性の行く末について展望を試みる」ものである（古賀，2010：16）。「新しい公共性」については「国家単独」から「相対化された国家も含めた多様な主体」への変化という「ガバナンス論」に依拠し，特に「政府の権限委譲によって，政府を含めた多様な主体すなわち住民組織や NPO が，どのように相互補完的に機能するか」という「補完性機能」，およびリスク管理という意味で，「政府の統治と市民社会からの自治を統合し……問題を解決するプロセス」に注目するという（古賀，2010：10-11）。結論として古賀は，「党＝国家」という体制の権力構造は依然として強固に保持されており，市民社会に関する楽観的な期待は控えなくてはならないと指摘しつつも，国家対 NGO という二者関係ではなく，国際 NGO やメディア，地域住民など多角的な関係の中で公共性の新たな可能性を捉えるなら，ソーシャル・キャピタルの醸成の可能性，政府の政策決定に間接的に影響を与える可能性が見えてくること，そして単に国家に利用されるという「マドリング・スルー

第3章　中国の市民社会に関する先行研究の検討

型の公共性」にとどまらず，「補完的機能」が重要視される「協働型公共性」も十分に可能だと主張している。

　古賀の研究は，結果的には中国国内における官民の良性互動論を大きく超越するものではなかったが，兪祖成『現代中国のNPOセクターの展開－公共性の変容の視点から』(2017) は，「民による公共」に対して，現時点の政治的視点から定義される「良性互動」論で捉えるのではなく，中国独自の歴史を踏まえつつ，未来への展望をも視野に入れようとした意欲作である。中国国内における研究の限界として，兪は①もっぱら改革開放以降の中国におけるNPOセクターに焦点を当てていること，②行政・政治的な視点に立った研究であること，③中国の伝統・歴史と文化からの影響を度外視していること，④中国のNPOセクターの将来的動きについて展望できないことを挙げている。

　欧米や日本，中国における「公共性」の概念にそれぞれ着目し，分析概念として公共性を用いることによって，中国のNPOセクターの生成と展開に関する新たな分析枠組みの構築を試みた兪は，中国の伝統的「公」概念の特徴として「政治的な公」，「社会的な公」，「倫理的・原理的な公」の3つを抽出している。「政治的公」には「天下・天命思想」を背景にした「民本位」の側面があり，民衆の自発的意志に基づく民間組織は歴史上常に政権に警戒・制限されながらも存在してきたと指摘する。「社会的な公」により組織の構成員相互の利益を追求する結社も歴史上活発に活動してきた経緯があり，「倫理的・原理的公」として「大同世界」や「天下為公」などの思想から影響を受け，公益・慈善的結社が多く登場してきたと述べている。1949年新中国が成立した後，国家的公共性の形成に伴い，市民的公共性は「物質的基礎である市場経済が排除され，物理的基礎である公共空間も解体された」ため，NPOセクターは党と政府に従属せしめられたと兪は分析し，改革開放後市場経済と公共空間

127

が再び戻ったことからNPOセクターは再生と発展を遂げる可能性が出てきたと結論づけている。しかし，発展を遂げるには，①伝統的な公の観念を原動力とすること，②法治システムにおけるNPOセクターの位置づけを政策論的に模索すること，③党の下部組織との関係性，④近年の市民社会否定論への対応，⑤官製NGOの転換と「セクターの形成」の問題，⑥NPOが市民的公共性を構築していく際の条件を明らかにする必要性，⑦NPOセクターの社会的機能の詳細な検討が必要との見解を兪が示している（兪，2017：170-176）。

　中国の市民社会を代表する組織として「草の根NGO」への注目が多い中，辻中豊・李景鵬・小嶋華津子編（2014）は，中国の市民社会領域の幅を大きく広げて捉えている。草の根NGOやNPOの範囲をはるかに超えて，半官半民の人民団体や法的に登記された社会団体法人，社区住民自治組織及び各種住民グループ，学生団体や農村部の組合，血縁・地縁団体など，実に多種多様な「市民組織」を分析の対象としている。この本は「一党支配体制」の環境で育まれてきた中国の市民社会組織は「いかなる機能を持ち，国家といかなる関係を築いているのか」を一貫した問いとしている。具体的には以下の5つを挙げている。

①経済の急成長およびグローバル化は市民社会組織にいかなる影響をもたらしているか。

②市民社会組織は政府と人事・財務・活動面でいかなる関係を築き，地域や行政レベル，活動分野による違いはあるか。

③共産党と市民社会組織との関係はどのようなものか。

④憲法に定められた請願・ロビイングの権利を市民社会組織はどの程度意識し，行使しているか。

⑤市民社会組織はマスメディアなどの非国家主体とどのような関

第 3 章　中国の市民社会に関する先行研究の検討

係を築きつつあるか。（辻中ほか編 ,2014：29-30）

　大規模で豊富な量的調査のデータに基づき，上記の問いに対して
以下のように指摘している。

①経済成長は市民社会組織（とりわけ公的市民組織）の数の増加
　と人材の質の向上をもたらし，資金の蓄積をもたらした。
②公的市民社会組織でも政府との関係が変化し，より自律的な相
　互関係が形成されており，疎遠な団体も生まれている。
③党組織の影響力は必ずしも市民社会組織を包摂できていない。
④ロビイング活動は基本的に公的なインサイド戦術に限られてお
　り，戦略的には「権威主義体制に埋め込まれる」こと，他の団
　体やセクターと連携すること，国際社会に働きかけることが挙
　げられるが，政府との直接的なパイプが最も効果的であり，団
　体の立地や属性による違いが見られる。
⑤メディアや企業，専門家などとの関係性が広がりつつある。（辻
　中ほか編 ,2014：374-380）

「国家―社会」関係という軸を中心とした議論には違いはないが，
政治学者である辻中らが注目しているのは，「アドボカシー」の視
点と可能性，すなわち中国における政治参加が推進されるかどうか
であると見受けられる。市民側の実践は「社会組織」として社会管
理の枠組みに収められ，「社会的制度化」が進められたとの見解を
示し，辻中らは，権力を掌握する側が社会組織に期待するのは「秩
序と福祉」での役割であり，政治的な声ではないと強調する。従っ
て現時点の中国の市民社会組織は，「社会的な『安定のための』ア
ドボカシーと社会福祉のためのサービス，特に福祉サービスや環境
保護，経済開発に資するサービスを提供する」段階にとどまってい

ると指摘する（辻中ほか編,2014：385）。

（3）市民社会論の再考及び近代思想の再考を試みる研究

　中国の社会変動よりも，市民社会の理論，普遍的近代に関する理論と思想そのものに関心がある研究として，尚会鵬（2000），成島（1999），韓立新（2009），石井ほか篇（2017）が挙げられよう。

　尚は東アジア社会の人間関係の特徴として，契約による結びつきではなく，「縁」によるつながりであることを挙げ，東アジア社会の発展には，このような伝統型の人間関係から，独立した個を前提とする市民社会（西洋型市民社会）への転換が必要だと主張する。「私たちはおそらくこの変化に慣れないだろう。しかし中国が世界に向けて開放を続けていく限り，この趨勢は続いていくだろう」（尚，2000：233-234）。無論，中国も西洋型の普遍的近代へと変化していくことを示そうとした尚の展望は，今日の状況から見れば的中しているとは言いがたい。成島は「自立・互恵・共生のアジア圏へ」を掲げ，開発独裁型の統治が行われるアジア諸国において「アジア型市民社会」を成立させるためには，まず政治的・経済的・文化的に自立した「個」の確立が必要だとし，個の新しい共同性に基づく中間組織が「星雲状に広がる社会」を目指さなければならないと主張する（成島，1999）。このように，新世紀に入る頃の「アジアの市民社会」の構想は，西洋型市民社会のモデルを基軸に述べられていることが分かる。

　この傾向は2010年ごろから変化を見せるようになる。韓立新（2009）は西洋型市民社会のマイナス面を指摘し，「中国型」の市民社会論の構築を唱える。そのためには「市場経済」への注目が必要だという。中国の市民社会論者が市民社会の概念を導入した最初の目的は，中国で西洋型の政治的民主化を実現させることであったが，実際に中国で市民社会の実践が現実的に展開される中，とくに私的

所有権の確立と貧富の格差が拡大するにつれて，市民社会の研究は，もはや民主化という狭い理論的枠組みに収まることはなく，「社会主義的市民社会概念は可能なのか」，「市民社会に生じた格差はどう解消するのか」といった社会主義体制の本質を突く難問に直面するようになったと韓は指摘する（韓，2009：73-74）。「政治の民主化という単純な市民社会把握は不十分である。中国で健全な市民社会を構築するためには，市民社会理論の原点，とくにアダム・スミス，ヘーゲル，マルクスの市民社会理論に戻り，より全面的に，とりわけ経済的な市民社会の角度から市民社会を研究・分析する必要がある」と主張し，貧富の格差や階級問題を解決できない西洋型市民社会の限界を踏まえた上で，私的所有の確立と階級格差の問題に対処できるような，市場経済を内側に含む中国的市民社会の構築が必要だと論じる（韓，2009：97）。

　石井知章・緒形康・鈴木賢編『現代中国と市民社会－普遍的「近代」の可能性』（2017）は，日中双方の論者による市民社会論を一冊にまとめた著作である。この本は「市場経済を内側に含む」市民社会を想定し論じている。サブタイトルが示すように思想史的背景を踏まえつつ，戦後日本で理解される市民社会論と中国の歴史的現実の中で展開されてきた市民社会の接点を見出し，近代の普遍性を再考する書物である。「あとがき」において編者は「現代中国が市民社会にまだ到達していないのではなく，むしろまったく逆にすでに市民社会を乗り越え，グローバルな市民社会に向かっている」と指摘する。ただ，ここで述べる「グローバルな市民社会」とは，明らかに西洋型民主主義的意味におけるものではない。

　　日本において，市民社会の構築は近代化の実現とほとんど同義であった。市場経済を民主化し，かつ国際化した時点で，市民社会をつくることができたと思った人は多い。中国の人々も

やはり，少なくとも 2008 年までは，市民社会を作ることを最
も大事な課題と考えていた。だが，GDP が世界第二位となり，
あと数年でアメリカを追い抜くことがほぼ確実な現在，もはや
近代化が市場の価値であるとは信じられなくなったのである。
（石井ほか編，2017：622）

　ここで言う現代中国における「グローバルな市民社会」とは，西
欧近代由来の「普遍的価値」に基づくものではなく，むしろそれよ
りずっと以前から伝統中国に存在する「天下主義」を普遍的価値と
して捉え直そうとするものである。「（西洋型）市民社会と天下主義
のうち，果たしていずれがより普遍的なのかと人々は問い始めたの
である」（石井ほか編，2017：622）。市民社会が体現する価値は西欧
における土着の価値ではなく，誰かが専有するものでもなく，それ
はまさに普遍的な価値である。中国の市民社会への考察は，その普
遍的価値とは何を含意するのかについて，従来にない全く新たな発
想と枠組みを与えてくれる。
　近年のアメリカと日本における中国市民社会研究を比べると，ア
メリカの研究のほうが中国の社会運営における市民社会の役割をよ
り積極的に評価しているという印象を受ける。日本の研究は石井ほ
か編(2017)のように，「普遍性」そのものを捉え直そうとする哲学的・
思想史的な探求が意図されているのが特徴だといえる。市民社会と
いう普遍的価値の再考の主張は，前述の趙栄ほか（2011）と問題意
識を共有しているといえる。しかし，「天下主義」という中国の伝
統思想への注目を見せる石井らに対して，趙栄らはむしろ，「そこ
で暮らす普通の人々が，自分たちが望むような社会を思い描き，少
しでも近づくために行動し，自分の価値を表現する過程」に市民社
会の普遍的価値を見出そうとしている。
　西洋型でもなく中国型でもない。「市民社会」を描き出すには，

そこで暮らす人々の意図と感覚と行動に寄り添う視点こそがより重要であり、かつHsu（2017）が示す「社会の質の向上への貢献」という軸がより効果的であると筆者は考える。本書は「中国社会の転換」を、「生活世界に生きる人々の意志の表出と表現、生き方の広がり」としての市民社会の可能性に注目して描き出したい。「民による公共」は、公益人たちの自らの生き方への模索によってこそ支えられるものであり、そのリアリティは公益人の目に最もよく映っているからである。中国の市民的実践に活発に関わる「公益人」の目線に寄り添って、彼らが感じ取る変化や論じる問題、見せる反応と行動を考察しようとする本書のスタンスは、このような考え方に基づく。

　次章からは「公益人」がとりわけ注目し論じてきた論点に沿って、彼らの目線から見える中国的市民社会の諸相を描き出していきたい。

　第4、5章は、公益人が望む活動を実現していくための模索に目を向ける。第4章は公益人たちの社会的身分を保障する制度がどのように模索されてきたか、制度変革の経緯と特徴を考察する。第5章は最も多くの公益人が悩む問題、活動資源の獲得の問題を取り上げる。彼らの資源獲得環境を取り巻く政府と基金会、大企業の動きを考察する。第6、7章は、公益圏の社会的性質、社会的役割、そして方向性に関する公益人たちの苦悩と論争と取り組みに目を向ける。第6章は公益圏の社会的性質に関する公益人の自省、第7章はソーシャル・イノベーションの提起と公益人の挑戦を取り上げる。

　これらの考察を通して、公益圏で生きる公益人たちが自らの活動、生き方を切り拓く過程として中国的市民社会を描き出し、そのリアリティに迫っていき、市民社会にとって重要な論点を考えるためのヒントを示していきたい。

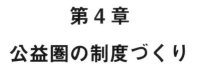

公益人にとって，制度はなによりも「フォーマルな社会的身分」を保障するものとして必要とされる。制度づくりへの模索は，政権秩序にとって有利な形で公益圏に社会的身分を付与しようとする党と政府側主導の制度化に違いはないが，正当な社会的な身分を獲得しようとする公益人の願いと選択を反映したものでもある。

前述のように社会主義中国においては，長い間「公共」は党と政府の専権事項であり，人々は与えられた職務と直接かかわりのない「公共」には，関与する資格が認められなかった。「公共的な事柄に関わる資格がある」ことを示すためには，公的に認められる「身分」が不可欠となる。従って90年代半ばに草の根NGOが設立されるようになってから2016年に慈善法が成立するまで，「正当な身分」に向けての公益圏の動きは絶えず存在していた。

第1節　二重管理の時代における実質的合法性への追求

1.「個人の権利」を出発点としない中国的公共領域

「公共的な事柄に関わる資格」がなぜ問題になるのだろうか。西洋型市民社会の概念に基づいて考えれば，人々にはそもそも公共的な事柄に関わる「権利」がある。その権利を国家としては法制度によって保障しなければならない。齋藤がハンナ・アーレントの議論を踏まえ，公共性は理念としてなにより「排除しない」ことを基本とすると論じている。それは本来「閉域をもたない空間」であり，「アクセスする途を封じる」べきではない領域である（齋藤，2000：8）。つまり，身分や資格に関係なく誰もがアクセスでき，自らを表現できる領域を意味する。

しかし中国の市民社会は「権利」を議論の出発点とすることはできない。中国社会における政権統治（統治する資格）は「個人の権

利に対する制度的保障」によってではなく，「権威」によって正当化されているからである。現代中国の支配構造は，マックス・ウェーバーが語る西洋型近代社会の「合法的支配」とは根本的に異なると言わなければならない。溝口は，中国の「国家」と「国民」は，ヨーロッパや日本のそれとはかなり異なったものだと論じている。中国における国家とは「ある支配領域・機構としての国と支配者の家，つまるところ朝廷を指して用いられ，民はそれにかかわりうるものではなかった。民は天が生じた自然的存在としての『生民』」であった。つまり，人々は国家によって権利が保障される国民ではなく，国家の枠と関わりのない「天下の生民」として中国社会を生きているのである（溝口，1989：125-127）。

　その「天下」を統治する国家（朝廷）は，天によって「権威」が付与され，「天意（天の意志）と天理（天の論理）を体現」する代理人でなければならない。第2章第1節で述べたように，天理とは主には「民生（万人の平等な生活充足）」を意味する。国家の権威の裏付けは「民生」にほかならず，民生を実現できない統治者は権威を失い，天の代理人の資格を失うことになる。現代中国を統治する共産党の政治的位置づけも，そもそも一般的な政党とは異なると江口（2016）が主張する。江口は宇野重昭の議論を踏まえ，中国における政党は，政治対立を背景として，政治権力の奪取ないし統制を指向した「権力追求者の集団」ではなく，民衆を正しく導くための民衆の代表，「民衆の英知そのもの」として定義されていることを指摘する（江口，2016：162-163）。党に関するこのような定義と解釈は，「天の代理人」として自らを位置づける従来の統治者と同じ系統だといえる。溝口は，中国的な「天下と生民」は「近代」という時代の落ちこぼれと見なされがちであったが，それを中国のあるべき理念として改めて想定し，そこから近代史を見直せば，「いまひとつの近代を探ることができるかもしれず，さらにまた振り返っ

て現在の『国家』と『国民』のなかにヨーロッパの『強制』がもたらした歪曲と不全を見ることができるのではないか」と刺激的な問題提起を行っている（溝口，1989：128）。

「天の代理」を具体化するシステムとして，今日に至ってもなお続いているエリート統治のシステムがそれに当たる。社会主義中国においては「幹部―群衆」構造と「領導体制（指導体制）」が挙げられる。「幹部―群衆」という不平等を前提とする社会的身分の構造が，何よりも平等を強調する社会主義体制と奇妙にも融合できていることは，今の共産党政権と帝政中国の伝統的な国家システムとの連続性を示しているといえよう。幹部について，李明伍（2001）が詳細に解説しているが，端的に言えばさまざまな組織において大小の「決定権」を有する人々だと理解してよい。党組織や国家及び地方の行政組織のみならず，各種企業や団体など多様な組織に「幹部」ピラミッドが存在する。上位の幹部はより大きな決定権を有し，下位の幹部に対して常に「領導（リーダー）」として，任命・監督・評価・指導の役割を担う。群衆は組織内において決定権を持たない人々だといえる。各種組織を網羅した巨大な幹部システムの頂上が党書記兼国家主席であり，共産党による統治は具体的には社会各界の幹部ピラミッドによって実現されていく。なぜならより上位の幹部ほど共産党員が多く，党の幹部システムが各組織の幹部ピラミッドの上位に組み込まれているからである。厳格なヒエラルキーに組み込まれた幹部は，上位の「領導」が認めるような能力を示すことによって上昇（出世）を果たしていく。幹部の権威は上位の幹部によって付与されるが，習近平政権がことさら強調している「群衆路線」という言葉が示すように，群衆に不満が出ないよう，群衆の要望に応え，群衆に尊敬されることが，幹部に求められる「能力」であり，その権威を支える源でもある。権威は，直接的にはより上位の権威によって付与されるが，その正当性はむしろ，その立場にふ

さわしい「能力」を表現できているかどうかにかかっている。

社会主義市場経済の名において，国家資本主義的経済運営が相対的に成功する中で，不平等な社会的身分の構造は解消されるどころかむしろ強化されつつある。各々の存在が社会において当たり前のように平等に認められ尊重されるのは非現実的な戯言にすぎないことを，人々は知っている。ふさわしい能力を示さなければ，そのポジションにいる「正当性」が認められない。公共的な物事に関わる，物事を司る「資格」も，中国では「法」よりも「権威」に基づく。「法律」でどのように決められているかよりも（それが全く重要ではない，という意味ではないが），「能力」の立証が現実的により重要となる。「誰もが無条件に自分自身として存在が認められ，自分を表現する権利がある」という発想を前提とする議論では，中国の公共領域における主体のあり方が見えてこない。中国的公共において責任ある主体として「現れる」ためには，権威を裏付けとする「資格」が必要となる。無論，「資格がなければ関わることができない公共はもはや公共とは言えない」という批判もありうるだろう。しかし大事なのは，党や政府の幹部ではない一般の「群衆」でも，公共を担う資格が認められるほどの「権威」を獲得できるようになったという現実の重みである。それこそが中国社会の変容を物語っているといえる。「権威の独占の終焉」の意味が大きい。

職務ではないのに何らかの公共的な物事に関わる「資格」があるという状態，その状態を作り出すことが，公益圏が法的身分を求める一番の目的であったといえる。それは，あの手この手を使って自らの活動に「権威性」があることを立証していくプロセスでもあった。

2. 実質的合法性を如何に獲得するか

(1)「実質的合法性」とは

謝海定による「中国民間組織的合法性困境（中国民間組織の合法

性の困難）」（2004）は，当時の草の根の民間組織は8割が「非合法（法的に民間組織として登記できていない）」状態に置かれていることを指摘し，その正当な活動を保障するために「民間組織法」の立法を急ぐ必要があると主張している。この論文で謝は，中国語の「合法性」には2種類の意味があると述べている。「1つは『合法律性』，すなわちある行為あるいは物事の存在が法律の規定に合致していること，英語の legality に近い意味であるが，もう1つは『正当性』，『合理性』を意味し，ある行為もしくは物事が人々の実体的あるいは手続き的な価値基準に合致するため，強制がなくても人々から承認と賛同が得られ，人々が自発的にそれを受け入れそれに従う状態をいう。英語の legitimacy に近い」（謝，2004：19）。前者はマックス・ウェーバーが定義するところの「形式合理性」，後者は「実質合理性」[1]に通ずるものがあるため，前者を「形式的合法性」，後者を「実質的合法性」と呼ぶとしよう。中国の公益圏は，人々の価値基準に訴え，自らの「実質合理性」を確立させていくことによって，「権威性」の獲得に挑み，「実質的合法性」を追求してきた。

　上述のように，「権威」は能力に由来する。実際どの程度の力を発揮し，どの程度の効果を達成しているかを示さなければ，「権威」が認められない。それが認められて初めて，「法的に活動の資格が保障される」という法制度づくりの段階に入る。法的な身分保障を求める中国の公益圏は，まずは「権威の正当性」を立証するために，社会的な承認を獲得しなければならなかった。形式的合理性に基づく法的身分の承認ではなく，実質的にその存在と活動が必要とされ，容認される「実質的合法性」を獲得するほうが優先されていた。

　古賀（2010）は謝の合法性の定義を引用した上で，「しかし，現

1　有斐閣の『新社会学事典』によれば，「ある特定の価値観点を設定し，その達成の度合をさすのが実質合理性概念であるのに対し，特定の価値や内容とは全く無関係に行為や思考の経過が技術的に正確に計算される程度を意味するのが形式合理性である」。

第4章　公益圏の制度づくり

在の中国は，政府の権威が大きく社会のすみずみまでさまざまな規制が張り巡らされているために，『合法律性』と同時に『正当性』までが政府との関係において生じることになる」と述べ，実質的合法性も結局は政府との関係によって決まると指摘している。確かに実質的合法性を求める公益圏の努力の多くは，人々の価値的承認を得るよりも政府の承認を得ることに費やされてきた側面はあるが，政府の承認は，人々の価値的承認と切り離されたものではないことに注意する必要がある。実質的合法性への追求は，政府と社会一般の両方の承認を得るための努力であり，自らの存在と活躍の「既成事実」を作り上げることが，公益圏の形式的合法性への扉を開く上で不可欠であった。

(2) 二重管理時代の制度的課題

　市民社会の制度環境について兪可平は5つの側面が含まれると指摘する。①市民社会の合法性を保障する基本法としての「憲法」，②民間組織に関する専門法，③政府の行政管理部門による行政法規，④党の政策（民間組織を対象とする各種決定，通告通知，意見，指示，指南など），⑤インフォーマル制度（政府側の態度，特に政府側の幹部の民間組織に対する見方，さまざまな「裏ルール」）である（兪，2006：6）。前章で紹介した最も直接的に民間組織を規定している条例，「社会団体登記管理条例(1989年制定，1998年改訂，2016年2月再改訂)」，「民弁非企業単位登記管理条例（1998年制定，2016年に「社会サービス機構登録管理条例」に改訂)」，「基金会管理条例（2004年制定，2016年改訂)」は，③の「行政法規」の部類に入る。この3つの条例に共通するのは，「民政機関」という登記を審査し，行政的に管理する部署だけではなく，民間組織の業務内容と方法に対して監督責任を取る「業務主管単位」も登記するのに必要だということである。行政管理と業務管理の「二重管理」だと呼ばれている。業務主

141

管単位を通して登記を申請し，その他の厳しい諸条件もクリアしなければ，行政管理機関の許可と業務主管機関の許可という「二重許可」が得られない。この二重許可と二重管理の原則は2006年頃から徐々に緩み，以下の4類型の組織に対して業務主管単位なしの「直接登記」が実施されるようになった。それは「業界団体や商工会」，「科学技術類」，「公益慈善類」，「都市と農村でのコミュニティサービス類」の組織である。現状では「二重管理」を受ける組織と直接登記できる組織が混在している。

　二重管理時代の制度環境の構成と推移について，兪可平（2006）が分類した5つの側面に沿って，何増科（2006）と兪祖成（2017）の関連記述に基づき下表に整理して示したい。

　公益圏で活動する人々から見る場合，制度環境はどのように見えていたのだろうか。2005年4月から8月まで，「中国公民社会発展的制度環境課題組（中国における市民社会の発展のための制度環境に関する研究グループ）」が異なるタイプの民間組織に対して聞き取り調査を行い，制度環境の面で抱えている問題について報告してい

表4-1　中国における市民社会の制度環境

	1980年代	1990年代〜2000年初頭	2000年初頭以降
憲法	1982年憲法第35条「言論・出版・集会・結社・デモ・抗議の自由」を規定		
専門法	「中華人民共和国民法通則」第50条にて，法人格の種類として機関単位法人（行政機関），事業単位法人（社会的事業と社会サービスを担当する機関），企業法人及び社会団体法人の4種類を規定。関連する専門法として「民間教育促進法」，「公益事業寄付法」，「女性権益保護法」，「児童権益保護法」「教員法」，「弁護士法」，「体育法」，「登記会計士法」，「障がい者保護法」，「免許医師法」，「科学技術促進法」などが挙げられる。政府が重要だと考える民間組織を直接規定した法律として「村民委員会組織法」，「居民委員会組織法」，「工会法（労働組合法）」，「赤十字会法」などがある。		2016年に公益組織を直接規定した専門法として「慈善法」が成立する。

行政法規	1988年「基金会管理方法」と「外国商会管理暫定規定」，1989年「社会団体登記管理条例」。	1998年「社会団体登記管理条例（改訂版）」「民弁非企業単位登記管理条例」，2004年「基金会管理条例」。上記条例の実施に関連する中央各部署の法規，地方政府の法規は数百を数える。	2006年南京，2008年深圳や上海などで政府が奨励する4類型の団体に対して二重管理撤廃。2011年に3条例の見直し決定，2016年改訂開始。
党の政策	1984年「全国的組織の設立を厳格に抑制するための通知」が通達される。	1996年「社会団体と民弁非企業単位の管理強化に関する通知」，1998年「社会団体と民弁非企業単位の管理をさらに強化する通知」，「党組織と行政機関の幹部が社会団体の幹部を兼任しない通知」，「社会団体に党組織を建設する問題に関する通知」，1999年「より一層民間組織の管理を強化する通知」，2000年「社会団体党組織建設強化に関する意見」など。	2004年「和諧社会（調和の取れた社会）」理念の提示，2006年「社会主義和諧社会の構築に関する若干重大問題に関する中共中央の決定」で社会組織の健全育成の支援を打ち出す。
インフォーマル制度	1980年代は「警戒」，取締と管理強化。	さらなる規範化と管理の強化，同時に有効利用の模索。	戦略的誘導と活用。

る（周，2006：262-265）。

　第1に，法的に登記することがそもそも困難である。特に「業務主管単位」（民間組織側は「お姑」と呼ぶ）が見つからない。「業務主管単位」の資格があるとされるのは行政組織以外に，立法部門，裁判所や検察庁，政治協商会議や党組織，及び党組織が権限を与えた組織，軍の組織といった体制内の公的組織に限られるため，「体制

外」の者は簡単にはアプローチできない。行政幹部との個人的なパイプで，その行政組織に「お姑」になってもらえたとしても，その幹部の離任で主管単位を失ってしまう可能性がある。また，聞き取り調査において，調査対象のすべての民間組織は政府関連部署による審査，登記，監督と管理の制限が多すぎることを指摘しているという。例えば法的登記に際して「1分野1団体」という原則があり，これは同一の行政区域において同じ活動分野ならば，代表的な権威ある1つの団体の登記しか認めないという規定だが，それによって登記をはじかれる団体も多い。

　第2に，法律と行政法規や党の政策との間の整合性が取れず，法的な地位が曖昧だという問題である。例えば農民の協同組織「農民専門合作社」は民間組織として登記できず，一般営利企業として登記しているため，通常の企業の経営ルール，納税及び銀行融資のルールに従うことになるが，農業経営に関する地方政府の行政法規により，合作社に加入しないほうが節税になったり，農薬の購入や生肉の加工と販売事業に参入できなかったりと，不利な競争環境に晒されている。

　第3に，政府からの干渉が多く，支持が少ない。特に草の根の民間組織は，活動の方向性が政府の方針と一致するように配慮し，法律と法規への違反がないように慎重に行動し，イベント前には必ず政府の関連部門とコミュニケーションを取り，承認と信任を得るように努力しているが，それでも通知し忘れた部門があるとトラブルが起きやすい。政府からの資金援助もほとんど期待できない[2]。

　第4に，制度的不備による資金不足と内部管理の混乱の問題である。支援制度がないため資金不足は民間組織にとって普遍的な課題

2　政府の社会組織に対する「購買服務（事業委託）」は，2006年から少しずつ始まり，近年はかなりの規模で行われるようになったが，この調査が行われた時点ではまだほとんどないと思われる。

となっている。財源が乏しく，海外の財団から助成金を申請するし
か方法がない[3]。また，組織の内部管理に資する制度がないため，営
利行為に走る民間組織や行政的管理を行う民間組織など，適切な管
理方法を見出せない団体も多い。

　この調査報告から見れば，民間組織は厳しい規制と制度の不備に
苦しんでいたように見える。実際，制度環境の厳しさと問題点を指
摘する研究が多い。しかし，二重管理時代は本当に当時の民間組織
にとって「暗黒の時代」だったのだろうか。第2章でも言及した
『中国民間公益組織基礎数拠庫数拠分析報告（中国民間公益組織基礎
データベースデータ分析報告書）』（2014年）によれば，25％近い組
織は法的に登記しておらず，企業登記や何らかのフォーマルな組織
に従属する「挂靠（ぶら下がり登記）」を含むと，40％を超える公益
組織は正式な社会組織の法的登記を実現できていないことが分かる。
登記せずに活動する団体は中国では法律的には「違法」となるた
め，25％の団体が違法状態でも活動していることになる。すなわち，
法的に正式に民間組織として登記できなくても，民間組織として活
動できる，活動が容認される，という状況がある。登記にかかる行
政的コストや事務管理の手間，そして管理される度合いの強化など
を鑑みれば，「合法律性」という形式的合理性を敢えて求めるかど
うかは，公益人の「選択」次第だということもできる。「登録した
くてもできない厳しい規制」という固定観念から制度環境を理解す
るのではなく，公益人にとってさまざまなタイミングでそのときに
必要な選択肢があるかどうか，という角度から制度環境を捉える必
要がある。

　周（2006）が聞き取り調査の対象として取り上げた中国初の草
の根環境NGO「自然之友」と，社区で住民自治を推進する草の根

3　資金の問題は今日に至っても大きな課題ではあるが，2010年以降とりわけ国内の基金
　会が顕著に増加したことから，海外の財団の位置づけは著しく低下しているといえる。

NGO「社区参与行動」に対して，筆者は改めて法的登記を実現していなかった当時，どんな困難を抱えていたのか話を伺った[4]。1993年に設立された「自然之友」は，1994年に中国文化書院に所属する「二級社団」として登記し，当時は独立した法人格を持たなかった。2002年に設立された「社区参与行動」は2003年に一般企業として工商登記し活動していた。

意外なことに両団体とも当時は困ったことは特になかったという。強いて言えば，自然之友の場合は「環境訴訟」を行う際に，多くの書類を当時「挂靠」していた文化書院に依頼しなければならず，訴訟関連のリスクもあったため迷惑をかけるのが心苦しかったことであった。社区参与行動の宋氏によれば，政府による「購買（事業委託）」があまりなかった当時，民間組織として正式な法人格がなくても全く影響はなかったという。実際法的に登記が必要になったのは，政府購買が一般的になった2010年あたりからである。ちなみに自然之友は2010年に，社区参与行動は2009年に「民弁非企業単位」として正式に登記している。登記申請はそれぞれ偶然のきっかけによるものであったが，登記できたのは，両組織の活動実績によるものだと考えられる。

（3）実質的合法性を獲得するための戦略

実質的合法性の獲得について，主に「インフォーマル制度」へのアプローチが強調されてきた。張静（2013）によれば，社会主義体制においては，一般の民衆がダイレクトに国家にアクセスすることはなかったという。彼らが接触を持ちうる公共的な機構は政府そのものではなく，政府と党の代理機構となる都市部の各種「単位（職場）」や農村部の「合作社」であり，各組織内に入っている党組織

4　2017年7月21日に筆者が実施した「自然之友」総幹事張伯駒氏と「社区参与行動」代表宋慶華氏への WeChat を用いたインタビューによる。

の支部であった。政府と民衆の間に入るこれらの代理機構は，社会主義体制成立前の階級，民族，宗教，地域などの属性を横断的に打ち破り，人々を社会主義体制内に組織化する仕組みとして機能し，公共に対する民衆の欲求の受け皿となっていた。国家制度と直接つながるのはこれら代理機構であり，民衆個人ではなかった。この管理体制の特徴について張は「間接性」，「分割性」と「唯一性」を挙げている。政府に正式に「代理機構」と認定された「単位」は，民衆と国家をつなぐ唯一の架け橋として，人々の公共へのニーズと働きかけを独占的に受け止める。国家は長い間，直接的には人々の欲求を受け止める責任を負わなかった[5]（張，2013：16）。

　労働市場と居住地の流動化が進み，「単位」などの代理機構が実質的に行政管理の役割を果たしにくくなった1990年代半ば以降，人々の公共的なニーズに応える新たなツールと受け皿が求められるようになった。党と政府は居住地コミュニティである「社区」にその役割を期待したが，社区はごく狭い範囲内の公共的ニーズを満たすことができても，環境問題や格差の問題，社会的差別の問題などより広範囲の社会的課題に対して対策を提示しうる場ではなかった。草の根NGOの出現はこのような背景を有するのは言うまでもないことだが，体制内の派出機構もしくは代理機構としか接してこなかった党と政府に対して，自らを公共の新たな担い手として認めさせるためには，いきなり制度の改正を唱えるのはハードルが高す

5　2004年，当時の温家宝首相が初めて「サービス型政府」について提起し，経済建設に集中していた政府の機能を「サービス供給」へと転換するという行政機能改革の方向性を明確にした。2006年の党第16回六中全会で和諧社会の目標が掲げられ，サービス型政府を建設し，社会管理の機能とサービス供給機能を強化するとの方針が決定された。その後全国各地の地方政府に「政務ホール」と呼ばれる市民に直接開放する窓口が設置されるようになり，市民個人が直接政府の窓口に出向き，公共的な事柄に関する事務手続きを行うことができるようになった。個人が政府に直接対面できるようになったのはその頃からであった。しかし可能なのは「事務手続き」に限られており，公共的な課題や問題への民衆のアプローチに応えるものではない。

ぎた。公共的なニーズに効果的に応える能力があることを示すのが先決であった。そのためには，実際に活動の実績を示し，政府と党の信頼を得る必要がある。従って，如何に「活動が可能な状況を作るか」が，草の根 NGO にとって乗り越えるべき最初の課題となる。

　活動への容認を如何に得るのだろうか。葛亮と朱力が指摘した「非制度的依存」が１つの典型的な議論だといえよう。「非制度性」とは，第３章でも引用したように，「法律や規定，条例などのフォーマルな根拠に基づいて政府から資源と支援を獲得しているわけではなく，権威，友人同士の人脈，人格的魅力などの非制度的な関係によって獲得していることを意味する」（葛亮・朱力，2012：76）。「友人同士の人脈」とリーダーの「人格的魅力」は分かりやすい要素だといえる。中国は「関係主義」を行動文法としているという園田茂人（2001）の指摘からも分かるように，法治よりも人治の側面の強い中国においては，「人脈」こそが社会的活動の基本的な資源となる。人脈を作る上でも，人格的な魅力がものを言う。しかしもっと大事なのは，「権威」の獲得への公益組織のアプローチである。ここで言う「権威」とは，党と政府に付与される権威ではなく，「人々から得られる価値観的な共鳴と支持」を意味する。

　葛亮・朱力（2012）が事例として取り上げた「恩派（NPI）」という中間支援組織について見てみよう。NPI は中国を代表する民間の公益組織インキュベーターであり，その創始者呂　朝氏は従来から「公益増量論」を唱え，公益領域を政府の独占下から「民営化」するためにはまず「公益組織の絶対数」を増やし，社会的インパクトを増大させていくことが重要だと主張してきた。李妍焱（2012）においても NPI の活動展開について紹介しているが，NPI の影響力はもはやその時点の比ではない。今では全国 40 の都市で業務展開をしており，40 を超えるソーシャル・イノベーション・パークの運営受託や運営サポートを行っている。600 を超える社会組織な

148

いし社会的企業の孵化に成功し，3,000以上の公益組織に対して資金ないしスキルの支援を提供してきた。公益組織の孵化だけではなく，公益投資のプラットフォーム，政府委託事業入札プラットフォーム，連合募金プラットフォーム，公益業界交流展示会，社会インパクト投資プラットフォーム，企業CSRコンサルティング，社区総合発展デザイン，ソーシャル・イノベーション・シンクタンクなど独自の事業を次から次へと打ち出し，300名超の専従スタッフを抱える組織となっている[6]。筆者が2012年に調査に訪れたときには，ようやく5つ目の都市に活動を広げようとしていたことを考えると，その拡大ぶりはめざましい。

　NPIが短期間でこれだけの規模拡大を実現できたのは，公益組織のインキュベーターとして，またソーシャル・イノベーションの分野において「権威」となりうるモデルを作り上げたことによる。モデルができあがったゆえに普及と拡大が速い。NPIの事業は4つの柱に分かれており，公益組織の孵化を中心とする「Social Entrepreneurship Platform（SEP）」，顔が見えるコミュニティを中核理念とする社区建設事業「Community Resilience Group（CRG）」，公益事業に関する専門コンサルティング事業「NPI Philanthropy Consulting Group（NCG）」，そして公益への創造的投資を実践する「NPI Foundation」事業である。この事業デザインから分かるように，いずれも「政府」に目を向けた事業ではなく，むしろソーシャル・ビジネスに関心のある若者，コミュニティの住民，公益事業に関わろうとする企業，公益寄付に関心のある一般の人々に目を向けており，如何に「巻き込む」か，工夫を凝らした事業となっている。いずれの事業も目標は政府が目指す方向性と一致させているが，政府では実施できないモデルを創出しており，か

6　NPI公式HPより，http://www.npi.org.cn/aboutus/2006/01/1.html（2017年7月29日参照）。

149

つ多くの社会的な力を巻き込むことができる仕組みとなっている。NPI の「権威性」はこのように，自らの戦略と実践によって獲得できたものであり，決して政府側と何らかの個人的な人脈やリーダーの人格的魅力があるというだけで得られたものではない。

　非制度的権威（威信や信頼）を獲得するためのアプローチは，多くの公益組織リーダーが選ぶ戦略となっている。李丹（2009）は1998 年から 2008 年は特に NGO が活発な時期だったと述べ，草の根 NGO もこの時期から政府との「歪んだ」関係を改善し，「良性互動」に向かったという。例えば，エイズ問題に取り組む NGO「北京愛知行健康教育研究所」は，同性愛者向けにエイズの教育を行うように働きかけていたが，初期は過激な方法（国際社会に売血によるエイズ感染者の名簿を公表するなど）を取っていたため政府側に警戒されていた。しかし，感染者に対する無料の治療薬の配布や，感染者家庭の教育費の支援を政府に求めるなど，政府にとっても実行可能で，一般市民からも理解されやすい戦略に転換したため，活動環境を改善できたという（李，2009：93）。この時期に見られる中国社会における個人の価値指向と行動パターンの変化も，当時の草の根 NGO による「権威獲得」にとって，良い土壌を提供したと李丹は指摘する。

　　ますます多くの市民は，何らかの社会問題に直面した場合，以前のようにただ政府の愚痴を言うのではなく，むしろ自分から進んで解決の方法を探るようになった。例えば，湖南省湘西花垣のミョウ族の農婦田金珍が，両親とも出稼ぎに出て，ケアしてもらえず学業を放棄する子どもたちの問題に対して，「母を訪ねる千里の旅」と題するドキュメンタリー映画を自ら制作し，村人の拍手喝采を受けて，その海賊版は湖南省，四川省，貴州省のミョウ族居住地域で広く伝わり，その影響で出稼ぎから故

郷に戻る人も多かったと聞く。2001年,河北省の弁護士喬占祥が,鉄道部による春節期間中の運賃値上げの決定は公聴会の手続きを経ておらず,消費者の権益を侵害したとして,鉄道部を法廷に訴えた。その成果として,運賃の価格設定に政府の指導が入り,オフシーズンに運賃を下げ,春節期間中も農民工や大学生などに対しては値上げしないことが決定された。(中略)

多くの市民はもはや自分自身の権利を守るだけではなく,社会に対する責任を自分から果たしていこうとしている。この状況は中国のNGOに重要な人材と人文の土台を提供しているといえよう(李,2009：94)。

民間組織が非制度的権威の獲得に注力するプロセスと,李丹が指摘するような市民側の姿勢の変化と相まって相乗効果を起こしていったことが,「中国に民間公益領域あり,民間公益人あり」という確固たる既成事実を築き上げ,「合法律性」への機運を盛り上げたと考えられる。

第2節　党による対応の変容

党と政府に付与される制度的権威ではなく,非制度的権威を獲得することによって示す自らの「正当性」。これは共産党による統治体制においては画期的であり,「権威」の源は党にあるのではなく,「生民」にあるということを改めて示した現象だといえる。では,このような非制度的権威に対して,党はどのような姿勢で対応してきたのか,どのように制度の体制内にそれを収めようとしてきたのか見てみよう。

閻東(2007)は改革開放後,中国共産党と民間組織との関係について考察している。民間組織に対して党が取ってきた態度と姿勢は,

「軽視から重視へ，最終的には分類してコントロールするという管理モデルに至っている」という。

　党にとって最も大きな脅威が「組織化された反抗」であり，民間組織の「組織力」は一定程度の脅威となる可能性がある。したがって警戒を怠ってはならない対象である。全国範囲で活動する社会団体と民弁非企業単位に対して，条例において「支部を作る」ことを禁止してきたのはそのためだと思われる。だが同時に，改革開放後の中国社会で，国家行政がすべての社会的課題への対応を背負い込むことはもはやできない。民間組織による社会サービスの提供は行政側にとって「ありがたくて大助かり」の場合も多い。歴史上一貫して，中国の統治者の至上命題は，自らが統治する立場にいる「正当性」の明示である。「天意と天理」に順って天下を治める(管理する)能力が自らにあることを証明しなければならない。「治める能力の高さ」は，「万人の均等的生存」という「天理」に基づき，「国富民安」をどの程度実現させているかで評価されるため，民が満足するようなサービスが社会において提供されているかどうかは，当然治める者の「能力」のうちに入る。すなわち，党と政府にとって，NGOなどの民間組織は，うまく「活かす」ことができれば，自らの評価を上げることにつながる。

　社会サービスを提供する機能が統治に役立つだけではない。NGOのアドボカシー機能もうまく利用すれば，党の自浄作用と行政システムの改革に貢献できる。組織の自己改革には，「外からの目」がしばしば有益な見解をもたらすからである。民間組織に対する党の施策と態度は，NGOの機能に関する党の学習の過程を反映しており，NGOによるリスクを最小限に抑え，その利点を最大限に活かす「都合が最も良い最適ポイント」を模索する過程でもある。

　林尚立（2007）がその過程を描き出している。第1の反応は「厳しく規制すること」であったという。閻東（2007）が指摘した「軽

視（放任）から重視へ」の時期に当たる。兪祖成（2017）も1980年代末期から2000年代初期までを「規制強化の時期」と名付けている。党が「規制強化」の必要性を認識した背景として，文化大革命中に活動停止に追い込まれた官製NGOが一気に活動を再開し，それに触発される形でとりわけ学術の分野で，各種「学会」，「科学協会」，「研究会」などの結社が設立のブームを興し，さらに農民による自発的な「農民専門技術協会」や都市部の業界団体も次々と結成されたことが挙げられる（兪，2017：87-89）。社会団体の管理を担当する「民政部」が1978年に設置されたが，改革開放による思想解放と経済復興への強い欲求を反映した結社ブームに対応できず，状況が混沌としていた。

　この状況を打開するために，前節でも紹介したように，1984年，共産党中央と国務院が全国規模の社会団体の設立と登記を厳しく制限する通達を出した。しかし，岡室（2008）によれば，この通知の効力により，行政機関が実質的な決裁権を握ったため，逆に行政機関の裁量で学会や経済団体が無秩序に増え，企業利潤の吸収を目的に会費や寄付の取立てが横行する結果となった。また，余剰公務員や退職した幹部の受入れのために設置された団体も現れたという。そこで秩序形成を目的に公布されたのが1989年の「社会団体登記管理条例」であった。この条例の特徴として，登記を許可する民政部門と業務管理の責任を取る「業務主管単位」の「二重許可主義」に基づく「二重管理」が挙げられるほか，「1行政区1分野1団体」の原則が定められたことが特筆に値する。「権威」ある代表的な1団体のみが登録可能，という縛りが課されたことになる。

　1989年条例を規制強化の視点から捉えることもできるが，岡室は異なる見解を提示している。それは当時共産党中央で進められた「党政分離」を反映した条例だという。

89 年条例の制定には，経済成長の影で露出し始めた社会問題と，87 年に提示された「党政分離（党と政府との分離）」も大きく影響している。86 年，「国務貧困地区経済開発小組」（現「扶貧開発領導小組」）が設置され，翌年，民政部所轄の社会団体「中国社会福利有奨募捐委員会」が国務院の批准を得て設立され，彩票（宝くじ）の発行が始まった。この流れに象徴されるように，経済格差や内陸部の貧困問題が広く認識され始め，その問題解決の資金源を社会に求める試みが始まった。一方，共産党第 13 回党大会における首相趙紫陽（当時）の報告は党政分離を提示するなかで，群衆団体，経済・文化組織の役割を十分に発揮させることにも言及し，各団体内に設置された共産党の党組織は原則として廃止されることになった。(岡室，2008：3)

　さらに，「1 分野 1 団体」の縛りについても，岡室によればその目的は「文革後の混沌を収束させ，……社会団体の役割の変化とそれを統括する政府部門による様々な思惑により，団体間の競争を回避し，各団体の利益を保証することにあったと推測できる」(岡室，2008：4)。このように 1989 年の「社会団体登記管理条例」については，「厳しい規制強化」の視点だけでは説明しきれない側面が見られ，それは社会団体を「党の所属物」としてではなく，行政の管理下にある政策執行のための「手足」としての位置づけを明確にするものでもあった。

　1998 年にこの条例が改定され，同年に「民弁非企業単位登記管理条例」も制定された。1998 年の 2 条例について，兪祖成によればそれは膨張していた社会団体の「整理整頓」のためであり，制度としての精密さが格段に上がったという。二重許可主義と二重管理は保持されたままで，対象となる団体の定義の明確化，法人格の必

須化，設立要件の明確化，業務主管部門の拡大化，登記管理機関と業務主管単位の監督責務の明確化，登記除外組織の明確化，支部設立の禁止，行政不服申し立ての禁止が明記されたという（兪，2017：98-100）。この条例改正を「さらなる規制強化」と捉える兪に対して，上記の岡室はむしろ，「政社分離（政府と社会組織の分離）」の一環として捉えている。1992年の第14回党大会で「社会主義市場経済」の方向が確立され，国家の根幹に関わる重要な国有企業ないし事業単位も「抓大放小（大はつかみ小は放す）」の原則で優先順位をつけて民営化させていくこととなった。その流れを受けて，1998年に全国政治協商会議において行政と社会団体との分離の意味で「政社分離」という言葉が用いられたという。社会団体に関する条例の精緻化とそれよりも条件が緩い民弁非企業単位に関する条例の制定は，社会団体のほうを「つかむべき対象」とし，非営利の社会サービスを提供する民間組織である「民弁非企業単位」の規制を緩くし，「放していく対象」と位置づけたことを示しているのではないかと岡室は分析する（岡室，2008：5）。

　NGOの制度について論じる際には，常に上記の条例の意味や影響に議論が集中しがちである。しかし言うまでもなく，これらの条例は，そもそも民政部に登記していない草の根NGOには効き目はない。すなわち，草の根NGOが相手の場合，党と政府はまずどのようにそれらの存在を把握できるのか，という課題をクリアしなければならなかった。

　林尚立（2007）が指摘した党の第2の反応，それは，2000年以降数度の通達で強調された「党員が3人以上いれば，どんな組織でも党支部を置かなければならない」という方針であった。それに先立ち，社会団体に対しては「党組織」の設置が1998年の条例公布前からすでに通達されていた。だが，民政部に登記していない（登記できていない）草の根NGOにとっては，これら通達は強制力

がなく，事実上党組織を通して NGO を把握しようとする戦略は挫折したといえる。それを受けて 2005 年から新たな対策が打ち出されていく。党は「社会建設」を国の政策として位置づけ，2007 年から NGO を含む民間組織を「社会組織」として定義し直し，党の指導の下で，「社会建設」に貢献する組織と規定した。2006 年あたりから政府が NGO のサービスを「購買する」事例が見られるようになり，2012 年以降，政府の圧倒的な財力を背景に，「政府購買」の流れが一気に巨大化していった。このような「政府購買」からは，政府側が意図的に特定のタイプの社会組織を「育てよう」とする意図が見て取れると指摘されている（賈, 2008: 207）。当然政府購買の資金を得るためには，どのタイプの組織として登録しているのか，党組織を設置しているかどうかがチェックの条件に入る。実際，筆者のインタビューによれば，「自然之友」ではまだ「党支部」を設置していないが，その業務主管単位である「北京市朝陽区科学技術委員会」のほうで主管している社会組織の「党組織連合」が設置されることになったという。「政府購買」の対象となっている「社区参与行動」は，比較的に早い段階からすでに党支部を設置している。登記できている NGO は，業務主管単位から「党組織設置」の要求と監督を受けることになる。2016 年 7 月 11 日，民政部では党中央のこの方針を実行するための会議が開かれ，「両個覆盖（2 つの網羅）」，すなわち党組織の網羅と党の仕事の網羅を社会組織において徹底させる「戦い」に必ず勝利することが掲げられた[7]。社会組織に党組織と党の仕事を浸透させるという任務に，業務主管単位が実績で以て応えなければならない。

　党による社会組織の管理モデルは，闇（2007）では「分類してコントロールする管理モデル」と名付けている。康暁光・韓恒（2005）

7　民政部ホームページ http://www.mca.gov.cn/article/zwgk/mzyw/201607/20160700001162.shtml（2017 年 10 月 20 日参照）。

の研究においてはすでにこの管理モデルの雛形が見出されていた。この研究は労働組合，業界団体や商会，都市社区居民委員会，宗教組織，政府主導のNGO，草の根NGO，インフォーマルな団体，そして政治的に対抗性を有する団体をそれぞれ分析した結果，「政府はその組織の集団行動能力と社会サービス提供のレベルに依拠して，タイプの異なる民間組織に対して異なるコントロールの手法と戦略をとっている」と結論づけている（康・韓，2005）。2011年以降顕著になった登記管理の緩和（業務主管に対する要求の撤廃）が，主に4つのタイプの組織に対してしか行われないのは，種々の組織の「リスクと利点」を分析した上での施策だといえる。

康・韓（2005）の結論は，以下のようにまとめられる。

　　労働組合や都市の社区居民委員会は潜在的には強い組織力を持っているため，党の戦略はそれらを「準政府組織」にし，直接介入しコントロールする。同じく潜在的に挑戦となりかねない強い組織力を持った宗教組織に対しては，規制を厳しくしその発展を制限する戦略を取っている。協会や商会，政府主催のNGOに対しては政府への挑戦勢力になる可能性が低いため，積極的に支援する。草の根NGOやインフォーマルな民間団体は勢力が弱いため，党としては過多な干渉はせず，しかし勢力増強につながるような施策はしない。政治的に対立する団体に対しては当然，厳しく禁止し取り締まる。

その研究が発表されたあとの状況を見ると，草の根NGOに対する党の「分類管理モデル」はさらに精緻化されている。社会サービスの提供や党と政府の方針の実施にとってプラスになると判断された団体，団体のプロジェクト，人物に対しては奨励策を取り，逆に対しては「放置」の場合もあるが，取り締まるケースが増えている。

図 4-1　党による公益組織の管理モデルの変遷

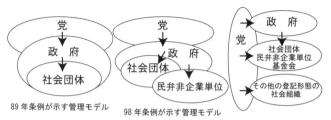

つまり，NGO に対する党と政府の選別と誘導はいっそう強まったといえる。

図 4-1 は党による公益組織(段階と場面によっては NGO ／民間組織・社会組織と呼ばれている) の管理モデルの変遷を示している。ここから見えるのは，規制強化から規制緩和へという流れよりも，「公共」を担う領域として，政府から分離された「民間領域」の確固たる出現と，その対応に苦慮する党の姿なのではないだろうか。

第 3 節　念願の成就？－慈善法の成立

正規の法的 NGO，すなわち社会団体，民弁非企業単位，基金会の 3 種類の社会組織に登記するかどうかは，公益組織のリーダーにとって「何を目的に，どう選択するか」の問題である。登記しなければ活動できない，という状況ではない。だが活動の継続に不可欠な資源と支持を方々から得るためには「能力（活動の有効性）」を証明していかなければならず，「法的に正式な身分さえ得られない」ことは，能力の証明の妨げとなるのは明らかである。

「正式な身分」への公益組織の願いは，2016 年の「慈善法」に結実した。

1．専門法への模索

　1982年憲法の制定を受けて，1987年，「結社法」の検討がされていたという（兪，2017：92）。しかし1989年の天安門事件の影響により「結社法」が頓挫し，法律ではなく行政法規として社会団体の登記管理条例が公布された。

　公益組織の専門法に関する提案は，2004年頃から顕著に見られるようになった。その背景として，2004年3月に公布された「基金会条例」の影響が考えられる。この条例は先進国の財団法人制度の経験を参考にしつつも，中国的な特徴として「公募型（一般市民に向けて募金活動ができる）」と「非公募型（一般に向けて募金できない）」の2種類の区別を規定し，二重許可主義は変わらないが，支部の設立が認められた。条例成立後，非公募型を中心に基金会の数がうなぎ登りであったことが，公益組織の立法を模索する研究者や政府部門にとって大いに励みになったと思われる。

　2004年10月，「国務院法政弁公室」（国務院で立法について研究立案を担当する部署）が資料として，『完善中国民間組織法律框架（中国民間組織の法的枠組みを再構築するための報告と提案）』を作成した。第1部は「報告」として，中国国内各地で行った調査の報告だけではなく，EUとアメリカ，カナダ，イギリスの視察の成果と考察も報告されている。それを踏まえて第2部では社会団体登記管理条例の改正に関する提案だけではなく，「中華人民共和国民間組織促進法」と題する法律の提案が目を引く。この提案は対象組織の性質，すなわち「民間組織」であることを強調し，法律によって正式に「民間組織」の地位と権利，責任を規定しようとするものであった。

　「民間組織」という名称がその後「社会組織」に取って代わられ，この提案も実らなかったと考えられる。しかし，民間公益領域の出現は無視できない事実であり，この領域の組織を対象とする専門法

の必要性は火を見るよりも明らかであった。兪可平は当時の政府管理部門の困惑を紹介している。民間組織に対する管理条例や各種規定は数が多く，整合性がなく，実際に現場で対応しなければならない立場としては「非常に操作しづらい」という（兪, 2006:39）。王名・賈西津（2006）は「民間組織」という名称の失墜を受けて，「非営利組織」のコンセプトを前面に押し出し，1998年に成立した日本の「特定非営利活動促進法」を例に挙げ，非営利組織の発展にとって有利な法的環境の整備が必要だと主張している。また，趙傑（2014）では，既存条例の改定にとどまらず，「社会組織管理法」の制定を目指すべきだと論じている。

　このように，提案は「結社法」から「民間組織促進法」，「非営利組織関連法案」，さらに「社会組織管理法」へと名称を変えてきた。この変化からも，この領域の組織を一体どんな身分として権威主義体制の中国社会の中で法的に規定すべきか，模索の一端が窺えよう。

2．慈善法の成立と特徴

　「慈善法」は，この模索がたどり着いた答えだといえる。「組織（団体）」ではなく，「事業の内容」，すなわち「慈善事業」を法の中心に据える。必要とされるのは「組織」の増加や成長ではなく，「慈善事業」の効果的な実施だという立法側の明確な意志表示が読み取れる。公益組織の法的身分を決定づけるのは，「結社の権利」もしくは「民間」あるいは「非営利」などではなく，なによりも「慈善事業」という事業の内容が強調された。「誰が何のためにやるのか」よりも，「誰だろうと必要とされることをやっているのか」によって，法的正当性を与える。これは前章で紹介したような，「公益組織」そのものよりも公益プログラムと公益プロジェクト及び公益ブランドが重視される公益圏の実情と，「慈善」という文脈ならば党による「権威の法的付与」があってもいいという党の政策的判断の結合

点だといえる。イギリスやカナダのチャリティ法を参考にしながらも，「権利を出発点としない」中国的特徴の具現を見事に果たした。

中国日報（China Daily）2016年9月24-25日の第5面に，Blake Bromley氏による "Enough reasons for Charity Law to succeed" と題する記事が掲載されている。カナダの法律家である Bromley 氏は，「海外の専門家」としてロシアなどいくつかの国々で慈善法の制定を成功に導いたため，10年以上前から中国における慈善法の策定作業を手伝うことになり，50回以上中国を訪れ，20回以上ワークショップに参加し，文案の起草も手伝ったという。Bromley 氏によればこの法案が議論のテーブルに乗ったのは2006年であり，彼が2005年11月に中国初の「慈善フォーラム」に参加した際に，この法律を起草していた担当者と出会い，加わることになったという。

この記事によれば，慈善法の立案チームはシンガポール，日本，韓国，カナダ，イギリスとアメリカをそれぞれ視察し，各国の関連法案の特徴を整理し，中国にとってそれらの特徴をどのように取り入れたほうが効果的か篩にかけたという。その結果「中国の実情を反映し，中国的土壌に根ざした慈善法を作ることに成功した」と Bromley 氏が評価している。

10年間じっくりと時間をかけて生み出された「中華人民共和国慈善法」は，2016年3月16日に全国人民代表大会で可決され，同年9月1日から施行されることとなった。人民網日本語版3月18日の記事[8]では，以下のように述べている。

　　同法の誕生により，慈善活動について明確な境界線が引かれたと同時に，慈善団体の設立・運営，慈善資産の資金源・運用，慈善サービスの実施，慈善事業の発展促進など各分野での規範

8「中国初の『慈善法』，9月1日施行」，〈http://j.people.com.cn/n3/2016/0318/c94475-9032320.html，（2017年8月5日参照）。

化に関する明確な規定が打ち出された。また，毎年9月5日を「中華慈善日」とすることが定められた。同法の制定は，危険や困難に直面している人々を，中国政府が「法に依拠して」扶助するという全く新しい「善き時代」の到来を意味している。

　慈善法は，総則，慈善団体，慈善募金，慈善寄贈，慈善信託，慈善財産，慈善サービス，情報公開，促進措置，監督管理，法的責任，附則の12章112条から構成され，それまでのNGOや民間組織，社会組織，公益組織の法的正当性の根拠を「慈善」に定めたことが最大の特徴である。ここで規定された慈善事業を行う主体である限りにおいて，これらの個人及び組織の権威が認められる。「慈善」というコンセプトは疑問を挟まれる余地が少なく，万人受けする概念というだけではなく，官民の区別および対立項を表面化させない意味でも効果的だといえる。民間公益組織の基本法とされる「慈善法」だが，立法の主旨を「慈善事業」に置くことにより，民間公益組織そのものに主眼を置くことを結果的に回避できた。

　同法で規定された「慈善事業」とは，①貧困救済，②弱者支援，③災害救助，④教育・科学・文化・衛生・スポーツ等の事業発展，⑤公害防止及び環境保護，⑥その他本法律の規定に符合する公益活動において，個人及び法人等が自発的に行う財産の寄贈又はサービスの提供を指す。①〜③のような伝統的な「慈善事業」に加えて，④〜⑥のように幅広く慈善活動を定義しているため，慈善法は「大慈善（広義の慈善）」の理念を打ち出したと評価する専門家も多い。上記のBromley氏の記事においても，貧困救済や災害救助を強調したことによって，「慈善」は「外国の理念」としてではなく，中国的理念として人々に受け入れられやすくなったと述べている。

　公益組織はこの法律に基づけば「慈善組織」となる。慈善組織とは，「合法的に設立され，同法の条件を満たし，社会の大衆に対し

て慈善活動を行うことを目的とする非営利性組織」と規定され，登録は民政局で行われ，「基金会」，「社会団体」，「社会サービス機関（従来の民弁非企業単位）」などの組織形態を取ることができるという。この法律が公布される前に設立されていた基金会，社会団体，社会サービス機構（民弁非企業単位）等については，「当該組織が登記を行った民政部門に対し慈善組織の認定を申請することができ，民政部門は，申請を受理した日から 20 日以内に決定を行わなければならない。慈善組織の条件に適合するものは，認定してそれを公告し，慈善組織の条件に適合しないものは，認定せず書面によりその理由を説明する」と規定されている（第 10 条）。

「慈善法」制定の詳しい経緯と全文の翻訳は岡村（2017）に掲載されており，そちらを参照されたい。では，公益領域の実践にずっと携わってきた専門家や公益人はどのようにこの法律を評価しているのだろうか。

3. 公益人から見る「慈善法」

雑誌『中国慈善家』2017 年 4 月号に，中国の市民社会分野の代表的な研究者の 1 人，中山大学市民社会研究センターの朱健剛教授による「解読『慈善法』：公益慈善転型推動国家治理転型（慈善法解読：公益慈善の転換が国家ガバナンスの転換を推進する）」が掲載された。「10 年後に歴史を振り返れば，この法律の成立は 1 つの偉大なる時代の幕開けであったと気づくかもしれない」と朱は述べ，慈善法の意義は「中国的特色のある市民社会組織を誕生させ，社会の矛盾を緩和し，社会の転換を促進すること」にあるだけではなく，「将来的には公益慈善の領域で『法治』のあり方を示すことによって，他の分野でも『法治』を進める上での見本となりうる」，と期待を込めた高い評価を示している。この文章で朱は慈善法の優れた点として次のように指摘している。

まず，中国の立法史上でも珍しい「開門立法」であること，すなわち，法律が成立する前に広く社会一般から意見を聴取するプロセスがあったことである。政府側の立法ワーキンググループとこの領域の専門家，慈善家，慈善組織リーダー，政府関連部署及びメディアと長期間にわたり協力関係を構築し，公布前に公開の意見収集期間も設けた。公開の意見募集は同時に人々の注目を集め，「公益慈善」への社会的な機運を高めることにも寄与したという。そして他の専門家も多く指摘しているように，「大慈善（広義の慈善）」の解釈も評価に値するという。だが「歴史的突破点」といえるのは「慈善団体の公募権（公開募金を実施する権利）」を認めたことである。それまで不特定多数の民衆向けに公開で寄付を募ることができると法的に認められたのは，公益組織の中では「公募基金会」だけであったが，慈善法の規定では設立2年以上であれば登記した民政部門に公募資格の申請をすることができることとなっている。資格が許可制であることや募金の形式も細かく規定されていること（特にネット募金は決められた13のサイトでしかできない）など制限は多いものの，一般の公益組織にも公開で寄付を募ることが解禁になった意味は大きい。さらに「慈善信託」に特別に1章分が割り当てられたことや寄付免税措置が3年分加算可能になったなどの点も評価できると朱がいう。

　しかし，この法律は民政部主導で策定されたわけではないにもかかわらず，実施は民政部がすべて担うことになるため，「従来の業務範囲をはるかに超える状況に対して，民政部の執行能力を高めることが急務だ」と朱が主張する。

　本書執筆時は慈善法が施行されてまだ1年しか経過しておらず，具体的な運営方法が徐々に明確になってきたところである。「慈善法は公益人の仕事と生活にどんな影響を与えるのか」という筆者の質問に対して，社区参与行動の宋氏は，「慈善事業」の定義が細

164

かすぎるため,「慈善」の多様性が損なわれる恐れを感じるという。例えば多くの社区自治や社区の発展に従事する公益組織は規定された範囲から外れてしまうという。自然之友の張氏は2つの観点を示した。1つは周りの多くの公益人は,この法律について,自らの組織やプロジェクトにおいてどう応用していけるのか,どんな意味を有するのか研鑽を重ねることは少ないように見受けられるという。弁護士など専門家以外の公益人は慈善法に関心を抱いているが,ネット上で盛んに転送されるような関連文章を読んでいる程度であり,見解も似たり寄ったりと「明らかに勉強不足」だという。もう1つは,自分の生活にとっては直接影響があるわけではないが,「より精密に,より慎重に」というプレッシャーがますます高まったこと,管理強化につながるのではないかという危惧が感じられるという。

では,法律の専門家はどのように見ているのだろうか。2016年12月1日,「読書会社交プラットフォーム」の主催により「『慈善法』実施中の突出した問題」と題するセミナーが開催された。弁護士孫祥舵氏が講師として以下の問題点を指摘した。

第1に公募権に関することである。公募権の資格申請が認められた13の公開募金のサイトが規定されているにもかかわらず,実際ネット上では募金できるツールが数多く,公募権がない団体や個人でもWeChatなどで「慈善」のための募金を呼びかけることができる。また,公募権の具体的な認定が遅々と進まないため,公募権を認定されない公益組織はすでに資格のある公募基金会に「ぶら下がって」募金を行うしかなく,その際に公募基金会に管理費を支払い,財務的にも活動方法的にも制限を受けるなどの不利益が生じるという。

第2に,公開募金できる地理的範囲は登録している民政部門の管轄範囲内と規定されているため,より広範囲で募金や活動を行う

ために無理に複数の組織を登録する公益組織もあり，活動コストが無駄に高い。

第3に，団体の管理費に関する規定が厳しく，公募権のある基金会は年間総支出の10％，慈善組織は年間総支出の30％を超えてはならないとあるが，団体に入る費用が少ないため仕事の効率の低下も見られる。

第4に，寄付税制優遇の具体的な措置がなかなか始まらない。

第5に，慈善法における慈善組織の事業内容に関する規定とその他の関連政策との間に不一致があり，運用上矛盾が生じやすい。

第6に，慈善信託も規定では公益組織は受託者となり得るが，実際は銀行で信託専門の口座を開設できないため，ただの執行人もしくは顧問として位置づけられることが多く，プロジェクトの執行人である場合は扱う資金から収入をもらうこともできない。「資格はあるが実際の操作ができない」この状態を孫は「入場券はあるが座席がない」と喩えている。

そして最後に，最も大きな問題でもあるが，慈善法の規定では具体的にどのように民政部で登記できるのか記していない。結局は社会団体，社会サービス機構（旧「民弁非企業単位」）と基金会の3条例に従って登記することになる。そうなると，直接登記できると規定されたタイプの組織以外は，依然として「二重管理」の規制を受けることになる。「権利と責任は対応関係にあるべきだが，慈善法は，公益組織に対してより厳しく責任を求めている一方で，それ相応の権利を与えていない。……権利がまだ十分に実現されていない前提で，責任の桎梏がすでに嵌められた」。さらに，民政部という一行政部門にこれほどの権限を与えたことも「法理に合わない」恐れがあり，関連の政策や運用規定において要求が細かすぎることについても孫が懸念を示している。「3条例の改定案ではいずれも党組織の設置を必須としているが，党員でなければ社会組織を設立できな

第 4 章　公益圏の制度づくり

いことになってしまう。これは適切な規定とはいえない」と孫が指
摘する[9]。

　孫氏のこの指摘は現在まさに現実問題として現れている。2017
年 9 月 4 日，かつて清華大学 NGO 研究所で研究助手を経験し，現
在北京師範大学社会発展と公共政策の博士課程に在籍中の汪偉楠が，
WeChat 上における公益圏の主要な「論壇」の 1 つ「第三部門思
想匯（第三領域思想コレクション）」において，「《慈善法》実施周年，
談 " 慈善組織 "（慈善法実施一周年，慈善組織を語る）」と題する文章
を発表している[10]。2017 年 8 月末まで，慈善法の規定に基づき「慈
善組織」として認定された組織は 2,109 団体に上り，うち 513 団
体が公開募金の資格を獲得しているが，「慈善組織」を一体どのよ
うに認定するのか，法的に明確ではないと汪が指摘する。慈善組織
の登記方法については，すでに 3 条例に基づいて社会団体，社会
サービス機構，基金会に登記済みの組織が，改めて慈善組織に認定
されるための申請方法のみが規定されており，新設の組織は，結局
は「慈善組織」に直接登記することができず，既存の 3 条例にし
たがって登記を進めるしかない。3 条例の改訂が進められているも
のの，現段階では「二重管理」の対象とならず直接登記できるのは，
前述のとおり「業界団体や商工会」，「科学技類」，「公益慈善類」，「都
市と農村でのコミュニティサービス類」という 4 類型の組織である。
そのうちの「公益慈善類」の認定基準は明確とはいえず，慈善法で
規定する「慈善組織」との関係性も曖昧なままである。

　このように，慈善法の成立によって，「慈善」という文脈におい
て民間公益組織の権威（公共に関わる資格）を認める法的根拠が定

9　読書会社交プラットフォーム WeChat 公式アカウント，http://www.dushuhui423.com/
　　Source/MediaChannel/PublicClassDet/079a7471-9c0a-423a-8647-7db052e5591e（2017
　　年 10 月 19 日参照）。
10　第三領域思想コレクション WeChat 公式アカウント，http://mp.weixin.qq.com/s/
　　FfQ2_idhBl401SyqzrlkZg（2017 年 9 月 24 日参照）。

167

められた。しかし，法人登記の道が従来よりも格段に開かれたかといえばそうではなく，むしろ従来の3条例に従って法人登記し，そこの中でも要求された条件をクリアできる組織が，「慈善組織」として認定を受けるという事実上の「選抜システム」ができあがっているようにも見受けられる。「選抜」を勝ち抜くことができれば，募金や慈善信託などの面で優遇が受けられる。公益人たちにとってそれはチャンスをもたらすかそれとも困難をもたらすかは一概にいえず，規制が緩和されたかそれとも強化されたかも，一言ではいえない。現段階でいえるのは「公益人にとっては，要求されるハードルが高くなり，よりプレッシャーを感じるようになった」ことだけなのかもしれない。

4. 公益組織の制度化に関する問題提起

「制度化」は中国ではよく「規範化（Normalization）」と並べて使われる。本書は中国国内の「公益人」の視線から制度化を考察してきたため，海外のNGOに対する制度規制について論じていないが，「慈善法」とほぼ同時期に「中華人民共和国境外非政府組織境内活動管理法（外国NGO管理法）」も公表されている[11]。海外の価値観の侵入を防ぐことが意図された法律として日本で紹介され，「社会統制の強化」「中国社会の後退」と指摘された[12]。まさに「規範化」としての制度化である。「規範化」は個人による自発的なボランティア活動にまで及び，2017年6月，「志願服務条例（ボランティアサービス条例）」が国務院常務会議で可決され，同年12月1日より実施

---

11 この法律の内容については，下記の文献を参照されたい。岡村志嘉子，2016,「海外NGO国内活動管理法の制定」，http://www.dl.ndl.go.jp/view/download/digidepo_10133187_po_02680108.pdf?contentNo=1&alternativeNo=（2017年9月27日参照）。

12 杉下恒夫，2016,「中国社会の後退に繋がる『外国NGO管理法』」，https://www.jica.go.jp/aboutoda/odajournalist/2016/377.html（2017年9月27日参照）。

第4章　公益圏の制度づくり

となった。「慈善」という言葉でカバーしきれない，自由意志に基づく活動と組織全般が「規範化」の範疇に収められた。

　しかし，制度化は規範化だけを意味すると，許容度が低くなり，多様性が損なわれやすい。規範化の中で保障される権利と引き替えに，規制を受け入れ自由裁量の余地が失われる。制度が過密であればあるほど規定がより多くより細かくなり，制度間の矛盾が生じやすくなる。さらに1つの制度ができると運用するための規定や規則もまた雪だるま式で増えていく。慈善法は公益人に「慈善事業従事者」という合法的社会身分を付与しようとしているが，それは裏を返せば，「慈善事業従事者」の道しか選べなくなってしまうことを意味する，ともいえる。

　「規範化」という意味で制度化が進むと，厳密性や緻密さが要求され選択肢が削られていくこととなる。公益人にとっては，「多様な選択肢が保障される制度化」のほうがより望ましいと考えられるが，現状のままでは，おそらくその方向には向かないであろう。

169

第 5 章

公益圏の活動資源の獲得

前章で取り上げた「慈善法」も公益圏の人々の間で議論が巻き起こった大きな論点であったが，公益人たちが最も気にする話題は，やはり「活動資源」を如何に得るか，である。公益人が誕生し再生産されていくには，公益が「生業」として成り立つことが条件となる。彼らが活動や事業を実施するために必要とされる「資金」や「人材」などの資源はどのように供給されているのだろうか。本章では公益人の生存にとって最も重要だと考える「活動の資金と人材」に注目したい。

第1節　大型ネット募金キャンペーンの旋風

　2017年2月から5月まで，筆者は国際交流基金のフェローとして来日した中国のNGOリーダー，農村の留守児童の心理的ケアに従事する「上学路上」の創始者 劉 新宇氏のサポート役を担当することになった。公益組織の活動資金はどこから来るのかについて質問したところ，彼は「ネット募金キャンペーン」の絶大な効果を強調した。それは，3年前からテンセントが主催している年1回の「99公益日」マッチング募金キャンペーンである。

　2017年9月9日，3回目となる「99公益日」が興奮の渦の中で幕を閉じた。この募金キャンペーンは，テンセント公益基金会が拠出金を決め，パートナーの企業や基金会も出資し，募金を集めるプロジェクトに寄付すると，その金額にテンセントそして他のパートナー企業や基金会からもマッチングの金額が足されて，合計金額が寄付される仕組みとなっている。第3回となる2017年は300の企業や団体がパートナーとなり，299名の各界の著名人やリーダーが支援者として宣伝に協力している。テンセントネットニュースの報道によれば，3日間に寄付に参加した人数はのべ1,268万人であり，寄付金額は8.299億元（約141億830万円）である。テンセント基

第5章　公益圏の活動資源の獲得

金会によって拠出された 2.9999 億元とパートナー企業よりマッチングされた 1.77 億元と合わせると，合計 13 億元（約 221 億円）を超える寄付金が集まり，募金キャンペーンに登録した 6,466 の公益プロジェクトが資金

図5-1　2017年の99公益日のキャッチコピー「一緒にいると奇跡が起きる」

を獲得できたという[1]。2015年の寄付者数と寄付金額は205万人と1.279億元（約21億7,430万円），2016年は677万人で3.05億元（約51億8,500万円）[2]であったのに比べると，3度目の8.299億元は急激な増大だといえる。

募金を希望する公益組織には徹底的に「透明性」が求められる。2015年と2016年の99公益日に参加していた公益組織は，寄付を募ったプロジェクトのうち90％以上の情報公開をテンセントのプラットフォーム上で行わなければならない。初めて参加する組織は今までの募金プロジェクトの情報を100％公開しなければならない。2017年8月まで，テンセントが要求する「募金額の推移，詳細な支出情報，事業達成経過報告」などの情報公開を完成させたプロジェクト数は7,231に上り，一件当たり50万元以上の寄付が集まったプロジェクトについては，97％が情報公開をしているという。さらに，基金会中心網（基金会センターネット）が第三者評価チームを発足し，99公益日の寄付の使用状況について追跡調査を行い，

---
[1]　捜狐ニュース http://www.sohu.com/a/191089485_749931（2017年9月28日参照）。
[2]　2016年はテンセント公益基金会による1.9999億元と，パートナー企業による1.01億元を合わせると，合計6億元を超え，3,643の公益プロジェクトが資金を獲得したが，2017年の寄付総額はそれより倍増している。

分析報告を出す予定だという[3]。

　登録する募金プロジェクトの紹介文は，思いや目的，人を引きつけるためのストーリーだけではなく，プロジェクト予算（寄付目標額）と用途の詳細な内訳，寄付者に対するフィードバックの方法，領収書の出し方なども明記しなければならない。筆者が代表を務める日中市民社会ネットワーク（CSネット）も今回の99公益日に，自然教育の第一線で働く実践者を育成する人材研修プログラムのための募金プロジェクトを登録した。目標金額は158,400元であり，10回の基礎研修（受講者300名予定），3回のワークショップと講師研修などの項目を丁寧かつ明確に図表で示している[4]。キャンペーン開始後，この募金呼びかけの文章がWeChatの関連グループで転送され，関係者がそれぞれ自分のWeChatに友人登録をしている人々にプロジェクトを紹介し寄付を募った結果，3日目の昼頃に目標金額に到達した（マッチングされた金額も含まれる）。この3日間の募金キャンペーンによって，1年間をかけて実施する予定の人材研修プログラムの資金が確保されたのである。

　実際，99公益日は単なる「募金イベント」を超えて，多くの公益組織にとって重要な「資金源」となっている。なぜなら募金の高潮は「マッチングマネー」がゲーム感覚で加算される9月7日から9日までの3日間に集中するが，その後もプロジェクトへの継続的な寄付が可能だからである。このことは2017年の公益日に先立ち，テンセント公益ネットが発表した「99公益日愛心回訪：過去的一年，他們怎麼様了？（99公益日成果の検証：過去の一年，彼ら

3　経済観察ネット，「99公益日進入第三年：透明化成為新亮点（99公益日が三年目に－透明化が新たなハイライトに）」，http://www.eeo.com.cn/2017/0829/311634.shtml（2017年9月28日参照）。

4　日中市民社会ネットワークWeChat公式アカウント，http://mp.weixin.qq.com/s/9CsskEl-uiLfi-4kGzJMaw（2017年9月28日参照）。

はどうなった）」に登場した公益組織の事例[5]から推測できる。2016年の99公益日で支援を得た公益組織の「その後」が紹介されている。例えば孤児の教育などに従事する公益組織「春暉博愛関愛之家」の孤児医療支援プロジェクトは，2016年の99公益日の寄付キャンペーンにおいて572万元を獲得し（内訳は一般寄付者から210万元，達理基金会のマッチングから168万元，テンセント公益基金会から109万元，その他のパートナー企業からマッチング寄付85万元[6]），獲得金額は全プロジェクトのうちの14位を占めた。その後もこのプロジェクトへの寄付はテンセントの公益プラットフォームで継続され，2017年6月までにさらに1,164人による34,903元の寄付が得られたという。このように99公益日は単なる「集金キャンペーン」ではなく，公益組織にとっては広く人々に知ってもらうための「競演」の舞台であり，その後の継続的な支持者を得るための「つかみ」となるイベントでもある。

　そもそも99公益日の狙いは「募金」という行為そのものではない。2007年，テンセント公益プラットフォームが中国初のネット公益チャンネルとして開設され，公募資格を有する大きな基金会と連携し，多様な募金プロジェクトを進めてきた。2015年の99公益日発足前までに，すでに842万人がネット寄付を行い，4.6億元が集まったという。2015年3月，テンセントのCEO馬化騰氏が全国人民代表として人民代表大会において「関于以"互聯網＋"為駆動，推進我国経済社会創新発展的建議（『インターネット＋』をエンジンに，我が国の経済と社会のイノベーションを促進するための提案）」と題す

5　テンセント公益ネット，2017年9月3日，「99公益日愛心回訪：過去的一年，他們怎麼樣了？（99公益日成果の検証：過去の一年，彼らはどうなった）」http://mp.weixin.qq.com/s/tPnhIS1H8DkEXj2AqiG5bA（2017年9月27日参照）。
6　春暉博愛関愛の家之ホームページ，2016年9月23日，「春暉博愛99公益日獲572万元，網絡籌款再創新高（春暉博愛が99公益日に572万元を獲得し，ネット寄付の新記録）」，http://prod.chbaf.org/cn/node/649（2017年9月27日参照）。

る議案を提出した。「インターネット＋」とは，インターネットの
プラットフォームや情報通信技術を生かし，インターネットと伝統
産業を含む各種業界とを結合させ，新たな「生態」を創出すること
を意味すると馬が解説している。この提案が国家戦略として採用
され，2015 年 7 月 4 日，国務院が「関于推動“互聯網＋”行動的指
導意見（『インターネット＋』行動を積極的に推進する指導意見）」を発
表し，インターネットを消費の領域にとどまらず，生産の領域に活
かし，産業発展のレベルと各業界のイノベーション能力を高めるた
めの指針を示した。以来「インターネット＋」が各業界で盛んに用
いられるようになった。99 公益日はまさに「インターネット＋公益」
のモデルを示そうとした事業であり，インターネットを公益領域に
活かす場合，どのような新たな「生態」を作り出せるのか，模索す
るための戦略的大実験だといえる。

　それはどんな「生態」なのだろうか。テンセント創業者の 1 人，
テンセント公益基金会創始者兼理事長の陳一丹氏が，「生活に浸透
するライフスタイルとしての公益」と表現している[7]。99 公益日は
「公益業界のパーティー」ではなく，「全民公益参与方式」を開く入
口と期待されている。一回の募金ではなく，それぞれの日常におけ
る「公益への継続的な注目と多様な形での参加」（テンセントは「情
景化公益」と呼ぶ）が目指されている。そのためのアプリをテンセ
ントが提供している。例えば，ウォーキングの歩数に合わせて募金
できるアプリ，歌やゲームで遊ぶと募金できるアプリなど，99 公
益日終了後の人々の「日常」に，テンセントのネット技術を使って
「公益」の要素を浸透させることこそが，この募金キャンペーンの

7　捜狐ニュース，2017 年 9 月 10 日，「99 公益日 1268 万人次捐款 8.299 億元，加上
　配捐超過 13 億元！基金会中心網将跟踪善款流向（99 公益日 1268 万人が 8.299 億
　元を寄付，マッチングを加えると 13 億元超え！基金会センターネットが寄付金の今
　後を追跡する予定）」，http://www.sohu.com/a/191089485_749931（2017 年 9 月 27
　日参照）。

狙いである。それは、テンセントのビジネスそのものに結びつく。

図5-2 99公益日の宣伝イラスト「愛に満点を 99＋1」

さらに、99公益日に関わる300社のパートナー企業／団体もCSRの一環としてそれぞれの事業に「公益」を取り入れ、消費者や関係者を「日常の公益生態圏」に巻き込んでいる。例えば不動産会社「華潤万家」は全国2,833店舗で貧困家庭の母親が伝統手芸の仕事に従事するための「釣銭募金」を行っている。ジュエリーの販売会社周大福は全国2,000以上の店舗で消費者とともに絶滅危惧種の鳥と生息地の保護を行っている。大手宅配業者順豊は「思いやり宅配」を行っている。規模の大きいパートナー企業が一斉に公益を事業に取り入れていくことによって、「趣味」のように「公益行動」を一人一人の生活に浸透させ、「全民公益」という「生活の新常態」を実現していくことが、99公益日の真の目的とされる[8]。

では、公益人たちは99公益日をどう評価しているのだろうか。今年もこの「公益の盛宴」に関する多くの議論がWeChat上で発表された。NGO2.0という公益組織に情報技術サービスを提供する会社は、関連する18の議論のリンクを1つの文章に集めて発表している[9]。公益組織と公益領域にとって、99公益日がどんな意味を持つのか、どんな課題があるのかに関する多くの意見が示されているが、「99公益日、テンセントと公益組織、どちらが勝者？」と題

---

8 同上。
9 NGO2.0WeChat公式アカウント、2017年9月12日、「争鳴99公益日,你賛或者不賛,観点都在這里（99公益日論争、好きだろうと嫌いだろうと、議論はすべてここにあり）」、http://mp.weixin.qq.com/s/L4h4MvwzHrz6Rw9CxW5R0w（2017年9月28日参照）。

する文章の著者，劉暁雪の意見が多くの公益人の感想を代弁しているように思われる[10]。99公益日の最大の価値は，公益組織の募金能力の向上にあり，公衆の参加の促進ではない，と劉は結論づける。

　　連続3年間の99公益日の最大の価値は，それによって公益組織の「募金を集める意識と能力」が高まり，それぞれが一定範囲でファンを獲得するようになったことである。この点は，公衆の参加と公衆による寄付を刺激するよりずっと顕著である。なぜなら実際公衆の参加は公益組織の努力によって得られるわけで，テンセントが参加を増やしているわけではない。公益組織が参加者を増やし，その参加者の情報をテンセントに提供しているのが現状である。

　　公益組織が自ら動員した寄付者は，すべてテンセントのプラットフォームに登録され，情報が吸収され，公益組織の手元には来ないし，継続的にアプローチしていき，ケアしていくこともできない。この意味では，テンセントが「公益組織の募金能力向上」への貢献も限定的である。なぜなら，寄付者の獲得とケアは，公益組織の募金能力にとって不可欠な一部だからである。

　このように，テンセント側は自らの技術と強力で大規模なパートナー企業のリードによって，「ライフスタイルとしての公益」の浸透が可能だと考えているが，公益人から見れば，寄付文化の主導権をネット企業などの大企業に握られることは，公益への人々の参加を真に促進するものではなく，公益組織のエンパワーメントという

10　劉暁雪 WeChat 公式アカウント「向上的生命（向上する生命）」，2017年9月12日，「99公益日：騰訊与公益組織到底誰輸誰贏（99公益日，テンセントと公益組織，どっちの勝ち？）」，http://mp.weixin.qq.com/s/5Xek4O2dgTLeuH0lOQ-6VA（2017年9月28日参照）。

意味でも限定的な効果しかない，との見解が示されている。大企業主体の「技術と規模とビジネス」によって，趣味のような手軽な「ついで公益」で「全民公益」を実現しようとするテンセントと，自らの支持者層を獲得し，公益への「意識ある参加」を増やしていくという公益人の姿勢との乖離が見られる。ただ，99公益日の影響力は今後も拡大していくと予想され，そこから資金を得ることと引き替えに，公益組織は何を失うのか，公益人たちの思索と議論も繰り返されていくであろう。

第2節　ネット寄付の日常化とその功罪

WeChat が日常に不可欠なツールとなり，いつしかネット募金も人々にとってすっかりなじみのある「普通のこと」となった。法的には公募資格のある団体（公募基金会）とそうではない団体に関する厳格な規定があるが，WeChat 上のグループではしばしば特定の個人や出来事を支援するための募金の呼びかけ文が投稿され，転載されている。人々は呼びかける主体に公募の資格があるかどうか特に気にする様子はなく，共感できるものには WeChat Payment を使ってすぐに好きな金額を寄付でき，友人たちに薦めることもできる。それは，WeChat のマイウォレット機能に「公益募金」が他の消費や公共料金の支払いと同様に，最初からメニューに組み込まれていることによる部分が大きい。

WeChat のマイウォレット機能は今や人々が最も日常的に使用する決済ツールとなっている[11]。銀行カードを登録しておけばさまざ

---

11 電子決済サービスの利用は中国で急速に普及しており，アリババによる Alipay とテンセントによる WeChat Payment が最もよく使われており，2015 年の報告によれば前者は 8 億人，後者は 6 億人の利用者がいるという。2015 年の中国のモバイル決済の取引額は約 9.3 兆元（約 153 兆円）に及び，5 兆円程度の規模とされる日本の 30 倍の規模だという。https://honichi.com/news/2016/07/07/torihikigaku153choenn/

まな料金の支払いができるだけではなく，投資もできる。シェア自転車や各種公共交通のチケット購入，映画入場券の購入，ホテル予約や物品の団体購入への参加，タクシーを呼ぶ，フードデリバリー，家政婦や各種ホームサービス，服のショッピングなどができるのは当然の機能だが，それらと同じ感覚で寄付の選択肢が提供されている。「マイウォレット」の画面を人々は毎日何度も見る機会があるため，「寄付が日常における普通の活動」というイメージを抱くようになる。

　「寄付」のボタンをクリックすると，テンセントの募金プロジェクト紹介のページに飛ぶ。「疾病救助」，「貧困扶助／災害救援」，「教育／就学支援」，「環境保護／生物保護」，「その他」と分類された多くの募金プロジェクトが挙げられている。2017 年 9 月 29 日現在，掲載されたプロジェクト数は上記の順番でそれぞれ 16,458 件，3,969 件，7,745 件，1,373 件，そして 5,854 件である。これらのプロジェクトはテンセントの審査を経て登録される。公募資格のない団体や個人によるプロジェクトは，募金はいったん有資格団体に預けられ，そこから必要な手続きを経て支払われる。

　ネット募金のサービスを提供しているのはテンセントだけではない。2016 年 8 月，慈善法の施行に先立ち，民政部が 13 のネット募金サイトを慈善組織への公式な寄付サイトとして認定することを発表した。全国人民代表大会と政治協商会議の代表，公益慈善領域の専門家，インターネットのエキスパート，公益組織の代表，マス

（2017 年 9 月 29 日参照）。この数字は本章第 2 章で取り上げた第 39 回「中国互聯網絡発展状況統計報告（中国インターネット発展状況統計報告）」のデータよりもさらに多い数字となっているため，中国国外の利用者も含めたものだと推測される。なお，現在はさらに WeChat が著しく普及しているため（およそ 10 億人と推測される），この数字はますます跳ね上がっていると予測される。WeChat の利用者同士なら簡単にお金のやりとりができるため，都市部だけではなく農村部においても，店舗だけではなく青空市場においても，携帯端末を用いた電子マネーの取引が行われ，キャッシュレスの状態に近い，というのが中国を訪問する際の実感である。

第5章　公益圏の活動資源の獲得

メディアの代表，寄付者の代表など合計20名によって構成された「審議委員会」が統一した審査基準に基づき，29のネット募金サイトに対して審議を行い，その結果以下の13サイトに絞った。

①騰訊公益慈善基金会（テンセント公益慈善基金会）による「騰訊公益（テンセント公益）」募金プラットフォーム
②浙江淘宝網絡有限公司（浙江淘宝ネットワーク有限会社）による「淘宝網（淘宝ネット）」
③浙江螞蟻小微金融服務集団有限公司（浙江アントマイクロファイナンス・サービスグループ有限会社）による「螞蟻金服公益平台（アントマネーサービス公益プラットフォーム）」
④北京微夢創科網絡技術有限公司（北京リトルドリーム創造科学ネット技術有限会社）による「新浪微博微公益（新浪ミニブログ微公益）」
⑤北京軽松籌網絡科技有限公司（北京楽々募金ネット科学技術有限会社）による「軽松籌（楽々募金）」
⑥中国慈善聯合会（中国慈善連合会）による「中国慈善信息平台（中国慈善情報プラットフォーム）
⑦網銀在線（北京）科技有限公司（ネット銀行オンライン北京科学技術有限会社）による「京東公益（京東公益）」
⑧北京恩玖非営利組織発展研究中心（北京恩玖非営利組織発展研究センター）による「基金会中心網（基金会センターネット）」
⑨百度在線網絡技術（北京）有限公司（百度オンラインネット技術北京有限会社）による「百度慈善捐助平台（百度慈善募金プラットフォーム）
⑩北京厚普聚益科技有限公司（北京厚普聚益科学技術有限会社）による「公益宝」
⑪新華網股份有限公司（新華ネット株式会社）による「新華公

181

益服務平台（新華公益サービスプラットフォーム）」

⑫上海聯勧公益基金会（上海連合募金公益基金会）による「聯勧網（連合募金ネット）」

⑬広州市慈善会（広州市慈善会）による「広州市慈善会慈善信息平台（広州市慈善会慈善情報プラットフォーム）」

　中国新聞ネットの報道によれば，2017 年前半の半年間でこの 13 のネット募金におけるネット募金総額は 7.5 億元を超えており，のべ 4.65 億人が寄付しており，80 年代生まれと 90 年代生まれが寄付者に占める割合が大きく，1 人当たりの寄付額も数元から数十元程度だという。「ネット寄付は大衆化，若年化，小額化の趨勢を呈している」と報道で分析している[12]。

　このように，ネット募金が公益組織にとって無視できない重要な収入源となっている。従って，2009 年以降はミニブログ，2012 年以降はとりわけ WeChat などのニューメディアの活かし方が，公益圏の注目の話題となった。「伝播官員（メディア担当の専門スタッフ）」のポストが多くの公益組織で用意され，上手に「伝播」する方策に関するワークショップやセミナーも盛んに開かれている。2017 年 7 月 2 日，全国初の「公益伝播イノベーションサミット」が北京で開催され，公益領域のドンとされる南都基金会理事長徐永光が「伝播なければ公益なし」と題する講演を行い，次のように述べている[13]。

12　中国新聞ネット，2017 年 8 月 18 日，「上半年慈善組織互聯網募捐平台在線籌款超 7.5 億元（今年の前半慈善組織ネット寄付プラットフォームオンライン募金額 7.5 億元を超える）」，http://www.chinanews.com/gn/2017/08-18/8308337.shtml（2017 年 9 月 29 日参照）。

13　公益時報の WeChat 公式アカウント，2017 年 7 月 3 日，「徐永光説没有伝播就没有公益（徐永光が語る，伝播なければ公益なし）」，http://mp.weixin.qq.com/s/Mn6llqik3vgfQcDnmDnu3w（2017 年 10 月 1 日参照）。「公益時報」は民政部直属の社会組織「中国ソーシャルワーク協会」が発刊する公益領域専門の新聞である。

以前の大衆メディアはマスメディアであり，テレビや新聞を通して一方的に伝えられるものであったが，インターネットメディアの時代に入ると公益伝播もバージョン 2.0 になり，「双方向」となった。今ではさらにバージョン 3.0 が見えており，それはもっと多様で興味深く，例えば SNS，ビッグデータや AI 技術などがすべて活用可能となっている。

　インターネット技術によるニューメディアの無限な可能性に公益組織が心躍る一方で，他方では，効果的にニューメディアを活用できる人（組織）とそうではない者との格差が懸念されている。鐘智錦・李艶紅（2011）は公益組織間のデジタルデバイスについて調査し，ハード面でのデバイスが少ない一方で，規模の大小や資金力，ニューメディアへの認知度によって，さらに活動領域や活動対象の範囲および活動地域によっても，「応用力」における差が大きいと結論付けている。しばしば西部の草の根 NGO のような「ニューメディアの力を必要とする」組織ほど応用能力が低いことが分かる。「多様な形式で弱小の草の根 NGO にニューメディア技術の活用方法を伝授し，デジタル適応能力を高め，組織力のギャップを埋めていく手助けをしていく必要がある」と著者らが指摘する（鐘・李，2011：117）。

　実際，ネット公益資源の分布に著しく「偏り」があることが，公益圏において議論されている。「公益時報」が 2017 年 6 月 30 日の記事において，次のように指摘している[14]。

　　ネット公益の隆盛により多くの弱者が発見され，注目される

14　公益時報「互聯網公益資源分布盲点（ネット公益資源分布の盲点）」，http://mp.weixin.qq.com/s/m3k6kXB4_KZfCbX-K83HDA（2017 年 10 月 1 日参照）。

ようになった。とりわけ寄付の対象者として、助けを必要とする個人、特に疾病救助類が著しく増加し、個人が救助を求める新たなツールとなっているといえる。募金プロジェクトが多様な領域に亘るが、寄付の件数から見れば、大病救助、教育（特に基礎教育における就学支援）に最も集中する。企業家による大口の寄付は高等教育や科学研究のプロジェクトに集中しがちである。

　寄付資源の偏りは99公益日に最も顕著に表れている。2017年の99公益日において、最も多くの寄付を集めたのは「教育就学支援類」であり、全寄付額の31.9％を占めるという。疾病救助類27.42％、貧困扶助と災害救援類9.67％、環境保護及び動物保護6.51％と続く[15]。寄付が集まりやすい分野やプロジェクトに資源がなだれ込む一方で、冷遇される分野には敗者復活の機会がなかなか巡ってこない。このような資源の偏りは、各公益組織のニューメディア応用能力の差にあるというよりも、ネット企業主導のネット寄付の性質そのものに原因があると考えられている。

　本書執筆中の2017年10月1日、公益人が多く利用する「公益慈善論壇」というWeChat公式アカウントに、テンセントを初めとするネット企業が公益圏に与える「負」の影響を論じた文章が掲載された[16]。著者馮百億は、多くの公益人への取材を踏まえて、共

15　捜狐ニュース、2017年9月10日、「99公益日1268万人次捐款8.299億元，加上配捐超過13億元！基金会中心网将跟踪善款流向（99公益日1268万人が8.299億元を寄付、マッチングを加えると13億元超え！基金会センターネットが寄付金の今後を追跡する予定）」　http://www.sohu.com.a/191089485_749931（2017年10月1日参照）。

16　公益慈善論壇WeChat公式アカウント、2017年10月1日、馮百億、「趁着挙国大慶，我們来説説支付宝和騰訊，对民間公益有什麼負面影響吧（国慶節の機に、Alipayとテンセントが民間公益にどんなマイナス影響をもたらしたか語ってみよう）」、http://mp.weixin.qq.com/s/Oqes8R0ambjCl8RXVaRV6A（2017年10月1日参照）。

通して挙げられた３つの「負の側面」を述べている。

　第１は，ネット募金のプロジェクトでは公益人の人件費，創造性のある実験的な模索を支持しないことである。「公益は単なる物資の購入と運搬ではない。必要なのは公益人の知恵，勇気，思想，感情と精神，迅速な行動と鋭敏なアドボカシーである。しかし長い間，民間公益人の収入はそれぞれの地域における平均程度もしくはそれ以下にとどまっており，無給もしくは極めて少ない報酬で働く人もいる。心あれば公益圏のこのような現状に対して，改善に向けて提唱と行動をしていくべきなのに，これらの公益ネットプラットフォームはむしろ逆行し，必要以上に厳しい規則で人員に関する経費を圧迫している」。

　第２に，「安全」なプロジェクトばかり追い求め，リスクのある公益を支持しない。プラットフォームの目立つ場所にはいつも「高度に安全な」プロジェクト（大きな基金会による知名度のあるプロジェクト）が掲載されており，これらのプロジェクトは努力なしでも自動的により多くの寄付が集まる構造となっている。小さな，少々「野性的」で創造的なプロジェクトは，基本的に見つかりにくい場所にある。プラットフォームのあるべき姿としては全方位からのアプローチに対して寛容で，失敗するかもしれないが創造的な試みに対して応援する立場のはずだが，実情はむしろ逆である。

　第３に，公益組織に必要なのはサポートなのに，これらのプラットフォームは「管理者」となっている。本来は公益領域にサービスを提供するはずの募金プラットフォームの運営者や基金会が，資源とツールを手にすると瞬く間に「管理者」，「審査する側」に変身する。「寄付は本来，プロジェクトへの信頼を原則とし，信頼する相手に資金を贈呈する行為だが，中国では，金がほしければ優秀さを証明しろという脅しとなっている」。信頼ではなく疑いを前提とするこのやり方では，公益組織に対して各種審査，評価，監督と管理が欠

かせない。「中国の多くの募金プラットフォームや基金会は、サポートの意味が全く分かっていない。常に自分の安全や省力化のために、公益人に対して次から次へと要求を突きつける。公益人は自らの潔白と効率性の立証に大量の時間を注ぎ込むしかなく、結果、活動の効果が損なわれてしまう」と馮が指摘する。

テンセントやその他のネット企業及びその傘下にある基金会による「インターネット＋公益」の大実験は、間違いなく公益圏全体に影響を及ぼし、公益圏の資源獲得を左右しうる存在となっている。寄付の日常化を促進し、ライフスタイルに公益を取り入れる「全民公益」への期待が見える一方で、他方では、大企業リード、技術とスキル優先、管理志向による弊害を懸念する公益人の声が上がっている。ネット企業のエリート層が主導する「公益生態圏づくり」は、草の根の公益人から見れば渦を巻きながら覆い被さってくる「洪水」のようなものかもしれない。溺れそうになりながらも必死に流れについていこうとする公益人たち。そこから得るのは潤いと生命力なのだろうか。それとも渦に呑み込まれて息つく余裕を失ってしまうのだろうか。99公益日の熱狂とその裏にある公益人たちの活発で辛辣な議論から伝わってくるのは、高速で回転し変化していく中国公益圏の活気と不確かさである。

第3節　巨額の政府購買と基金会の急成長

1．政府がなぜ公益組織のサービスを購買するのか

ネット寄付が公益圏を吹き荒れる新しい旋風だとすれば、「政府購買（政府による委託事業）」の動向とその巨大な資金規模にどう向き合うかは、10年ほど前から公益圏にとってじっくりと登らなければならない「山」のようなものだといえる。社会組織に対する全

国の政府購買の金額は 2013 年にはすでに 150 億元を突破したとされ，公益を「生業」とする上では欠かせない資金源となっている。

(1) 政府購買が展開された経緯

　そもそも最初の政府購買は 1990 年代に遡ることができる。1994年に改革開放の先鋒である深圳市羅湖区が香港の経験を取り入れ，社会組織に事業委託を行った[17]。1996 年，上海市浦東新区も廬山市民会館の運営を上海 YMCA に委託した。当時は全国でも珍しい試みであり，受託した YMCA は専門性と強みを発揮し，各種教室を開催し，子どもたちのキャンプ活動にも力を入れたり，大学生ボランティアや上海に駐在する外国人ボランティアを受け入れたりするなど，社区の活動を多彩なものにしていった（李妍焱, 2005）。2005 年 12 月，「国務院扶貧弁」（貧困扶助オフィス）がアジア銀行や中国扶貧基金会などと連携し，貧困扶助の分野において初の事業委託の実験事業を行うと宣言した。「このプロジェクトは，中国政府が初めて貧困扶助の資源を非政府組織に対して開くことを意味する，典型的な，成功した非政府組織サービス購買の事例である」と評価された（韓, 2008：51）。このような実験的な取り組みが各地で行われると同時に，制度化に向けた地方政府の試みも蓄積されていった。2006 年から 2012 年頃にかけて，北京，上海，浙江，広東などにおいてそれぞれ政府購買に関する具体的な制度化の指導意見が発表されている（李翌萱, 2014）。その後，政府購買が一気に全国範囲に広がり，たとえば北京市政府では 2009 年から「社会建設専用資金」を設立し，社会サービス，ソーシャルガバナンス，社会参加の動員，社会環境の改善，調和の取れた社会の構築，および

---

17 田凱, 2016,「十八大以来中国社会組織政策変革（中国共産党第 18 回全国代表大会以降の社会組織政策の変革）」, https://www.cscollege.gov.sg/Knowledge/Documents/Events/China%20Symp%202016/Socio%20political/Tian%20Kai.pdf（2017 年 10 月 2 日参照）。

その他の住民ニーズに基づくもの，共産党委員会や政府が重視する関連分野でプロジェクトを募集し，社会組織の応募を推進している。毎年 2.5 億元の基金のうち，1 億元が社会組織への事業委託に用いられてきたという。北京市の各区でも同様に基金を設け，毎年合計5,000 万元以上が事業委託に用いられている。2010 年から 2015 年まで，北京市で社会組織に事業委託を行ったプロジェクト数は 2,732個であり，資金は 4.34 億元，参加した社会組織は 51,474 団体におよび，サービス提供の対象者が 2,507.21 万人に達するという[18]。

　2013 年，国務院が「関于政府向社会力量購買服務的指導意見（政府が社会組織のサービスを購買することに関する指導意見)」を発表し，政府購買の全国レベルの制度指針が示された。2014 年，財政部と民政部が連名で「関于支持和規範社会組織承接政府購買服務的通知（社会組織が政府購買を受けることを支持し規範化するための通知)」を発表し，国家工商総局も加わり三機関連名で「政府購買服務管理弁法（政府購買管理方法)」を公布した。2016 年 12 月 1 日，財政部と民政部が「関于通過政府購買服務支持社会組織培育発展的指導意見（政府購買を通して社会組織の育成と発展を支援する指導意見)」を発表し[19]，政府購買が社会組織育成のツールであることを明確にした。

　政府が社会組織に事業を委託する理由として，西洋型の市民社会論では「政府の失敗」や「市場の失敗」がしばしば挙げられる（今田，2014：3-7)。しかし中国における政府購買の理由は，むしろ「政府

18　岳金柱，2017，「政府購買社会組織服務実践探索与創新研究―以北京市社会建設専項基金購買社会組織服務為例（政府による社会組織への事業委託の実践の探索と創造の研究―北京市社会建設専門資金による社会組織への委託を事例に)」，中国社会科学ネット http://www.cssn.cn/dzyx/dzyx_xyzs/201702/t20170228_3433862.shtml（2017 年 10 月 2 日参照)。

19　2013 年以降の中央政府の政策動向については，WeChat 公式アカウント「菌叔」の著者益声君「独家解析，国務院大力推進政府購買服務支持社会組織培育発展！（オリジナル解析，国務院が政府購買を強力に推進し社会組織育成の発展を助力！)」，http://mp.weixin.qq.com/s/SO1bwjaJnB7OsHz9ZTlWhQ（2017 年 10 月 2 日参照)。

の機能転換」が強調されている。例えば上海交通大学第三部門研究センター主任の徐家良が以下の2点を挙げている。「1つは政府によるサービス提供の効率低下を防ぐこと，もう1つは政府の機能転換」である。前者に関しては，人々のニーズに素早く柔軟に反応でき，満足度の高いサービスを提供できるというのが社会組織の強みであると述べ，後者に関しては，「ミクロな，操作的な業務を社会組織に任せ，公共サービスに従事する能力を高めてもらう」ことを主旨とする政府の機能転換の一環であると位置づける（徐, 2016）[20]。しかし，社会組織の強みに関する指摘について，懐疑的な見方も示されている。汪偉楠は，「中国の実情からすれば，社会組織の能力は不十分であり，政府に及ばないことが多い。個人的には，政府購買の問題は政府の視点から解釈したほうが分かりやすい。すなわち政府はその性質上，その職能を厳格に規定すべきであり，あくまで舵取りであるべきだと考える。社会組織の能力が当分未熟で不十分でも，活動の空間を渡すべきだと考える」と述べている[21]。つまり，政府が必要に迫られ社会組織に頼らざるをえなくなった，という訳ではない。政府が戦略的に自らの機能転換を推進するために，社会組織に事業を委託し，社会組織の育成に乗り出したと捉えたほうが分かりやすい。

　本書第3章において，中国の政府と社会組織（公益圏）との関係については，「良性互動」や「相互依存」，そして「政府による社会組織の戦略的育成」といった捉え方を紹介した。これらの捉え方の拠り所として，この10年以来の政府購買の展開が挙げられる。社

---

20 徐家良，2016，「政府購買社会組織公共服務制度化建設若干問題研究（社会組織による公共サービスへの政府購買の制度化問題に若干の研究）」，『国家行政学院学報』2016年第1巻，http://kyhz.nsa.gov.cn/xzxy_kygl/pf/xzxywz/yksInfoDetail.htm?infoid=2793（2017年10月3日参照）。

21 汪偉楠，2017，「為何政府要購買服務（政府はなぜサービスを購買するのか）」，第三部門思想セレクトのWeChat公式アカウント，http://www.chinadevelopmentbrief.org.cn/news-19717.html（2017年10月3日参照）。

会のニーズや課題に敏感に反応し応えようとする公益圏の動きに対して，政府は登記制度や管理制度の模索を行ってきたことは第4章で述べたとおりだが，政府による管理と誘導に資金面の裏付けができたことにより，政策効果が格段に上がると考えられる。

（2）公益人から見る政府購買

　政府購買の普及と大規模化に伴い，公益圏では政府購買を如何にゲットするかに関する議論が増えている。2013年の国務院による指導意見においては，委託の入札に参加する社会組織に対して，独立した法人格，決まった事務局の場所，専任スタッフ，健全な組織構造と内部管理，情報公開と民主的な監督制度，健全な財務と資産管理，良好な納税と社会保険料の納付記録などを要求している。しかし実際は資金の具体的な出所と性質によって使い方が異なるだけではなく，部門や地域によっても異なるため，獲得するには「政策の意図」を読み解き，「資金の出所の性質」を把握し，「競争相手を知る」必要があると，ベテランの公益人がアドバイスしている[22]。

　一方で，公益圏における議論を見ていると，政府購買への懸念も多く提示されている。現象的，方法論的課題を指摘する声が多い中[23]，複数のWeChatグループで転載されていた上海大学准教授黄

22　博世益学堂のWeChat公式アカウント，2017年6月22日。「NGOers必入，"老司機"教你如何向政府申請購買服務！（NGO人必読！ベテランが政府購買の申請をどう行うか教えよう）」，http://mp.weixin.qq.com/s/fYbZpKvymp0m0N-ybHgwfQ（2017年10月3日参照）。

23　例えば星辰壹号社創支持センターのWeChat公式アカウントで2016年1月21日に掲載された「政府購買社会組織公共服務仍処初始階段（政府による社会組織のサービス購買はまだ初期段階にある）」においては，資金の出所が複雑で，政府側の担当部署が複雑で分かりにくく，具体的な手続きの制度化が進んでいないこと，政府関係部門の過度の介入により，入札の公平性が確保できないこと，入札のプラットフォームの能力が低く，仕事の効率が悪いこと，入札過程における「不信」が社会的関係資本を損ないかねないことなど，政府側の姿勢や仕事の方法に見られる課題を挙げている。http://mp.weixin.qq.com/s/lgkau-WXKlU2QLExsFzC6g（2017年10月3日参照）。

暁春の文章は，政府購買の実践におけるロジックそのものの課題を提起し，「隠れたロジックによる制度的効果は，公益組織に予期せぬ影響を及ぼしかねない」と分析する。「隠れたロジック」とは，「行政システム改革内部のロジック」だという（黄，2017）。「目下中国で進行中のガバナンスの転換は立体的な改革の複合体であり，政府の機能転換，法治化，財政介入のモデル改革，さらに社会の活力の刺激策，多角的な協働によるガバナンスの戦略的布置も含まれている」と黄は指摘し，「政府購買」はこれらの改革のすべてを一本の線で結ぶような複雑な過程であり，「決して単純に国家－社会関係という軸だけで説明できるものではない」と述べる。

　行政システム改革内部のロジックとして，黄は以下を指摘している。

1. 決定がほとんど行政システム内で完成されるため，基層自治や民主協商制度の提唱とは制度的に全くつながらないこと。従って透明性が低く，予算施行の厳格化の逃げ道として社会組織を「外郭団体化」する傾向も見られる。
2. 地方政府の「横」の業績争いのため，管轄地域内の社会組織を孵化し優遇することが多い。広範囲のサービスが困難となる。
3. 行政システム内の縦割りにより，委託事業に対して包括的に評価するための情報収集が困難である。結果的に事業の財務と事業目的の達成状況によって評価するしかなく，事業の社会的効果を測ることができない。

　黄は上記の3点を踏まえ，「本来なら住民のニーズと社会的価値によって方向付けられるべき社会組織は，社区自治や多角的ガバナンス制度とつながり，基層の人々に寄り添う形で発展していかなければならないが，目下の政府購買ではこの形が支持されない」と指摘する。行政は社会組織を「手足」としてしか見ておらず，社会問

題の発見と提起，弱者の利益の代弁などの社会組織の役割は果たされない。

「公益慈善学園」というよく知られる公益圏の WeChat 公式アカウントに，華中師範大学教授鄭広懐によるオリジナル文章「別譲政府購買服務蜕化為収買和操控（政府購買を買収と操縦に変えるな）」が 2015 年 12 月 15 日に掲載されている。社区サービスセンター（行政によるコミュニティ施設）の事業受託を念頭に，以下の 4 点を強調している[24]。

①我々（公益人）は召使いではない。ガバナンスのパートナーだ。
②社区とソーシャル・ワーカーと公益組織の三者の安定的な関係性が必要。短期的な投機的行為として政府購買を行ってはならない。
③社区サービスセンターの人員のサポート，人材育成を強化すべき。
④評価制度を明確に。

このように，主に行政改革の一環として進められてきた政府購買が，真に公益組織の活性化につながるのかについて，厳しい見方が示されている。今までの「政府購買」の傾向を見れば，「サービス提供型」組織のみが対象とされ，権利擁護団体，純民間シンクタンクなどが入り込めないこと，さらにはプロジェクトベースで事業資金が投入されるが，組織づくりと人のエンパワーメントには投資されないことが大きな問題だと考えられる。政府の財源による事業委託は，「政府の意図に沿うサービス供給のプロジェクト」にのみ投資され，社会問題を発見し，原因を追及し，新たな社会的価値を提唱していく市民の活動，市民組織の成長には寄与しにくい。

---

24 公益慈善学園 WeChat 公式アカウント，2015 年 12 月 15 日，鄭広懐，「熱点観察　別譲政府購買服務蜕化為収買和操控（政府購買を買収と操縦に変えるな）」，http://mp.weixin.qq.com/s/zOOHiIJlWOMciMlDBPfU7g（2017 年 10 月 17 日参照）。

前章で述べたように，公益人は「慈善事業従事者」として社会的に活動する資格を正式に獲得したのと引き替えに，「何者でありたいのか」を選ぶ余裕をなくすこととなった。同様のジレンマを活動資金の獲得においても抱えているといえる。社会サービスの提供者として政府から資金を得る代わりに，「どんなことがやりたいのか」にこだわる余裕をなくすこととなった。自らが求めたいことや望むあり方と，資源獲得の戦略との間で揺れ動き，バランスを探りながら生業となる公益を実践している公益人たちの姿が見えよう。

2．基金会の勢力拡大

（1）基金会の急増と現状の概要

公益圏を動かすもう1つの勢力が，急速に拡大する基金会である。慈善法が施行されるまで基金会は「公募型」と「非公募型」に分かれていたことについてはすでに述べたが，民間の基金会はほとんど非公募型であり，その増加ぶりは著しく，図5-3（次のページ）が2004年「基金会条例」が成立してから2014年8月頃までの10年間における基金会の推移である。非公募型（民間）の基金会の数は2010年を境に公募型を逆転し，その後も急カーブで上昇してきたことが分かる。

2010年7月8日に，35の著名な基金会が名を連ねて「中国基金会中心網（中国基金会センターネット）」を設立し，オンラインサービスを開始した。その使命とは「基金会業界の情報公開のプラットフォームとなり，業界の発展のためにキャパシティ・ビルディングのサービスを提供し，業界の自律性と社会的信頼を高めるための仕組みづくりを行い，良好な，透明の公益文化を育成すること」だという[25]。基金会センターネットには全国の基金会を網羅したデータ

25　基金会センターネットが発行した『民間背景基金会発展趨勢分析2011』より，http://www.foundationcenter.org.cn/shushuo/uploadFile/20150917130547.pdf（2017年10月20日参照）。

図 5-3 基金会の急増

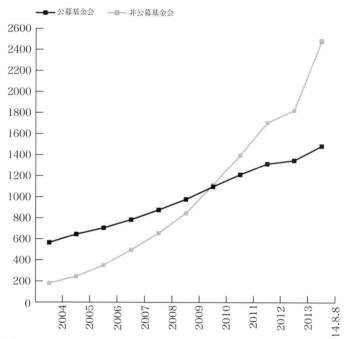

出典：https://infogram.com/1-817818883573636（原始データは中国基金会センターネットより）

ベース機能，各種指標に関するランキング機能，透明指数の検索機能，民政部公認のネット寄付機能が備わっているだけではなく，「業界分析機能」もその重要な役割であり，2017 年 10 月 20 日時点で基金会及び関連テーマに関する多種多様な調査報告書 234 本が公開されている。基金会業界の全容把握のみならず，動向と特徴を捉える上でも不可欠な分析素材を提供している。

　基金会センターネットによるリアルタイムの統計データによれ

ば，2017年10月20日現在，基金会の数は6,267団体に達する[26]。基金会センターネットのデータベースでは所在地ごと，分野ごとに検索ができる。基金会の地理的分布を見ると，広東省が最も多く936団体であり，北京770団体，江蘇省651団体，浙江省568団体，上海412団体，福建省293団体と続き，経済が発達している地域への集中が見られる。基金会が注目する公益分野については表5-1にまとめられる。

表5-1　基金会が注目する公益分野（2017年10月20日現在）

分野	数	分野	数	分野	数
教育	2,824	環境	246	女性	73
救貧	1,298	勇気ある善行	226	スポーツ	70
医療救助	614	社区発展	220	ボランティア	62
公益事業の発展	576	衛生保健	203	国際	49
文化	504	青少年	185	法の執行	43
災害救援	494	藝術	174	心理ケア	23
高齢者	421	公共安全	171	少数民族	20
科学研究	383	公共サービス	154	華僑	18
障がい者	290	起業就業	143	動物保護	12
児童	274	三農問題	94	市民権と人権	2

注：中国基金会センターネットのデータベースに基づき筆者がまとめた。

　このように，教育と救貧分野への注目が突出しており，特に教育分野には各大学の教育基金会と各行政区の青少年基金会[27]が含まれるため数も膨大となる。基金会センターネットのデータベースには資産総額，情報公開の透明度，寄付総額，公益事業支出額，政府補助金額などの各項目のランキングも掲載されている。資産規模が上位の基金会を見ると，2015年度の1位は清華大学教育基金会の51億7,273万元，2位北京大学教育基金会が40億2,478万元となっており，成功したOB・OGからの大口寄付が多いことが理由として考えられるが，本章冒頭で公益圏に旋風を引き起こしたテンセン

26　基金会センターネット http://www.foundationcenter.org.cn/（2017年10月20日参照）。
27　共産党青年団によって設立された基金会。

ト基金会でも7億2,251万元であった[28]ことを鑑みると，如何に教育分野，かつ国によって権威と正当性が保障されたブランドに資源が集中しやすいかが伺えよう。また，救貧や医療救助（貧しさゆえに医療を受けられない者の支援）のような，貧者に対する慈善事業に注目が集まりがちであり，逆に市民権と人権，動物保護，少数民族，心理ケアなど，マイノリティや弱者の権利擁護に関わる分野への関心が極端に希薄だといえる。

　基金会の分類について，公募型と非公募型については紹介済みだが，基金会センターネットでは民間基金会と非民間基金会に大別しており，民間基金会には企業型，家族型，社区型と独立型の4種類が含まれる。非民間基金会には政府系基金会と国有企業が設立する基金会が含まれる[29]。基本的にこの分類に沿った形で，インディアナ大学公共政策博士の王群が2015年9月16日にWeChatアカウント「善与志（善と志）」に投稿した文章では，さらに学校型と宗教型を追加し，表5-2のように2013年時点での基金会の分類と数を示している[30]。

　「体制内」基金会とはいわゆる政府系基金会であり，党や政府機関もしくは人民団体（労働組合や婦女連合会などの政府の外郭団体），国有企業が設立し，政府の資源を用いて業務を行い，補助金をもらうことも多く，圧倒的多数が公募資格（不特定多数に向けて募金を集める資格）を認められ，「公募基金会」となっている。「企業型」とは民間企業もしくは企業家が単独で出資して設立する基金会であり，企業のスタッフによって運営されることが多く，企業CSRの

28　中国基金会センターネットのデータベースによる。http://data.foundationcenter.org.cn/foundation.html（2017年10月21日参照）。

29　基金会センターネットが発行した『民間背景基金会発展趨勢分析2011』より，http://www.foundationcenter.org.cn/shushuo/uploadFile/20150917130547.pdf（2017年10月20日参照）。

30　王群，「对我国基金会性質和類型的簡述（わが国の基金会の性質と類型に関する概説）」，善与志（WeChatアカウント shanyuzhi2015），2015年第7号，http://ricf.org.cn/wp-content/uploads/2015/09/pdf（2017年10月22日参照）。

196

第5章　公益圏の活動資源の獲得

表 5-2　基金会の分類（2013 年頃）

分類	民間	非民間	公募	非公募	全国	地方	合計	2003 年の数
体制内	0	1498	1250	248	94	1404	1498	495
企業型	658	0	13	645	40	618	658	17
独立型	349	217	32	534	25	541	566	58
学校型	32	440	4	468	17	455	472	21
家族型	53	0	0	53	6	47	53	16
宗教型	45	4	10	39	1	48	49	5
社区型	40	6	0	46	1	45	46	2
合　計	1177	2165	1309	2033	184	3158	3342	614

注：基金会の数は 2013 年頃の統計と思われ、3342 団体であった。それを「民間／非
民間」「公募／非公募」「全国／地方」の 3 つの軸でそれぞれ区別して分類し、「基金会
条例」が施行される 2004 年前の数と比較している。

一環として位置づけられることも多い。「独立型」とは社会団体や
企業，有名人，高所得者が連名で発起人となって設立する基金会で
あり，他団体や個人に依存することなく独立して運営される。「学
校型」とは主に大学が設立する基金会であり，「家族型」とは資産
のある家族が，家族のメンバーもしくは家族の使命を全うするため
に設立する基金会である。「宗教型」とは寺や教会などが設立する
ものであり，「社区型基金会」とはコミュニティ財団の中国語訳で，
一定の地域の範囲内で救援・支援活動を行う基金会である。

　このように基金会の種類は多様化を見せているが，他方では「非
民間」の基金会の勢力が大きく，制度的にも知名度的にも優位に立
ちやすいのが特徴的だといえる。

(2) 公益圏のデザイナーと育成者としての民間基金会の役割

　政府系基金会の有利な立場や基金会全般の支援分野の偏りの問題
は否めないが，民間基金会の存在感は日に日に高まっている。公益
人にとって民間基金会は単なる「資金提供者」ではない。その資金
力をバックに優秀な公益圏の人材を傘下に収め，公益圏のデザインと
仕組みづくりを試み，公益人の育成を手掛け，公益圏全体の発展方向

を左右するオピニオンリーダーとしての役割を果たすに至っている。

公益圏のデザインと仕組みづくりについていえば，テンセント基金会が300の企業や基金会の協力を得て実施している99公益日は，公益行動の日常化を促進する仕組みづくりの代表例だといえる。ほかにも代表的な民間基金会に目を向ければ，彼らによる公益圏の仕組みづくりへの情熱が見えてくる。ここでは南都基金会の例を具体的に見てみよう。

基金会センターネットの透明度指数評価では100点満点を取った南都基金会は，最も注目を集める民間基金会の1つである。2007年5月7日，上海南都グループが1億元を出資して南都基金会を創立し，非公募基金会として民政部に登記を認められた。基本的価値観として以下の4つを掲げている。

1. 公共の利益を第一に（いかなる会社もしくは個人の潜在的利益も追求しない）。
2. 公益領域全体の発展を優先（公益圏全体にとって重要な課題，切実なニーズに取り組み，公益業界の発展に尽くす）。
3. 「民間」の立場を基本に（民間の立場に立脚し，民間の公益組織によるソーシャル・イノベーションを支持する）。
4. てこの作用を目指す（資金的支援の社会的効果の最大化を求める）。

2番から4番まではいずれも民間公益圏全体の発展を視野に入れた価値観であり，基金会のプロジェクト内容はこれらの価値観を鮮明に反映している。この10年間で南都基金会は451の公益組織もしくは公益人に助成を提供し，783のプロジェクト，合計2.3億元を支出したという。特にネットワークづくり，プラットフォームづくり，モデルづくりと普及の仕組みづくり，人材育成など，規模効果が期待できるプロジェクトへの助成が目立つ。

表5-3　南都基金会による主な助成活動

年	プロジェクト	狙いと成果
2007	・新公民計画	・社会的弱者とされる「農民工」団体への直接支援。農民工子弟の学校建設に資金提供。2010年から「新公民計画発展センター」として分離独立。 ・助成金額の割に成果が小さいことから，「てこの作用」が強調され，直接支援ではなく仕組みづくりに焦点を絞るようになる。
2008	・中国民間組織災害救援共同宣言を発表し，災害支援基金設立 ・中国非公募基金会フォーラム助成	・共同宣言の発表により分野を横断する「民間公益領域」の存在を社会に認知させた。 ・民間公益領域を支持する民間の基金会の連合体として非公募基金会フォーラムを結成。2016年から「中国基金会フォーラム」として再発足。
2009	・他団体と連携し「中国基金会センターネット」を創設 ・全国公益プロジェクト展示会開始 ・上海連合募金基金会創設に出資 ・社会起業家技能向上プロジェクト	・基金会業界全体を強化するためのデータバンクとして基金会センターネットを構築。 ・公益プロジェクトの社会的認知度とインパクト増大のために全国の展示会を開始し，以後毎年開催される大規模な展示交流会となる。 ・上海で社会起業家，社会的企業などソーシャル・イノベーションを牽引する力の育成。
2010	・長期人材育成の「銀杏計画」開始 ・『中国公益人才発展現状及需求調研報告（中国公益人材発展現状とニーズ調査報告）』の調査実施と発表	・公益圏の中核人材の育成（多分野が対象）。10年間で31名のリーダーを育て上げた。 ・公益圏にとって人材が最も重要だと提起し，人材のニーズを明確化。
2011	・モデル組織育成の「景行計画」開始 ・災害による「社会的損失」概念の提起	・成功する公益組織のモデルを開発するために助成を開始。 ・災害を「社会的観点」から捉え直す。
2012	・「ポジティブ災害観」の提起 ・草の根活動の資源環境開拓キャンペーンシリーズ	・災害を切口に公益圏ならではの価値観形成を提起。 ・草の根の価値を強調し，草の根の活動を支持するための資源環境の開拓という方向性を打ち出す。
2013	・基金会災害救援協調会議設置	・災害を切口に公益資源マッチングのモデルを示す。

2014	・他団体と共に「中国社会的企業と社会的投資フォーラム」を創設 ・書籍『草根組織功能与価値：以草根組織促発展（草の根組織の機能と価値－草の根組織による発展の促進）』の出版	・公益圏の影響力と社会的効果の拡大を目標に，社会的企業と社会的投資の強調を鮮明に。 ・同時に，草の根の価値から離れないことを示す。
2015	・銀杏計画が「北京銀杏基金会」として独立 ・他団体と連携し「公益募金者連盟」結成 ・他団体と連携し「資金助成者円卓会議」結成	・基金会が何を目指して助成を行うべきか，一基金会として取り組むのではなく，基金会業界で連携し方向性を模索していく仕組みの構築。
2016	・雑誌『南都観察』発刊 ・他団体と連携し「北京病痛挑戦基金会」創設 ・他団体と連携して「中国ナイス公益プラットフォーム」創設	・ナイス公益プラットフォームは10以上の基金会と連携し構築したプラットフォーム。各地にある32のハブ組織から合計1万1,000を超える公益組織にアクセスし，規模化が可能な優れた公益ブランドを選抜認定し，プラットフォーム上で情報の開示，資源の調達を行い，対象となる公益ブランドを進展させる。公益圏の政策環境の改善と公衆の意識の向上を図る。

出典：南都基金会公式HPの『2007－2017南都基金会の十年』を元に筆者がまとめた。

　南都基金会理事長の徐永光^{シュユングァン}は政府が公益を独占していた時代から農村の貧しい子どもたちのために学校をつくる「希望プロジェクト」を仕掛けるなど，公益圏では最も「古株」で大物の1人である。「民間公益の力の増大」という明確な目標を持ち，常に新たな思潮と方法論を意欲的に吸収し，積極的に新たな仕組みづくりにチャレンジし，屈指の論客としても知られる。次章で詳細に取り上げるように，徐が提起する公益圏全体の性質，進むべき方向性に関する議論およびそれによって巻き起こる論争に，多くの公益人が釘付けとなって

注目する。徐は一基金会の理事長の肩書きを超えて，公益圏全体の
オピニオンリーダーとして，指導者の1人として多大な影響力を誇る。

南都基金会に限らない。2007年に複数の企業家や文化人，学者
たちによって創設された独立型基金会「友成企業家扶貧基金会」も
南都基金会とビジョンを共有している。「扶貧」という名称にもか
かわらず支援領域を限定せず，「新公益（新しい発想と方法に基づく
公益事業）」のリーダーとなる人材の育成，そして「セクターを跨
がるソーシャル・イノベーションの生態系づくり」を2大使命と
して掲げている。2016年末まで3億円を支出し，252の組織（う
ちプラットフォームが19）を支援し，自らも16のプラットフォーム
ないしネットワーキングプロジェクトを開発し，5,000団体の公益
組織とつながりを持っているという[31]。

650名の企業家会員によって構成される阿拉善SEE基金会[32]は，
2004年に設立された阿拉善SEE生態協会を母体に2008年に創設
された環境分野の基金会であるが，砂漠化や生態保護，環境教育な
どの個別の環境問題への取り組みを支援するだけではなく，企業の
「グリーンサプライチェーン」の促進や，環境公益圏の「業界の発展」
をも重要な柱として位置づけている。本書第1章で取り上げた環
境分野の若きリーダーが助成を受けた「勁草プロジェクト」も，阿
拉善SEE基金会による人材育成プロジェクトである。

2007年に世界的なカンフー俳優ジェット・リーによって創設さ
れた壱基金[33]は，民間の基金会として最も早く，2011年に公募基
金会の資格を得ている。ジェット・リーが偶然スマトラ島沖地震に
よる大津波を経験し，危険が迫る中，懸命に娘を救助した逸話は中

31　友成企業家扶貧基金会公式HPより，http://www.youcheng.org/（2017年10月
　　26日参照）。
32　阿拉善SEE基金会公式HPより，http://www.see.org.cn/Foundation/Article/
　　Detail/26（2017年10月26日参照）。
33　壱基金公式HPより，http://www.onefoundation.cn/（2017年10月26日参照）。

国の公益圏でよく知られている。それが壱基金設立のきっかけであり，災害救援と子どもの支援に注力するという基金会の方向性の原点もそこにあるといえよう。しかし同時に，公益圏全体のエンパワーメントとソーシャル・イノベーションの促進も打ち出しており，「連合公益」や「I can 実験室」などのオリジナルプロジェクトによって，「創造的な公益」を仕掛けている。

このように代表的な民間公益基金会を見ると，具体的な支援領域が異なっていても，「公益圏」全体の発展を常に視野に入れているように見受けられる。創造性，イノベーション，ネットワーキング，プラットフォーム，規模化などがまるで合い言葉のように使われ，複数の基金会の連携による共同事業が後を絶たない。2007 年に初のネット企業による基金会として創設されたテンセント基金会や，2011 年に巨大ネット企業に成長したアリババグループによるアリババ基金会などの企業型基金会に至っては，公益組織の強化やソーシャル・イノベーション，社会的投資の促進のみならず，企業としての自身のビジネスモデル，仕事のスタイルそのものに「公益」を取り入れ，さらに万民による参加のツールづくりと公益文化の醸成にも熱心に取り組んでいる[34]。

南都基金会は 2017 年から 2019 年の戦略的目標として「公益生態圏の構築と，境界を跨がる協働によるイノベーションの促進」を強調している[35]。まさに公益圏全体のデザインを意図した目標である。個別分野ではなく，公益圏全体をデザインしようとする基金会の姿勢は，公益圏に「資金」と「人材」だけではなく，それ以外の資源をもたらしうる。それは，いわば「言説資源」ないし「影響

34　テンセント基金会公式 HP より，http://gongyi.qq.com/jjhgy/jjhgyxm/gyxm.htm，およびアリババ基金会公式 HP より，http://www.alijijinhui.org/category/fund（2017 年 10 月 26 日参照）。

35　南都基金会公式 HP より，http://www.naradafoundation.org/home/category/17（2017 年 10 月 26 日参照）。

力資源」である。これらの基金会は公益全般に関する数え切れない
ほどの言説を広く発信しており，公益を語る際に用いうる語彙と
ストーリーを増大させる上では絶大な効果を発揮している。さらに，
南都基金会の徐永光，テンセントの馬化騰，アリババグループの馬
雲，壱基金のジェット・リーなどの有名人が「公益」の具現となり，
公益を広める数々の場面に登場し人々に語りかけることにより，「公
益」に対して「社会の先端」，「成功者」，「あこがれ」，「これからの
時代の方向性」というポジティブなイメージを付与したといえる。
彼らは単に公益活動に参加する有名人と異なり，「公益」を自らの
事業，自らの生き方の一部とし，自ら仕掛け動かしていく「公益機
運製造機」のような存在である。その社会的インパクトは大きい。

第4節　公益人の懐事情

　巨大ネット企業による寄付キャンペーン，ネット寄付の日常化，
政府による巨額の「購買」，そして公益圏のデザイナーとプロデュー
サーおよびオピニオンリーダーの機能を果たす民間基金会。一見の
ところ並々ならぬ活気が見られる。しかし，公益圏の活気を支える
のは，「公益人」がそれぞれ充実した活動ができているかどうかで
あり，資金量と言説の量ではない。では，公益圏は公益人の人材が
集まる活気ある領域になっているのだろうか。その一端を知るため
には，公益人の懐事情を見ることが重要だと考える。生業としての
公益は，まず「収入」が壁となるからである。

1.　公益人の収入の現状

　『中国民間公益組織基礎数拠庫数据分析報告（中国民間公益組織基
礎データベースデータ分析報告書）』によれば，調査した 3,602 団体
のうち，フルタイムの専従スタッフを擁するのは 79.44% であり，

パートタイムを含むと 76.78% になるという。体制内の公益組織なら専従スタッフが当然の前提であることを考えれば，公益圏では職業公益人が多いことが分かる。

公益圏の『2010 年中国公益人才発展現状及需求調研報告（2010年中国公益人材発展現状及びニーズ調査研究報告）』では，公益組織の職務を 3 種類に分類している。まずは「実行系」であり，プロジェクトマネジメント，ボランティアマネジメントなどプロジェクトの実施に直接関わる職務である。次に，「サポート系」であり，行政や財務，IT 技術など組織の管理と運営の土台となる職務である。最後に「発展系」であり，広報メディア，資金調達や研究調査など，プロジェクトの直接的な実施ではないが，組織の持続的発展に不可欠な職務である。この 3 種類のうち，とりわけ「発展系」の人材が不足しがちだと報告書では指摘している [36]。

公益圏では「収入の低さ」がしばしば人材獲得の障碍として指摘されている。2014 年，南都基金会や壱基金，阿拉善 SEE 基金会など 8 つの基金会ないし団体が零点研究コンサルティンググループに調査研究を依頼し，上記 2010 年の報告書の続きとなる『2014中国公益人材発展現状調査報告』が発表された。図 5-4 は地域別に公益圏の給料水準（月給）とその地域の平均給与を比較している。

広東省以外はすべて平均より低い結果となっており，とりわけ北京や上海のような生活コストの高い都市では差が大きいことが分かる。同じく南都基金会が主たる仕掛け人として実施した『中国公益従業者保障状況専題調査報告 2015（中国公益従業者保障状況調査報告 2015）』によれば，調査対象となる 276 名の公益人のうち，2014 年個人の収支状況は，38% が「支出が収入を上回る」と回答し，34.8% が「余裕がない」と答えている。そして自らの経済状況

36　南都基金会公式 HP よりダウンロード可能，http://www.naradafoundation.org/category/78（2017 年 11 月 3 日参照）。

図 5-4　公益人の平均月給と都市住民平均月給の比較（2014 年）

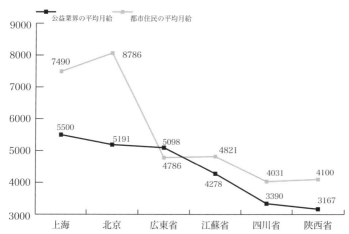

注：都市住民の平均月給は『中国統計年鑑 2013』より。単位「元」(2017 年 10 月の時点で 1 元は約 17 円)。http://www.naradafoundation.org/content/4069 より（2017 年 10 月 28 日参照）。

については，「とても心配」が 31.5%，「ある程度心配」が 48.2% と，合計 8 割近い人が心配との結果が示された[37]。

　しかし筆者が中国の公益人たちと接してきた中で，彼らの収入は人によって，所属組織によって大きな開きがあり，収入に対する満足感も大きく異なると感じていた。それは中国社会全体における収入格差を反映したものともいえる。その印象は次の調査データによって裏付けられている。2016 年，中国発展簡報が『2016 中国公益組織従業人員薪酬調査報告（中国公益組織従業員報酬調査報告）』を発表し，公益圏で大きな話題を呼んだ[38]。

　この調査は 2016 年 9 月から 11 月中旬までにオンラインとオフ

---

[37] 同脚注 35。南都基金会公式 HP よりダウンロード可能。http://www.naradafoundation.org/category/78（2017 年 10 月 28 日参照）。
[38] 調査報告書は以下の URL よりダウンロード可能。https://pan.baidu.com/s/1c2s0nZE（2017 年 10 月 28 日参照）。本項における関連データは報告書に基づく。

ラインの両方で実施され，調査票には489名の回答が得られたほか，17団体の公益組織リーダーへのインタビュー調査も実現された。回答者のうち，女性は59.9％，男性は40.1％であり，20代は55.8％，30代は28.2％と，中国の公益圏に若者が多い現状を反映しており，また未婚者が56.9％であった。居住地域は全国に散らばっているが，集中する上位5地域は北京160名，広東省96名，四川省42名，上海34名，雲南省23名である。経済が発達している地域とそうではない地域が混在している。回答者の学歴は大卒が57.5％，大学院卒も24.9％と，高学歴の傾向が顕著であり，これも中国の公益圏の全体的傾向を反映しているといえる。就業年数を見ると1年以下が21.7％，1-3年が35.2％と最も多く，4-6年は18％，10年以上が10.2％であり，「公益圏では就業6-10年の間に人材の流動が起きやすい」と報告書が指摘している。

　調査対象の所属組織の規模がまちまちであり，スタッフの収入はある程度組織の規模と正比例すると思われるが，報告書では別々の項目として集計を示している。表5-4と表5-5で示す。

表5-4　対象となる公益組織の規模

スタッフ数	割合
5人以下	25.6％
6-10人	22.7％
11-20人	11.2％
21-30人	9.2％
31-50人	8.2％
51-80人	4.9％
81人以上	12.3％

表5-5　公益組織スタッフの月収の分布

金額	割合
3000元以下	1.8％
3001-5000元	13.5％
5001-7000元	29.4％
7001-10000元	24.3％
10001-15000元	17.6％
15001-20000元	7％
20001-30000元	3.5％
30001元以上	2.9％

　このように3,000元以下から30,000元以上という10倍以上の開きが見られ，一概に低いわけではない。給与の満足度については，「非常に満足している」が1.8％，「比較的満足している」が17.2％，「普通」が46％であり，合計すると65％の人が給与に対して特に

不満がないとの結果が示された。だが，公益圏の給与水準が低いという認識が定着しており，実際この調査でも 44.8％の人が現在勤めている組織から離れる意向を示しているという。そのうちの 50.5％が離れたい理由として「賃金が低い」ことを挙げており，最も多い。

2. 収入に関する公益人の葛藤

この報告書に対して，2017 年 6 月 12 日に，WeChat 公式アカウント「公益慈善学園」による「熱点観察 公益人就該低工資？（ホットトピックス　公益人は低賃金に甘んじるべきか）」という文章が多くの公益圏の WeChat グループで転載され，読まれた[39]。文章では，この調査報告が正面から公益人の報酬の問題に切り込んだことを評価しつつも，調査対象に体制内の社会組織や基金会が含まれていたため，民間公益圏の状況を必ずしも正確には反映していないこと，所在地域による収入格差が大きいため地域ごとで統計を示す必要があったこと，さらに高学歴が多いため同等学歴の他業種の収入と比較する必要があったことなどを指摘している。

公益圏の報酬の問題は，「相対的に低いか」，「絶対的に低いか」を分けて考えなければならないと文章は強調する。「相対的に低い」のは，公益組織の管理層が他業界の管理層に比べると低いということである。公益組織の中で収入が高いとされる基金会でも他業界に比べると低い。2015 年，公募基金会（体制内基金会が多い）事務局長の年俸は 18-50 万元（約 306 万円〜 850 万円），企業基金会事務局長は 22-99 万元（約 374 万円〜 1,683 万円），私募基金会（独立型が多い）

39　公益慈善学園 WeChat 公式アカウント，2017 年 6 月 12 日，「熱点観察 公益人就該低工資？（ホットトピックス　公益人は低賃金に甘んじるべきか）」，https://mp.weixin.qq.com/s?__biz=MzA3NTk4NDk3OQ==&mid=2649288663&idx=1&sn=0579b45f9b1fc6a18e9ba70bec5e002f&chksm=877476ebb003fffde91d8dd114a3a2274746ec909867a43b6916757ee06ba2982c159e708740&scene=21#wechat_redirect（2017 年 10 月 28 日参照）。

の事務局長は 19-52.5 万元 (約 323 万円〜 892.5 万円) であるのに対して，上場企業の管理層の年俸は平均 102 万元（約 1,734 万円）を突破したという。「絶対的に低い」のは一般の公益人の報酬であり，特に生活コストの高い「一線都市」の北京や上海などで暮らす人々である。

　収入面における公益人の生存状況を考える上で，最も問題になるのは就業 6 年目以上の，民間公益圏を支える中堅の人々だと文章が強調する。なぜなら，他業界と比較すると，6 年目ぐらいから賃金の格差がとたんに大きく開くようになるからである。

　　　『2016 年中国互聯網従業者生存現状報告 (2016 年中国インター
　　　ネット業界従業者生存現状報告)』によれば，就業年数が上昇する
　　　と，インターネット業界では賃金が大きく増加し，5 年目以上
　　　の月収は平均 15,000 元を超える。大多数の公益人にとって，最
　　　初に賃金が低いことは恐れるに及ばない。しかし問題なのは，
　　　当初同じぐらい低賃金の同じ年齢の若者でも，5 年経つと他業
　　　界と一気に収入格差が開き，しかもその差が致命的に開いてい
　　　き，永遠に追いつくことがないという絶望感を味わうことである。

　つまり，問題は公益圏エリートの「相対的低賃金」ではなく，また就業して間もない若者の「絶対的低賃金」でもなく，公益圏を安定的に支える「中間の人材」の賃金上昇のペースが遅すぎることである。学歴も能力も高い公益人の報酬はなぜ上昇しないのか。その原因について，文章では「社会通念と政策の影響」を指摘している。「計画経済の影響か，公益的な活動は費用を徴収すべきではないという誤解が根強く残っている。……今ではさすがに公益圏の給与が低いとみんな分かるようになったが，それでも公益人が高収入でもよいと考える人は少ない。もう 1 つは政策や法律の影響であり，『基

金会条例』第4章第29条によれば，スタッフの給与や事務局管理費に使えるのは年間の総支出の10％を超えてはならないと規定されている」。ちなみに，慈善法でも10％ルールが定められている。

社会通念上「高給」への抵抗が強いこと，法律の規定上高収入が困難であることは，公益人たちの議論にしばしば登場する話題となっている。「公益慈善論壇」のWeChat公式アカウントに，2014年12月23日に「当理想与情懐遭遇生存困境,公益人何去何従？（理想と夢が生存の困難に懴れたとき，公益人よ何処へ？）」というオリジナル文章が掲載された。文章では公益圏屈指の論客才譲多吉（本名：周健）と張天潘による少々異なる視点の見解を紹介している[40]。

才譲多吉は公益人馬克（本名：祝啓武）と方勇の例を取り上げ，公益人の生存環境が厳しいのは確かだが，本当に困ったときには社会から熱心な支援が得られることを指摘する。2013年に馬克が突然病魔に襲われ，困り果てていたところ，公益圏で仲間たちが彼を支援するグループを立ち上げ，短期間で100万元を超える寄付を募り，彼を救った。2014年に方勇という公益人がマラソン大会に参加する際に突然死したことを受けて，彼の家族を支援するための募金が行われ，あっという間に数十万元が集まったという。「公益人の生存環境に制度的な改善が必要ないと言っているのではない。ただ，もっとポジティブな態度で，楽観的にこの問題に取り組むべきなのではないか」と才譲多吉は主張し，職業人として自らの責任を果たすことによって待遇の向上を求めるだけではなく，「より強い使命感，より多くの社会的責任」を行動によって示し，社会保障制度全般の向上を促進していくべきではないかと論じる。

社会通念を変えるためには，公益人自身のポジティブな態度と使

40　公益慈善論壇WeChat公式アカウント，2014年12月23日，「当理想与情懐遭遇生存困境,公益人何去何従？（理想と夢が生存の困難に懴れた時,公益人よ何処へ？）」，https://mp.weixin.qq.com/s/Su79Pq4vTPBlgwgeX0Fd5Q（2017年10月28日参照）。

命感が必要だと呼びかけるこの議論に対して，張天潘はずばり法律
制度の問題点を指摘する。いわば10％規定である。「2004年の基
金会条例で10％規定が設けられたのは，主に中国赤十字のような
体制内基金会を想定してのことだった」と述べ，その後民間の公益
組織に対してもこの10％規定が適応されたことは，公益組織の首
を絞めることになったという[41]。

　　公益人に対して一方的に道徳的な要求を突きつけ，職業的責
　　任や社会使命感をひたすら強調するのはおかしい。自分たちの
　　収入を気にせず，お金に無頓着で，苦しい中でも幸せを見出し
　　ながら社会に尽くす，そんな公益人のイメージはおかしい。そ
　　れでは，公益圏はきっと続かないだろう。

　張はこのように述べ，「真の公益人はもちろん公益活動で大もう
けしようとは考えない。しかし，社会に尽くすと同時に，彼らには
自分自身と自分の家族をきちんとケアし，尊厳ある生活を送る権利
があるはずだ」と強調する。

3. それでもやめられない

　第1章にも登場した環境分野の若きリーダーたちに，筆者が現在
の収入への満足度について尋ねたが，未婚者が多いこともあり，「住
む家さえあれば特に高い収入にこだわらない」という意見が目立っ
た。中には「おそらく普通の会社より高い給料をもらっている」と
答える者もいた。公益人が直面するプレッシャーは単なる金額とし
ての収入の問題ではない。その背後に彼らの存在がどのように社会

41　ただし，10％以下と規定されたのは組織の管理費にすぎず，人件費は一部をプロ
　　ジェクト経費に計上できるとし，10％規定による束縛は問題にならないとの見解も
　　ある。

的に認識されているのかという問題がある。

　上記の『2014中国公益行業人才発展現状調査報告（2014年中国公益業界人材発展現状に関する調査研究報告）』において，公益人の離職をもたらす原因について「家族の反対／家庭の都合」が最も多く，31.4％であったのに対して，「収入の低さ」が2位の20％との結果を示している。収入の具体的な金額以前に，「収入が低く，しかも永遠に高収入が望めない」というイメージのほうが周囲からのプレッシャーとなって公益人を苦しめることが多い。旧正月である春節の前になると，WeChat上の公益圏のグループに，帰省の際にどう親戚や親の「攻撃」に対応すべきか，対策マニュアルが掲載されるようになる。せっかく高学歴の子どもを育てたのに，その子どもが「低賃金」とされる業界に留まるのは，多くの親にとって耐えがたい事実である。若者が公益人になることに対して，親たちは総じて「総論賛成，各論反対」の立場を取る。「公益業界は社会にとっては確かに必要で，立派な職業だ。しかし，自分の子どもにはやってほしくない」と。公益を生き方に選ぶ公益人にとって，給料を上げることよりも切実なのは，周りの家族や親戚に，如何に自分の生き方を受け入れてもらい，認めてもらうかなのかもしれない。

　前述の「公益慈善学園」に掲載された文章「熱点観察 公益人就該低工資？（ホットトピックス　公益人は低賃金に甘んじるべきか）」では，収入の低さにもかかわらず，なぜ公益圏にこれほど高学歴の若者を引きつける力があるのかについて，若者，特に高学歴の若者は「非物質的な報酬」を求める割合が高くなっているのではないかと分析している。さらに，今の若者は子ども時代から相対的に豊かな暮らしを享受し，物質的リターンよりも精神的な安定と充実を求める傾向にあるという。しかし，これは公益圏の発展にとっては必ずしも望ましくないと文章では指摘し，経済的プレッシャーの小さ

い女性が公益人に占める割合が大きいことを挙げ[42],「負けん気が強く，競争を勝ち抜いていこうとするエリートがどんどん公益圏を離れ，ぬるま湯好きの人たちが残り，そしてどこにも行けなくなるのではないか」と，懸念を示している。

　物質的な報酬を鋭く求めていかなければ「ぬるま湯」となるというこの文章の主張には賛同しがたい。実際『2016 中国公益組織従業人員薪酬調査報告（中国公益組織従業員報酬調査報告）』の発表を受けて，「公益時報」は「跨界人才介入，公益機構薪酬体系或将突破（領域を跨がる人材の介入により，公益組織の報酬体系に突破的変化も）」と題する記事を掲載した[43]。記事ではビジネス界の人材が公益圏に転職するケースを取り上げ，能力のある人材であればあるほど，「報酬」がもはや絶対的基準ではなく，「より高いレベルでの自己実現」を求める傾向にあると分析する。「わが国の経済発展に伴い，国内の中産階級はすでに物質的な豊かさを手に入れた。食べるために働かなくてもいい状態になると，彼らは自らの人生価値の実現を求めるようになった。公益圏に入ろうとする理由はそこにある」と現在の社会情勢を述べた上で，記事は公益圏に人材紹介サービスを提供する会社「善遠コンサル」の石敏氏の経験を紹介している。この 2-3 年で石敏氏の会社経由で数多くのビジネス界の人材，マーケティング，メディア，プロジェクトマネジメントなどの面で経験豊かで実績のある人たちが公益圏に転身したという。「公益組織の勢いは凄まじく，絶えず新たなポストが誕生し職能も細分化されていく。他業界の人から見ればそれは巨大なポテンシャルに見えるため，近寄りたい，入ってみたい気持ちになる。加えて社会全体で公益慈

42　中国発展簡報の調査報告書では対象者の 59.9％が女性であった。

43「公益時報」2017 年 6 月 20 日第 5 面，文梅，「跨界人才介入，公益機構薪酬体系或将突破（領域を跨がる人材の介入により，公益組織の報酬体系に突破的変化も）」，http://www.gongyishibao.com/newdzb/images/2017-06/20/05/GYSB05.pdf（2017年 10 月 30 日参照）。

善に対する認知度もぐんぐん上昇していることから，公益業界は間違いなく職業選択の新たな潮流と方向になるだろう」と石敏は語る。

公益人はそもそも経済優先で物質主義の主流価値観からの脱出を試みる人たちであり，「収入の金額によって人の能力と価値を測らない社会」を作ろうとしている。やめられない公益人たちの「やめない」理由を，異なる価値観に基づき，異なる仕組みづくりへの挑戦の過程から見出さなければならない。

公益人の収入と社会的保障を高める過程に，その可能性の一端を見出せる。『中国公益従業者保障状況専題調査報告 2015（中国公益従業者保障状況調査報告 2015）』には，ボトムアップの形で，民間公益圏が公益人を守るための保険制度を作ろうとするプロセスが記録されている。2013 年 9 月，長年公益圏で働いてきた馬克が突然の重病に襲われ，医療保険に入っていなかったことから治療費に困っていたが，前述のようにすぐに寄付が集まり窮地を脱した。この事件が直接のきっかけとなり，公益圏では公益人の保障問題に関する議論が一気に盛り上がり，仕組みづくりが始まった。

2013 年 9 月 9 日，愛徳基金会，元北京恩玖情報諮問センターが共同で「恩久ケア基金」を発足させ，2013 年 11 月 11 日に，NGO発展交流ネット（NGOCN），広東省緑芽郷村婦女発展基金会，中国麦田計画，広州市恭明社会組織発展センター，北京瓷娃娃希少疾病ケアセンター，上海手牽手生命ケア発展センターなど多くの団体が共同発起人となり，「中国社会福利基金会益人義助連合募金基金」が設立された。この 2 つの基金は公益圏就業者を対象に，突発的な事件や事故，病気，障がいおよびその他の緊急時に支援することを趣旨としている。無論 2 つの基金会ですべての公益人を対象としてカバーすることはできないが，公益圏就業者の「保障」問題への 1 つのアプローチとして大きな意味があったといえる。

一般的な社会保障制度では保障が不十分な中，より根本的に公益

人の保障システムを構築するためには「保険制度」が必要だと、「中国社会福利基金会益人義助連合募金基金」が2014年10月31日に「益宝計画」をスタートさせた。伝統的な緊急支援ではなく，この計画は保険会社と連携し，オーダーメードで公益人のための保険商品を開発した。この保険は多くの公益人に歓迎され，2015年6月までに，「益宝」は223団体の1,273名のフルタイムの公益圏就業者にサービスを提供しているという。

　このように，公益人から活動の資源環境を見れば，トップダウンの動きとして最も影響を受けるのは巨額な「政府購買」の政策執行である。「政府購買」は間違いなく公益組織に対する党と政府のコントロールの強化と効率化につながるが，公共サービスを政府が独占するのではなく，公益組織に委託すべきであるという行政改革の論理を推進させること，さらに「公益組織には公共を担う資格がある」と制度的に認めさせることにも貢献する。その意味は大きい。ボトムアップの動きとしては，ネット寄付の旋風や民間基金会による公益圏のデザインと牽引が目立つ。これらの動きは公益人にとって，資金獲得の意味で重要なだけではない。上述したように，公益人にとっての資源的困難は，しばしば手にする金額よりも「親しい人の理解」にある。その理解を得るためにも，公益業界独自の保障の仕組みを構築し，公益圏の言説とポジティブなイメージを広め，社会における公益の価値の強調，公益文化の浸透を図っていく必要がある。インターネットや基金会，公益を語る有名人などはその資源としてますます活かしていくことが求められよう。

第6章

公益人の生き方と
公益圏の社会的性質に関する自省

前章で言及した『2014中国公益行業人才発展現状調査報告（2014年中国公益業界人材発展現状に関する調査研究報告）』によれば，公益を仕事とする理由として最も多いのは「公益活動の価値への共感」で53.2％であり，66.2％の人が「生涯のライフワークとしたい」と答えている。そのうちリーダー層であればあるほど一生公益圏で生きていきたいという割合が高く，管理層82.2％，中間管理層63.5％，一般スタッフ53.5％との結果が示された。

　このように公益圏は一般的な他の職業と異なり，「価値観」が行動の土台となる。さらに，単なる職業を超えて，生涯に亘るライフワークが実践される領域である。公益人たちは何を思い，どのように公益を自らのライフワークとするようになったのか。また，自らの生き方をどう定義し，社会における位置づけと努力すべき方向性についてどう考えているのか。本章ではまず公益人のライフストーリーを描き，彼らの生き方の一端を解き明かしたい。その上で公益人の生き方の性質と方向性に関する公益圏の論争を検討し，彼らの自省と思索を示したい。

第1節　公益に人生をかける公益人の物語

　2016年度，筆者は駒澤大学特別研究助成を得て，若き公益人たちのライフストーリーをまとめたWeChat上の文章を選定し，翻訳作業に参加し，校正と編集を行い，ブックレット『中国新世代物語：「市民的」生き方を楽しむ若者たち』を作成した。ここではブックレットから4名の代表的な公益人のライフストーリーの内容を抜粋しつつ示しておきたい。

216

第 6 章　公益人の生き方と公益圏の社会的性質に関する自省

1. 巴雅尓図：故郷の放牧民と現代社会を結びつけるもの[1]

　モンゴル族の青年巴雅尓図は，記憶の中にある子どもの頃の草原
と今の草原の違いを痛いほど感じていたという。子どもの頃は，草
原の草は1メートルの高さがあり，牛，馬，羊，山羊，ロバの数も
バランスが良く，人々は伝統的な放牧遊民族の生活を守り，もっと
も重要な移動方法は馬に乗ることであった。巴雅尓図の学校は家か
ら15キロ離れており，馬に乗って1時間近くかかったという。

　遊牧民は，毎年の雨量の状況に応じて移動する。季節ごとに育つ
牧草と放牧する家畜が食べる草の種類が異なるためである。移動す
れば，草が生えるのに十分な時間が取れる。自然を守りながら合理
的に草原を利用する暮らし方は，数千年もの間，草原の良い生態環
境を守ってきた。

　しかしこの数十年で，天地をひっくり返すような変化が起きた。
1982年に始まった「契約制請負」責任制度によって，巴雅尓図の
故郷である錫林郭勒盟西烏旗では，集団で営んでいる牧畜と草原を
牧戸に請負制で分け与えるようになった。家族単位で経営管理する
ようになったことで，放牧民は互いの協力関係を放棄し，経済的
利益のために同じ時期に多種類の牧畜を行うようになった。さらに，
遊牧から定住へと居住形態が変わったことで，年中同じ場所で繰り
返し放牧せざるを得なくなった。砂漠化が進行し，川が枯渇するよ
うになった。

　2000年，内モンゴルは100年に一度見るか見ないかの旱魃と，

1　中国語の原文は以下の勁草同行プロジェクトWeChat公式アカウントにある。写真
　も同URLより転載。原文著者王婷婷，翻訳は原嘉志，校正と編集は筆者。内容は抜
　粋・改編している。http://mp.weixin.qq.com/s?__biz=MzA3NjM5ODIxMA==&mid
　=2661204937&idx=1&sn=f4955b3f338709f1337d942772450153&scene=1&srcid=
　0509p97hXM8fKPmo5B4qrcrS&from=singlemessage&isappinstalled=0#wechat_
　redirect（2017年10月29日参照）。

217

写真6-1 勁草プロジェクトで発言する巴雅尔図

雪災害に見舞われ，大量の牛と羊が飼料不足で餓死し，放牧民がさらなる問題を抱えるようになった。それを目の当たりにして，巴雅尔図はいても立ってもいられず，何かしたいと決意した。それまでの彼は，ウイグル地区での兵役を終え，広州に出稼ぎに出て，都市の繁栄と故郷との格差を，身を以て体験していた。故郷に帰った後，巴雅尔図は数人の仲間たちと，共同管理・共同利用ができるように牧民たちの協力化を進める道を探索し始めました。

2003年，彼らは「哈日根緑化畜産物統合協会」を設立し，大学教授を招き討論会を催したり，関連する政策・法律等の資料をモンゴル語に翻訳して冊子を作ったり，地元の牧民に現状への理解を深めてもらうように宣伝活動を行った。同時に，専門家ボランティアを組織して遊牧民のニーズに関する調査研究を行い，政府に政策提言を行うことを試みた。

この経験を踏まえて，2010年，巴雅尔図は西烏珠穆沁旗牧区情報サービスセンターの設立に着手した。町レベルから区レベルまで活動の対象を広げ，遊牧地区の協力体制のプランづくり，情報サービス，貧困扶助等を含むプロジェクトを実施し，地域畜産業の構造に存在する問題にも目を向け始めた。現存市場の構造では，遊牧民の畜産物は最安値で卸しに売られ，間の業者が儲かる仕組みとなっている。生産者と消費者の情報の非対称性により，両者が利益を失うことになっている。巴雅尔図は地方の生産者ラインをつなげ，自分たちで生産・加工をし，質の良い肉類を直接北京，上海などの大都市の消費者に届けることによって牧民の収益を上げようと考えた。

第 6 章 公益人の生き方と公益圏の社会的性質に関する自省

2013 年,巴雅尔図は「勁草プロジェクト」の選抜を勝ち抜け,勁草パートナーとなった。資金支援だけではなく,専門家アドバイザーが付くこととなった。専門家の現地調査により,遊牧民にとって最も解決が必要なのは金融

写真 6-2　協会で討論と採決

問題だという発見があった。遊牧地区では正規の金融機関を通しての借り入れが困難であり,多くの家庭では運転資金のために高金利の金貸しに頼らざるを得なかった。牧場を貸し出して賃料を当てにするが,その結果草原の環境がますます悪化する。この悪循環を断ち切るために,2014 年,巴雅尔図は専門家アドバイザーの協力により中国貧困扶助基金会と中和農信公司の支援を得て,5 人の仲間とともに「新呼徳畜牧業専門合作社」を創設した。マイクロファイナンスを順調に展開させ,2014 年 7 月から 2016 年 5 月まで,貸出額は 1500 万元以上に達し,500 世帯もの牧民が恩恵を受けた。2015 年の中国共産党第 18 回中央委員会において,信用金庫形式の組合が政策的に認められたことから,このような信用金庫のサービスが内モンゴル全域まで拡大することとなった。

2015 年,巴雅尔図はさらに「遊牧民観光サービス有限会社」を設立した。社会的企業の形で遊牧民の伝統文化を伝え,人と自然とのより良い関係を取り戻すことを目的としている。「ビジネスの手法で一部の社会問題を解決することは,勁草プロジェクトの 3 年間の中で学んだ大事な経験の 1 つ」と巴雅尔図は感慨深そうに語る。それまで彼は,公益団体は地元住民のためにできる範囲内でアドボカシー活動をやることぐらいしかないと考えていた。今,彼はソーシャル・ビジネスの展開を通じて,地元住民のために具体的なサー

写真 6-3　信用金庫の窓口

ビスを提供することができることを学んだ。市場志向型のモデルで公益サービスを行うのが，最も合理的で発展が期待できる有望なアプローチだと考えるようになった。

草原を取り戻したいという思いから始まった巴雅尔図の公益人生は，基金会の人材育成プロジェクトや同業者たちとの出会いによって次々と新天地が広がり，視野も発想も方法論も絶えず更新されてきた様子が伺える。故郷の社会問題を解決していくことは，彼自身の人生の広がり，人間としての成長とはまさに同一のプロセスである。

2. 曹凱：90年代生まれの達成感[2]

曹凱(ツォカイ)は環境保護活動家で，現在は武漢行澈環境保護公益発展センター（以下「行澈環境保護」）に勤めている。90年代生まれの曹凱はもともと高収入の販売業務に従事していたが，心の中は決して満たされることはなかった。環境保護活動家の道を選んだのは，「初心」を忘れられないためだという。

大学3年生の夏休み，曹凱は40日間かけて成都からラサまで自

2　中国語の原文は以下の成蹊計画プロジェクト WeChat 公式アカウントにある。写真も同 URL より転載。原文著者王青欣，原文編集董丹丹，日本語翻訳は棚田由紀子，日本語訳の校正と編集は筆者。内容は抜粋・改編している。http://mp.weixin.qq.com/s?__biz=MzA4Njg4MDIxNw==&mid=402482858&idx=1&sn=57823baf5c5cb2776869e27237ab1b3d&scene=1&srcid=0406IyKRiI2LDm3rLK1hTQak&from=singlemessage&isappinstalled=0#wechat_redirect（2017年10月29日参照）。

転車で行く旅をやり遂げた。食料と応急医薬品を携え，国道318号線を朝8時から夕方5時までひたすら走り続けた。携行品は日に日に少なくなり，道路状況は悪くなる一方であった。時には風に晒され夜露に濡れながら野宿し，10日も風呂に入れないこともあった。時には，チベットの人々の暖かい歓迎を受け，バター入りのツァンパ（チベット人の主食，麦こがし）でもてなしを受けたりもした。道路沿いの美しい風景を楽しむ日もあれば，土石流による道路の崩落に出くわし，自転車を担いで山々を越える羽目に陥ることもあった。

写真 6-4 セールスマンから環境保護活動家に転身した曹凱

曹凱にとってこのような経験は全く苦ではなかったという。「僕は挑戦することが好きなタイプで，冒険も好き。自転車でラサに行くという動画を見て，とても面白いと思ったので，それを実行しただけ」。それから数年後，彼はこの「いとも簡単に物事を決める」やり方で，自分のキャリアの方向性まで決めてしまうことになった。

2010年の青海玉樹地震発生後に，曹凱は様々なルートから災害状況の情報を入手しようとした。まだ高校3年生だった彼は，玉樹地震の本当の原因は何かを知りたいと強く思い，進学志望先を選ぶ際に迷うことなく環境専攻を選択した。「僕は，一体全体なぜそうなってしまったのか，ただそれを知りたかったのですが，きっと環境と関係があるだろうと思っていました」。

2014年に大学を卒業した彼は，大勢の同級生と同じく，社会的存在としての自分に迷いが生じ，進む方向が見えなくなってしまっていた。深圳に1か月滞在した後，セールスの仕事に出会い，「訳

も分からず」その道を選んだ。給料も悪くないし，10万件を超える注文も受けた。しかし，環境保護とは少しの接点もないこの仕事を1年足らずで辞めてしまった。

「セールスの仕事では達成感を味わえませんでした。たぶん，僕の人生目標と相容れなかったからでしょう」。「自分が学んだことを仕事に生かしたかったんです」。そう思った彼は，2015年3月に辞職し，武漢に帰り，「行澈環境保護公益発展センター」に入った。当時，このセンターは正式な登記さえしておらず，毎月の給料も決して高くはなかったが，それでも彼は楽しかったという。「学んだ知識を使って，環境問題が解決できれば，それで十分」。

彼の人生の履歴書は行き当たりばったりの過去が並ぶが，曹凱は後悔したことはなかった。後悔について考えたこともないという。目の前の事を上手にやりこなせることこそが，彼の一番の望みだという。

彼が勤める武漢行澈環境保護公益発展センターの主要業務は，第三者として汚染監視をし，汚染企業の告発を通じて企業の改革を促すことである。汚染企業の妨害に遭うことも多く，ハラハラする出来事が次から次へと起こったが，曹凱は煩わしいとも困難だとも思わないという。「全然。僕，肝っ玉は大きいんです。『脂肪肝』並みに」。「この仕事を選んだ以上，相応のリスクは背負わなければなりません。心を少し平静に保てれば問題ありません」。

環境保護活動を始めた頃の曹凱は環境保護に関する法律や条例に詳しくなく，環境問題について訴えてみても，法律を知らないが故に損ばかりを繰り返していた。その苦い経験から曹凱は環境保護関連の法律を一生懸命勉強し始め，1か月後には関連法規をある程度把握できるようになった。

その頃から曹凱は「成蹊計画」のオンライン講座で学ぶようになり，専門家による環境保護組織の能力構築に関する授業を受けたり，

第 6 章　公益人の生き方と公益圏の社会的性質に関する自省

志を同じくする団体間で事業の経験を分かち合ったりした。第一線で奮闘する多くの環境保護 NGO と面識を持つようになり，多くの実践経験を身に着けていった。曹凱は組織のメンバーとしてではなく，リーダーとして成長し，自分自身の

写真 6-5　汚染水のサンプルを取る

成長と団体の成長の同時進行を果たしていった。

　　団体の資金繰りが苦しいときに成蹊計画に支援していただいたことに感謝しています。成蹊計画が奨学金や外部機関での学習費用を負担してくれたおかげで，僕はよく練られた活動を行っている団体へ出向いて学ぶことができました。僕自身の成長が団体の成長にもつながったんです。

「地震被害の理由が知りたい⇒大学で環境保護を専攻⇒専門を活かしたい⇒収入のいいセールスマンをやめ環境 NGO に就職⇒汚染企業と戦うために自分を鍛える⇒戦う中で個人の能力も団体の能力も高まる」。曹凱の公益人生の軌跡をみると，潔さとファイトが随所に見られる。環境保護の世界に入ったことでゼロだった法律に関する知識が増え，実践能力が著しく向上し，環境保護公益サロンを主催し，紀律検査委員会に電話をかけ環境保護局の仕事を監視するよう伝え，湖北省の大小さまざまな汚染企業を調査研究した。これらの活動に取り組むうちに，彼の人生目標はさらに明確になっていったという。「環境問題を解決すること，それは僕の達成感そのものです。いくら稼げるかよりはるかに価値のあることで，これか

223

らもずっと続けていきたい」と彼は語る。

3. 石嫣：留学ではなく，新しい有機農業モデルを学ぶために渡米[3]

石嫣と彼女の CSA（Community Support Agriculture）農場を見ると，彼女の誠実な生活に心打たれる人が多い。彼女は「自分」をしっかりと持っている人で，不本意なまま現実に流されるのを良しとしない。また「理想を追求する」人でもあり，CSA の構想を思いついたら即行動，即実現させてしまった。

2008 年，石嫣は単身渡米した。同年代の若者たちとは違い，彼女は大学には入学せず，ミネソタ州の「アースライズ農場」に入り，半年間の「農民生活」を送った。その生活は石嫣の心を大きく動かした。一組の夫婦が経営し，実習生が 3 人いる小さな CSA 農場だが，有機農業と環境保護の理念を存分に実践していた。ほぼすべての農作業を手作業で行うため，その労働量は石嫣の予想を遥かに超えるものであった。ハードな作業で疲労困憊になりながらも，内心と現実との衝突を繰り返しながら，彼女は農場生活や農場の理念に対する理解を少しずつ深め，徐々に慣れていった。

「缶詰を食べても，季節外れの野菜は食べるな」というモットーと CSA による農業経営モデル，そして「ビジネスではなく活力を」という農場の経営理念を身につけ，石嫣は帰国後自分の農場を作った。「私達の生命がメラミンなどの脅威に何度も晒されている今，追い求めるべき生活様式とはいったいどんなものだろうか」。石嫣は，自ら行動することでその答えを見つけようとした。

3　中国語原文は「有機農業者」No.902, WeChat 公式アカウントにある。写真も下記の URL から引用。写真のオリジナルは石嫣の新浪ブログにある。日本語翻訳は棚田由紀子，校正と編集は筆者。内容は一部抜粋・改編している。
　　http://mp.weixin.qq.com/s?__biz=MjM5OTUyNTUyMg==&mid=401991088&idx=3&sn=6e081df9331cab3521d34278bc204b90&scene=1&srcid=0406Mn9C0HYzmGZvBwWKFWwI&from=singlemessage&isappinstalled=0#wechat_redirect（2017年 10 月 29 日参照）。

農薬問題への危機意識の高さを背景に、中国では農業を危惧する人々の間でCSAへの注目が高まっている。CASの長所として、第1に、農民が消費者に直接野菜を販売することで、安い優待価格で提供できることが挙げられる。

写真6-6　農場にいる石嫣

中間のコストを省くことで農民の収入も増え、農業への投資も拡大する。第2に、農産物が農場から直接送られるため、輸送距離が短く、新鮮で栄養面も損なわれない野菜が届く。出荷期間の短い旬の野菜や生産量の少ない地元の

写真6-7　農場を支える市民

伝統野菜など、地産地消方式を取ることで消費者はより多くの種類の農産品を選ぶことができる。第3に、長距離輸送の必要がなく、エネルギー消費量や排気ガスの減少につながる。食品も過度に包装しなくて済み、防腐剤や照射処理も不要、廃棄量も減る。第4に、現地の農業経済に活路を与え、就業機会の増加につながり、農家と消費者との直接的なコミュニケーションによって、共感や団結力を高め、助け合い思い合う社会へと向かう推進力となる。

石嫣は自分の農場で、自分が信じる理念を実践している。1つ目は、「中国でパイオニアになる場合、小さいことから始める必要がある」ということ。顧客が増えると、顧客の切実な声に耳を傾ける余裕がなくなり、農家が農業を続けていく上で必要な信用力が低下する。従って大規模農業が必ずしもいいとは限らない。2つ目は、

写真6-8　講演する石嫣

消費観念の変革こそが目的,それを忘れないこと。3つ目は,健全な生態を基本的な信条とすること。農場の日常業務は科学的かつ専門的に管理されなければならない。4つ目は,消費者が自ら体験することで農家への確固たる信頼感を培えること。5つ目は,「地元」にこだわること。長距離輸送に頼る農業は大きな浪費であり,できるだけ生活から排除すべきだと考える。

自らの理念を自らの実践において実現できることは,彼女に何よりもの達成感をもたらす。自分の農場で達成できるだけではなく,彼女はCSAモデルの展開を大いに楽しみにしている。米国でもこのような農業経営モデルは非主流だが,中国は条件に恵まれているという。たった数年で,中国のCSAプロジェクトは200以上にも上り,全国の20近くの省や市で実施されている。石嫣の公益人生は,開拓者としての自負に満ちている。

4. 鄧飛：憤慨するより行動を

鄧飛(ドンフィ)は公益人として生きるジャーナリストのあり方を見事に示した公益圏の有名人である。現在でも職業はジャーナリストであり,優れた現場取材に基づく100を超える調査報告を発表しているが,彼を有名にしたのは手掛けてきた数々の公益プロジェクトである。彼にとって,取材によって現実の課題を知ることと,その課題に対して公益プロジェクトによって行動を起こし,問題の改善と解決を図っていく道筋をつけていくことは,連続した1つのことのように見える。インターネットを公益活動のツールとして活用す

第 6 章　公益人の生き方と公益圏の社会的性質に関する自省

る第一人者として，誘拐された子どもの発見と救出活動「微博打拐（ミニブログで誘拐打撃）」，貧しい農村の小学校で子どもたちに無料給食を配る「免費午餐（無料昼食）」，農村児童重病医療保険，辺鄙な山間部で暮らす児童に学習物資や生活

写真 6-9　講演する鄧飛

物資を運ぶ「暖流計画」，児童の性的被害を防ぐ活動など，一連の公益ブランドを立ち上げ，制度的な仕組みづくりへの貢献も評価されている。

「免費午餐（無料昼食）」を例に彼の活動スタイルを見てみよう[4]。リサーチ記者として活躍する彼が 2011 年 3 月，ある受賞パーティーで当年度の公益部門での表彰者と隣同士で座った。その女性は貴州の山間部で支教活動（教育後進地域での教育支援活動）を行っていた。正午になると昼食を我慢して水で凌ぐ子どもが多いことを女性から聞き衝撃を覚えた鄧飛は，すかさず実態調査に乗り出した。

問題の背景にあるのは，都市化に伴う子どもの減少で学校の統廃合が進み，遠くから通う子が増えたことにあった。家に戻って昼食を取ることはできず，学校も提供する設備はない。ほとんどが留守児童と呼ばれる両親が出稼ぎで不在の子どもたちで，そもそも家でもきちんとケアしてもらえない。農村部に 6,100 万人の留守児童がおり，1 人の力ではどうにもならないと思えたが，彼は諦めなかった。「もし自分の娘が北京に生まれたのではなくこの村に生まれて

---
[4]　この部分は 2016 年 3 月 28 日「南方週末」に掲載された鄧飛の文章「建設比墳怒更富価値（怒りより行動を）」を元にまとめている。原文の日本語訳は翻訳棚田由紀子，校正と編集は筆者。原文と写真は http://www.mianfeiwucan.org/infor/detail3/post/1467/（2017 年 10 月 30 日参照）。

いたら，同じように誰の助けも得られず空腹に耐えているとしたら，自分はどう感じるんだろう」と彼は自問し，いてもたってもいられなくなった。

　「この子達のために小さなことから始めてみよう」と決心し，微博に子ども達の写真と自分の思いを載せたところ，思わぬほどの大きな反響と支持が得られた。リサーチ記者500名が参加を申し出て，深圳のある企業からは2万元の寄付があった。2011年4月2日，貴州省黔西県見沙ベイ小学校で湯気の立つほかほかの昼食が提供され，子ども達が嬉しそうに昼食を食べている様子が微博にアップされると，それを見た多くの人が涙を流した。その晩だけで16万元以上もの寄付が集まったという。

　「動き始めさえすれば，結果は後からついてくると分かった」と鄧飛がいう。元々は，留守児童が置かれている困難な状況を世間に伝えれば，この大きな仕事が終わると思っていたが，そうこうするうちに，子どもたちに食事の支援をしてくれる団体が見つからないという新たな困難にぶつかった。なければ作るしかないと，彼は中国社会福利基金会と手を組み特別基金を立ち上げ，合法的な公募権を取得した。特別基金の名前は「免費午餐（無料昼食）」にした。

　当時彼は公益分野での経験も技法もなかったが，リサーチ記者の長年にわたる蓄積と訓練のおかげで，迅速に問題の核心をつかむことができたという。「我々が学校に居座って自分たちで昼食を作るのは不可能だったので，無料昼食に参加したい学校と協議契約を結んだ。その内容は，学校が昼食を用意し，我々が割当金の支給と監督を行う。最初の工程から最後まで学校で行い，間に他人を関与させないこと」であった。また，活動を継続していくには，2つの問題を解決しなければならなかった。1つ目は食品の安全面で事故を起こさないこと，2つ目は寄付金を不正使用されないことであった。この問題点の解決法について微博で質問を投げかけたところ，ネッ

ト友達が4つの解決方法を教えてくれたという。

1. 学校の先生（校長先生は必須）と生徒が一緒に昼食を取ること。
2. 地産地消を目指すこと。
3. 帳簿を公開すること（学校に微博を開設するようお願いし，毎日収支を発表する）。
4. 村と学校が連携すること（村民委員会や保護者が力を合わせ，監督する）であった。

　仕組みはこのようにできた。次にぶつかった難題は，膨大な数に上るボランティアの管理であった。彼らの情熱と夢に賛同し協力するボランティアは数千人にも及ぶが，バラバラのボランティアたちをいったいどうやってひとつにまとめるのか？　ここでもリサーチ記者の経験が役立ったという。リサーチ記者として，どういう行動を取れば確実に失敗するかは分かっていたという。例えば，人の言うことを聞かないで自分の考えだけで決めたり，裏工作をしたり，汚職や腐敗に手を染めたりすること。結論としてこのようなことが起きないように，ボランティアたちにベースとなる価値観と判断基準を伝え，あとは自由にそれぞれの組織として成長させればいい。ただし，情報公開や透明性の確保，監督を受けることを必須の条件とする。もちろん，活動のやり方については法律の遵守やプロセスの標準化など，安定的に仕組みを運用できるように工夫し，「恣意的」な部分を減らすようにしているという。

　2011年11月，当時の国務院総理温家宝は，国が毎年160億元を拠出し，22の地区，680の県で「郷村学童栄養改善計画」を実施すると発表した。2014年，中央経済工作会議の席上で習近平総書記も「中国の貧しい子どもたちに公平で質の良い教育を受けさせよう」と強調した。だが，国が財源を投入したのは一部の貧困地区

写真6-12　子どもたちに給食を配る鄧飛

だけであり，全国で支援を必要としている農村すべてを網羅しているわけではない。また，財源が不十分であることから牛乳とビスケットしか支給できず，温かいおかずやご飯が提供されない場合も多い。さらに厄介なことに，一部の子どもは学校が提供した食べ慣れない外来食品のせいで病院に通う羽目になった。「国が動き出したから我々の出る幕がなくなったわけではない。逆に我々は何があっても撤退するわけにはいかず，打ち付けられた釘の如く村に張りつき，透明性が高く，みなが力を出し合い，かつ標準化された温かい食事を提供するモデルとなり，国の参考事例とならなければならなかった」と鄧飛が語る。

牛乳とビスケットだけの食事を提供していた学校に対して，「無料昼食基金」が調理師と一部の食費を負担し，それに加え，学校の微博の開設と携帯端末で帳簿に記載する方法をサポートし，学校が外部からの信頼と支持を得られるようにした。2014年，全国のボランティア代表が選抜した無料昼食管理委員会と監督委員会が立ち上がったことをきっかけに，鄧飛はこの事業を独り立ちさせ，また別の公益プロジェクトに着手するようになった。

「無料昼食での行動を通じて，私は変革の秘訣を垣間見ることができた」と彼は言う。

　　批判や責任追及で文句を言っているようでは，問題解決などできない。モバイルネットワークによって自由に情報のやり取りができるようになり，人・モノ・カネは大規模につながるよ

うになった。新しい価値を創造する準備が整っている。記者として，我々は調査を通じて真相を突き止め，問題がどこにあるのかを理解し，解決方法を積極的に探すことができる。公益活動として，自分たちの解決方法を直接実行することで，有効なモデルを構築し改革を推進することもできる。

　2012年7月に立ち上げた「中国郷村児童大病医療保険公益基金」，その後の「微博打拐」や「空飛ぶ小箱（暖流計画）」，「子供を性暴力から守るプロジェクト」といった活動も，農村の留守児童と接してきた中で新たに課題を発見し，それに挑む取り組みであった。さらに，2016年初頭には1つの家庭が1人の身寄りのない事実上の孤児を引き取るという「落穂ひろい行動」を展開し始めた。累積寄付額は5年間で2億5,000万元を超え，全国の20以上の省で100万人以上の農村児童が直接の受益者となったという。課題に直面しては公益プロジェクトを立ち上げ，寄付を活かした問題解決のモデルを作る。鄧飛個人もこれらの功績により数多くの受賞をしてきた。
　しかし，彼は「私の心にはある新しい疑問がわいてきた」という。

　　我々は留守児童を救済してきたようにみえるが，根本的な問題解決はできていない。子どもの両親は家におらず，一家団欒もない。子どもたちは愛情を注がれることもなければ，寄り添ってくれる人もいない。両親はお金を稼ぐまでは村へ戻ってこられない。誰もが理解していることだが，では，どうすれば村での仕事で収入を増やせるのか？　ある県委員会の書記が心配そうな顔でこう言った。自分たちの県は何千年にも渡って貧乏であり，考えられることはみんな考え尽くしたという。山奥の村で農民の収入を増やすなど本当に困難だと。

問題が起きてからそれに対応するだけでは問題はなくならない。原因を突き止め解決しなければ根本的な改善は望めない。それに気づいた鄧飛は，2014年11月から新しいプロジェクトを始めた。中欧国際工商学院の教授と200名以上の同学院卒業生とのコラボレーションで「e農計画」をスタートさせた。公益とビジネスを連携させて農村をサポートし，村の農産物を直接都市で販売することで，子どもたちの父親を帰郷させようという狙いである。

　2016年の全国両会（全国人民代表大会と中国人民政治協商会議）において，全国人民代表大会代表で湖北省人民代表大会常務委員会副主任の周洪宇が，ある議案を提議した。その内容は，第13次5カ年計画（2016年〜2020年）の間で，現在実施中の「栄養昼食計画」を「無料昼食計画」へ格上げするというものである。それぞれの地区の特色に基づき，味付けは地区の食文化にマッチさせるが全体としては統一された栄養基準を満たす昼食を提供する。同時に，速やかに「無料昼食」を立法化し関連する制度を定め，「無料昼食計画」の実施状況を適切に管理監督する機能を強化するよう呼びかけた。鄧飛の取り組みが，ついに制度化されることとなった。

　公益人ジャーナリスト鄧飛の公益人生は，慈善的寄付による救助と支援というレベルに飽き足らず，問題の所在を見出し，それにアプローチする実行可能なモデルを示し，制度を変革するという志向性を常に見せている。それは彼が職業の傍らで行う「公益活動」というよりも，彼が実践する「ジャーナリズム」のあり方そのものなのかもしれない。

　以上4人の公益人のストーリーから，彼らにとって公益の仕事や活動はまさにその生き方の根幹を反映していることが伝わってくる。「公益」は職業というよりも，まさにライフワークであり，自らの価値を実現する活動そのものである。彼らは，社会変革のために身を粉にして働く「高尚な人」というよりも，自分の能力と価値

第 6 章 公益人の生き方と公益圏の社会的性質に関する自省

を活かせる「現場」に出会えた「幸運な人」だといったほうが適切なのかもしれない。

第 2 節 自己実現か社会的役割か－公益人の思索と自問

公益に生きる価値を見出す公益人の姿が，中国社会の多くの現場でますます増えることが期待される。しかし，彼らが自らをどう定義し，打ち出す「公益」の価値はどこにあるのだろうか？ 自らの自己実現と果たすべき社会的役割についてどうバランスを取ろうとしているのか，彼らの声からヒントを見出していきたい。「公益慈善事業メディア」である「漫漁」がWeChat 公式アカウント「公益人」において，27 名の公益人の取材をし，その心の声を集め，映像を一部公開している。本節はその映像の内容を元にまとめている。

1. 公益人が語る「公益人とは」

4 分 13 秒の映像に 12 名の公益人が登場し，「私が考える公益とは」について語っている[5]。映像の最後に「私は公益人○○」とそれぞれ名乗っており，その名前を表 6-1（次のページ）に記し，彼らが語る内容についてまとめる。

「公益人」の定義について，「弱者」の痛みへの共感と正義感，「助けたい」という本能，貢献したい気持ち，名誉や利益ではなく「生きる手応え」を求める気持ちなど，「思い」に重きを置く言葉が多い一方で，社会問題の発見と分析と解決の「能力」を強調する意見もあった。「公益の実践にどう取り組むか」については，逆に資源の組み合わせ方，専門性，技術など「能力」を強調する意見が多く，

---

5 「漫漁」WeChat 公式アカウント「公益人」，2017 年 8 月 22 日，「公益人的声音（上）：一輩子做好一件事情，足矣」（「公益人の声（前半）－一生に 1 つのことがちゃんとできれば，それで十分」）https://mp.weixin.qq.com/s/O2u2K9iPzbNFydkJR0MoqQ（2017 年 10 月 30 日参照）。

233

表 6-1　公益人が語る「公益人」の定義と取り組み方

名前	私が思う「公益人」とは	公益を実践するスタンス
張文婕		関心を示すのではなく，積極的に参加する。
尚丙輝	虐げられている人を見ると見ていられず助けたくなる人。	バカだとよく言われるが，たぶん一生「バカ」は治らない。それでいい。
張　健	小さな「良い」ことを継続的にできる人。	可能な状況で今できることをやる。多くの場合私たちの手足を縛るのは「思想」で「体」ではない（張さんは車いすに乗っている）。
李桂泉	弱い者を助けたときは自分も安らかになる。	
梁海光	公益に対して強い「思い」を持つ人々。	能力に限界があるので，何もかもではなく1つのことを上手にやる，専門性を高める。「善良な願望」だけではできない。多くの資源を組み合わせる必要がある。
王　衛		一生をかけて1つのことをちゃんとできればそれで十分。
王木福	何か貢献したい人なら誰でも公益人になれる。	
肖鋭成	名利のためなら絶対に続かない。	それぞれの環境と条件の下で，それぞれの強みを活かし，技術と能力を発揮する。
鄧躍輝	輝かしいことを求めるのではなく，誰かの役に立っていると確かな手応えを求める人。	公益はボランティアを深化させたもの。ボランティアは「できることをやればいい」が，公益はもっと専門的な領域で専門的にできる。公益組織は社会的責任を担う。
雷　闖	公益を自分にとってずっと継続できる，満足できる仕事と見なす人。	あの年齢であのことをやらなければ今の自分はいない。経験こそ自分の人生を作り上げる。
鄭子殷	社会問題を発見でき，分析でき，解決できる人々。	誰でも助けを必要とする時がある。相手とは常に「対等」，そうすれば互いに暖かい。
王頌湯	他人の痛みに共感でき，人助けの本能を持つ人。	良い公益人は，諦めない。

「対等な関係性」,「一生をかける」,「諦めない心」,「バカでいること」など「思い」を示す言葉もあった。公益人の公益人生は「思いへのこだわり」と「能力の発揮」の両方に支えられているといえよう。その両方の最大化を図ることが,公益人の原動力となっているのかもしれない。

2. 自己実現と社会的役割の狭間で

2回目に掲載された映像は4分9秒であった。「公益人らしさとは」と「公益人としての葛藤」について8名の公益人が語っている[6]。同様に表にして示す。

「公益人らしさ」については,「多様で良い」,「1つのイメージではない」という認識がある一方で,「職業に留まらない自覚」,「とにかく行動する人」,「迷いのない信念と使命感」,「ポジティブシンキング」,「専門性がある」という自己認識が示された。葛藤として,

表 6-2　公益人の葛藤

名前	「公益人らしさ」とは	公益人としての葛藤
徐 亮 （シュ リャン）	公益人はもう昔と違って何らかの共通のイメージではもはや語れない。実に多種多様になった。 思いがあって専門性もあれば,公益人らしくできる。	どうすればもともと持っている強みを以てその分野をさらに深く耕し,もっと効果的な方法で成果をもたらせるか。
張 遂新 （ジャンスイシン）	公益をやるというのはこうでなければならない,というのはもはやない。公益自体は多元的だし,多様性を尊重しなければならない。だからわざわざ定義する必要もないのかな。	

6　「漫漁」WeChat 公式アカウント「公益人」, 2017 年 8 月 29 日,「公益人的声音（下）:做公益是自我認同還是一種社会角色？」(「公益人の声（後半）－公益は自己認識かそれとも社会的役割か」) https://mp.weixin.qq.com/s/umMayXrBb9CJpYF856mxvQ（2017 年 10 月 30 日参照）。

陳嘉俊 （チンジャジュン）	公益人は職業だろうかそれとも自己認識だろうか。職業として捉えるなら「公益組織に勤めている人」になるが，自己認識あるいは生き方（生存の仕方）として捉えるなら，それは社会に生きる「市民」が自らの姿に対する自覚になるはずだ。 この世界では，良いかどうか，勝ったか負けたかの違いはなく，行動力の違いしかない。だから引っかかることがあればとにかく発言して行動する。行動すなわち変革である。	いつも自問しているし仲間に聞いている。あなたは勤めに来ているのかそれとも「公益人」をやりに来たのか。あなたの態度，心のフィードバックはどうなっているのか。
雷建威 （レイジェンウェイ）	一に信念，二に使命感がなければならない。とにかく持ちこたえる，持ちこたえる，さらに持ちこたえていく。自分のやっていることに価値があるという確固たる確信がなければならない。この社会に美しい変化をもたらし，迷いもなく前に進む。	いったん公益人として生きるようになると，自分だけではやれないことに気づく。ほかの人たちを啓蒙し，牽引する必要が出てくる。
陳建宇 （チンジャンユ）	まずはポジティブシンキングかな。自分が楽しくなければ，人に楽しさや暖かさを伝えることもできない。	人助けは容易だが，組織を管理し責任を果たすとなると，そう簡単ではない。
詹敏 （ジェンミン）	まずは自分の生活の安定が土台になる。そして専門性。専門性がなければ効果的に活動することはできない。	一緒に動けば，多くの資源が集まるし，大きなこともできる。
巴索風雲 （パソフォンユン）		思いと実際の状況が結びつかない場合もある。 単に職業としてやるなら，伝統的なほかの産業と何も変わらない。
廬俊甫 （ルジュンプ）		自分の組織や自分の活動を過大評価する傾向。 公益には縄張りがないはずであり，みなつながっている。

「職業」を超えて「公益人でいること」を実践する難しさ，自分の専門性の活かし方，人と協力する，組織を運営する，他組織との関係性の難しさが語られた。公益をライフワークとする彼らにとって，職業としての公益は常に自分自身の修練を意味する。その修練によってもたらされる満足感に彼らは自らの価値を見出すが，同時に「職業」という一言で片付けられない困難な修行に耐える苦しさも垣間見られよう。

第3節　行政化，道徳化，市場化，そして人間性への問い

単なる「職業」を超える「公益」という人生の事業について，公益圏ではどのようにその性質が語られ，進むべき方向性について何が論じられているのか。本節では公益圏の社会的性質と位置づけ，進むべき方向性に関するいくつかの代表的な議論・論争を取り上げ，公益人たちによる自省の現状を示したい。

1.「公益」と「慈善」の違い

公益圏を生きる人々は自らのアイデンティティを「公益」に求めている。だが，2016年に「慈善法」が施行され，彼らの組織が「慈善組織」と呼ばれ，彼らの事業が「慈善活動」と定義された。これに違和感を覚える公益人も少なくないだろう。「公益と慈善は別物だ」との認識は，「慈善法」成立前からすでに公益圏で示されていた。

公益慈善論壇が2014年の11月と12月に，このテーマに関する議論を2本連載している[7]。その内容を見てみよう。

7　公益慈善論壇WeChat公式アカウント，2014年11月24日，張以勲，「公益和慈善，有什麼区別？（公益と慈善，どんな区別がある？）」，https://mp.weixin.qq.com/s/EME-DirGcsdBVG8P-Pn-LA. 同2014年12月22日，「公益,慈善大不同─如何理解公益？（公益と慈善は大いに異なる─公益をいかに理解すべきか）」，https://mp.weixin.qq.com/s/gndY8c2LjcxGn5ZLmYGdnw（2017年10月30日参照）。

237

まず，公益と慈善の区別について1つ目文章では「公益は公益，慈善は慈善。一方が他方を包括することはできなく，範囲の大きさの違いでもない。公益は公共利益を意味し，人類に限らず動植物や生態環境を含む公共の利益となる。公益も慈善もその根源は生命への愛にあるが，行動の面では全く2つの異なる次元となる」と指摘する。

　公益行動の次元とは，「社会的責任感と使命感」に基づき，社会的利益を求めるが，慈善行動の次元は「憐れむ心」，「見るに忍びない気持ち」に基づき，支援する対象となる個体のニーズを満たす。だがこの2つの次元はつながり，相乗しつつ同時に推進できると文章では指摘している。慈善行動を行う人が，個体の利益への注目から集団の利益，社会の利益に目線が転じた時に，現象の背後にある社会問題に気付くようになる。制度の変化を目指すアドボカシーや社会的な意識／観念を変えるための行動が必要となり，「公益」の次元に入る。

　　　貧困学生の支援をし，学業を完成させるのは「慈善」だが，現地の産業構造を変え就業機会を増やし，貧困から脱出させることや，教育資源の再配分を促し，教育権利の平等を促進することが「公益」になる。（中略）高齢者に席を譲るのは「慈善」だが，席を必要とする人に席を譲るような社会づくりの運動を起こすのは「公益」である。100元寄付するのは「慈善」だが，寄付しやすい社会的雰囲気を作り，そのための社会的意識や法律制度の改善を推進するのは「公益」になる。

　このように，個別支援の行動を「慈善」，社会変革を志向する行動を「公益」と定義し，区別を示している。

　2014年12月に2つ目の文章が掲載されたのは，上記の文章に

第6章　公益人の生き方と公益圏の社会的性質に関する自省

多くの反響があったことを受けて，もう一歩進んだ議論を行うためであった。著者張以勲はまず 2013 年と 2014 年の「中国公益慈善プロジェクト交流展示会」のテーマに疑問を示す。

　　2013 年は「慈善が中国をもっと美しくする」，2014 年は「慈善，社会進歩の助力」であった。「公益慈善プロジェクト交流展示会」のはずだったのに，「公益」はどこに消えてしまったのだろう。思うに，「慈善」に飲み込まれてしまったのではないだろうか。

　著者は慈善法の立法についても同様の疑問をぶつける。なぜ「公益慈善法」ではないのか。また公益が飲み込まれてしまうのだろうか。「慈善に飲み込まれてはならない公益」を明確にするために，著者は「公益を如何に理解すべきか」について，再度公益の「社会性」を強調する。

　「公益は無数の個体の具体的な利益に関わるが，それを超えるものでもある。それは人間社会内部にとどまらず，自然生態，万物との共生関係をも内包する」。著者は公益の背後に必ずみんなが共通して直面する社会問題があると指摘する。それらはしばしばマクロ的な，普遍的で根源的な問題であり，制度や価値と利益の衝突に際して政府や市場がうまく機能しない場合，これらの問題が生じる。政府にも市場にも「自己調整」が求められるが，社会問題の解決には「社会自治の力」が不可欠だと著者が指摘する。

　この 2 つの文章における見解は，基本的に「公益」を「公共性」の軸で定義しており，「民による公共性の役割」を説いている。市民社会の理論的枠組み，とりわけ西洋型市民社会論をある程度把握している人にとっては馴染みのある議論となっている。

　公益圏の顔となっているアリババグループ会長の馬雲もこの問題

について論じている。オピニオンリーダーである馬氏の言葉はつねに公益圏注目の的である。

2016年12月，馬雲の講演がWeChat上で多く転載された[8]。馬雲は「公益の機能は，すべての人の心にある『善良』を呼び起こすことだ」と述べ，「公益のマインドにビジネスの手法を加える。これが最も効果的なやり方となる」と主張する。

講演において馬雲は，公益と慈善を区別する必要があると述べ，「慈善で大事なのは与えること，公益で大事なのは参加すること」だと語る。このように馬雲も同様にPublicとPrivateの軸で公益と慈善を区別している。慈善は自らの善良を表現するものだが，公益はより多くの善良を呼び起こすものである。慈善は個人的行為だが，公益は集団的行為を主とする。慈善は善良な心があればできるが，公益には能力が不可欠となる。「公益のマインドにビジネスの手法」というのは，「公益を実践する能力」としての馬雲の主張である。

慈善法において，「慈善」と定義づけられることによって公式の法的承認を得た公益圏だが，自らの性質を「慈善」と自認するには至っていないように見える。便宜上「公益慈善」と2つの言葉を並列して使っているが，Publicを動かすからこそ「公益」だという認識がすでに一定の共通認識となっており，だからこそ第4章で紹介したように，慈善法における「慈善」という言葉についても，わざわざ「大慈善」と解釈を加え，狭義の慈善から一線を画そうとしている。

2. 行政化，道徳化と市場化を巡る議論

公益圏のあり方と方向性について，行政化，道徳化と市場化が最

8　サービスパワーWeChat公式アカウント，2016年12月21日，「公益与慈善的区別　馬云講演（公益と慈善の区別　馬雲氏講演）」，https://mp.weixin.qq.com/s/oDwzTmu5MBKBaEddJYdDXA（2017年10月30日参照）。

第 6 章　公益人の生き方と公益圏の社会的性質に関する自省

も重要な 3 つのキーワードだといえる。とりわけ「どのように公益のマインドにビジネスの手法を加えるか」，というのが現在中国の公益圏において最もホットな論点だといえる。オピニオンリーダーたちが引き起こしいくつもの議論の浪を見てみよう。

　第 4 章でも言及した公益分野の専門雑誌である『中国慈善家』[9] に，2014 年，徐永光の文章「公益市場化雛議（公益市場化に関する一考察）」が掲載され，話題を呼んだ [10]。徐は 2010 年頃から社会的企業や社会起業家の育成を熱心に提唱し，その主張の主旨が「市場化」という言葉によって鮮明に打ち出された。「公益市場化」とは，ビジネスの手法と市場の力で公益を実践することを指す。社会的企業の国際的潮流 [11] を念頭に徐は，「公益市場化こそ人間社会の進むべき道であり，市場化によって行政化に対抗し，公益を民間の手に戻し，常識に回帰させ，理性に回帰させ，法治に回帰させるべきだ」と主張する。つまり，「市場化」の提起は，党と政府のコントロール強化による「行政化」に対して提起した「民の公益」を取り戻すための主張であった。

　「市場化」提起の背景として，公益慈善分野が「国の手足でお手伝い」に過ぎず，寄付も「隠れた税金」に過ぎないのではないかと

9　『中国慈善家』は 2010 年 12 月に中国新聞社によって創刊された公益慈善専門の月刊雑誌であり，創刊の趣旨として以下のように掲げている。「我々は慈善の力を信じ，ソーシャル・イノベーションの意味を信じる。世界がどこに向かい，資産の意味と帰結はどこにあり，個人が社会にどう影響を及ぼすことができるかに，我々は注目する。資産の創造者と管理者を主たる読者とし，資産の活かし方，慈善公益，社会的課題に関する深い考察と分析を掲載していく。我々は，中国における資産活用に道しるべを示し，ソーシャル・イノベーションの推進者と慈善分野のシンクタンクとして，公益慈善に関連するトピックスをパブリックに提示し，中国の慈善家集団を育て，社会と経済の文明度の進歩に貢献したい」，http://www.icixun.com/about/aboutus/（2017 年 10 月 30 日参照）。

10　南都基金会公式 HP の「徐永光コラム」より，http://www.naradafoundation.org/html/2014-04/16875.html（2017 年 10 月 31 日参照）。

11　社会的企業などのソーシャル・ビジネスの国際的潮流については，例えば OECD 編著，The Changing Boundaries of Social Enterprise, 2009=2010，連合総合生活開発研究所訳，『社会的企業の主流化－「新しい公共」の担い手として』（明石書店）を参照されたい。

241

いう「国進民退論（国家が進み，民が後退する）」が浸透していたことが挙げられる。その状態からどう脱出できるのか。徐は「何道峰による『経済，社会と政治を共に市場化すべきだ』との議論に触発され，『市場化によって行政化に挑戦する』との発想が生まれた」という。温州出身の徐は，「事功務実，義利并重（実用主義でありながら義と利の両方を重んじる）」という地元の永嘉学派の文化的伝統が体に染みこんでいるという。その影響で「市場化の発想は生まれつき持っているかもしれない」と語る。

> 公益市場化の対立面が行政化である。『法学大辞典』によれば，行政とは国家行政機関が公共的事柄に対して行う組織的な管理活動を意味する。公益行政化はまさに民間公益を国家の公共管理と混同し，民間公益に対しても組織的な行政的管理を行うことを意味する。民間の公益慈善は個人の権利の範疇だが，行政化は権力によって導かれる。公益行政化の結果（中略）民意が操作され善意が傷つき，公益慈善の生態環境が悪化する恐れがある。それに対して市場化は「権利」によって導かれる。民意を尊重し，善意を育み，市場のルールに従っていなければやっていけない。結果，良好な公益慈善生態環境が構築され，公益市場も大きくできる[12]。

このように，徐は行政の手足と化す公益慈善領域に警鐘を鳴らし，対抗策として「市場化」を提起したのが分かる。しかし，市場化の提起は多くの批判を招いた。「行政化に対抗すること」への批判ではなく，「市場」という言葉に付随する利益優先，利己主義と物質主義，弱肉強食の側面に多くの公益人が反発したと考えられる。こ

12　南部基金会公式HPの「徐永光コラムより」，http://www.naradafoundation.org/
html/2014-04/16875.html（2017年10月31日参照）。

れらの批判を受けて，2016 年，徐永光は「公益要去行政化，去道徳化，不可去市場化（公益は行政化，道徳化を排除すべきだが，市場化を排除すべきではない）」を発表し[13]，市場化の主張をより詳細に解釈し，「行政化」だけではなく「自己犠牲的な道徳化」にも対抗しなければならないと反論した。文章が中国発展簡報に転載され，WeChat 上でも盛んに転送され，広く反響を呼んだ。

　「この 2 年間で公益市場化を警戒せよ，賛成できないとの批判を多く受けた。批判は歓迎するが，私を説得できるほどの根拠を挙げられた人はいなかった」と徐は述べ，「市場化とは本来中性的な言葉で，ニーズに基づき，公平な競争と適者生存を手段とし，資源の十分な合理的配置を求め，効率の最大化を実現していく仕組みを意味する。公益市場化の根本はまさにボランタリー（自発）精神にほかならない。通常の公益活動ならすべて自発的で，等価交換と有償の市場交換ルールに基づいて行う必要がある」と，「市場」に伴うマイナスイメージの払拭を図り，市場のルールは公益活動に不可欠だと主張する。

　公益を「自己犠牲に基づいた奉仕」「利他の精神の体現」とすることに，徐は激しく反発する。「利他」の強調によって人々の功利心を排除するのは，「道徳の武器化」，つまり道徳で人をむりやり拘束するのと同じだと批判する。「自己犠牲的な奉仕は人間性に反するだけではなく，神の意志にも反する」と述べ，「良い行いに良い報いがある」のは自然の摂理なら，物質的な報いも排除すべきではなく，むしろコストを払ってもらったほうが，効果が上がると指摘する。

13　中国発展簡報，2016 年 5 月 16 日，「徐永光：公益要去行政化，去道徳化，不可去市場化（公益は行政化，道徳化を排除すべきだが，市場化を排除すべきではない）」，http://www.chinadevelopmentbrief.org.cn/news-18581.html（2017 年 10 月 31 日参照）。

市場のシステムはまさにアダム・スミスの言う「神の手」である。商業もしかり。商人は自分の利益を求めるために利他的になり得る。公益もしかり。人々は利他によって自らの利益を実現し，精神的な満足感を得て，道徳的な新境地に入り，魂の救いを得る。

　創造性の欠如，市場化の程度の低さが，中国の公益圏の発展を制約する以外の何ものでもない。公益の道徳化はさらにそれを悪化させる。組織内に目を向ければ，道徳的な優越感は公益活動の効率低下に言い訳を与えてくれる麻薬に過ぎず，組織の能力不足を隠し，適者生存の公正な競争から逃げる免罪符に過ぎない。組織外に目を向ければ，道徳化によって公益人の労働条件が悪化し，正当な報酬が得られず，創造的な取り組みに対する寛容な環境もなくなる。さらに恐ろしいのは，道徳家が公益圏における発言力が高まり，道徳的審判が法律を超越する恐れが出てくる[14]。

　このように道徳化の危険を指摘し，徐は文章を括る。「僕は再度大きな声で呼びかけたい。公益道徳化を警戒せよ！」

　公益圏の行動原理は行政とも市場とも異なるはずだと考える多くの公益人にとって，この主張は衝撃を与えたことが容易に想像できよう。徐が「市場」というシステムを理想化しすぎてはいないか。道徳を悪者にしすぎてはいないか。公益はどのように両者の間でバランスを取っていくべきだろうか。この文章への感想や見解が多くWeChat 上で交わされた。

　代表的な反論意見として，「社会創業家」という WeChat 公式アカウントに掲載された，大雄と名乗る公益人の文章「為什麼公益人需要有"道德優越感"？（公益人には道徳的優越感が必要な理由）」

14　同脚注 13

第 6 章　公益人の生き方と公益圏の社会的性質に関する自省

を取り上げたい[15]。公益の専門化と職業化を進めてきた大雄はかつて「公益道徳化の排除」に大いに賛成であったが，自らの経験で考え方が変わったという。大雄は以下の 4 つの面から徐の議論に反論している。

　第 1 に，道徳的満足感は組織の仕事の効率とは直接的な関係はなく，公益人の仕事にとってプラスの効果を与えることも十分に考えられる。まず公益組織の仕事の効率は決して低くない。しばしばたいへん少ない資源で大きな成果を上げている。効果が目立たないのは，資源があまりにも少ないこと，もしくは取り組んでいる社会問題があまりにも深刻で規模が大きいことなどに原因がある。また，競争がうまく展開されないのは道徳を言い訳にしているからではなく，行政による管理と介入が厳しすぎるからであり，ボランティアや資金などの資源の絶対数が少なく，そもそも競争するほどの量がないのも一因である。そして道徳的優越感は公益人を保身的で自己満足的にするのではなく，むしろ闘志を向上させ，社会的監督体制ができていない現段階でも，公益人に道徳的な自律性を身につけさせる。

　第 2 に，なぜ公益人に道徳的優越感があるのかを考える必要がある。それは，公益人は公共の問題に対して，他人の痛みに対してことのほか「敏感」だからである。このような敏感な人が普通に世間に大勢いるなら，彼らは優越感を感じることもないだろう。世間の認識，理解，支援が足りないからこそ，彼らが自らの存在に対する自己肯定感として，道徳的優越感を持つのである。

　第 3 に，従って，公益人の道徳的優越感は，社会による「支持の欠如」に由来するといえる。優越感は視野の狭さから来る。たくさ

15　社会創業家 WeChat 公式アカウント，2016 年 5 月 25 日，「争鳴：為什麼公益人需要有"道徳優越感"？（論争 公益人には道徳的優越感が必要な理由）」，https://mp.weixin.qq.com/s?__biz=MzA4NDA0NjIwMw==&mid=2651352564&idx=1&sn=f670e200eb27a25664e32a9de17bea02&scene=0#rd（2017 年 10 月 31 日参照）。

んの「すごい人」を知る機会があり，自分より優れたアイデアや能力のある人にいっぱい出会えれば，優越感もなくなる。公益人に道徳的優越感があると言うなら，それは彼らが出会えるような支援者，同業者，関心を示す人々がまだまだ少ないからである。

第4に，強烈な優越感が「不健康な心理状態」だというなら，直し方を考えなければならない。最も簡単で直接的な方法は，その公益組織に寄付することではないか。強力な社会的な支えがあれば，「優越感」に頼って自分自身を支えなくても済むようになる。

大雄は現場を這いずり回る公益人らしく，ユーモアを交えながら「上から目線で論評するオピニオンリーダー」に反論し，自らの「道徳感」に勇気づけられ突き進む公益人の姿を示した。

3.「二光之争」が示すもの

「道徳的優越感が嫌ならもっと支援せよ」という大雄の主張は，現場公益人の「実用主義的な」反論だといえる。より根本的に「市場化」という方向性に対して異議を唱えているのは，公益圏の「NGO」的側面に価値を置く論者たちである。象徴的な事件は，2017 年 9 月に市民社会の代表的な研究者，人民大学教授の康暁光が徐永光の近著，『公益向右，商業向左：社会企業与社会影響力投資（公益が右へ，商業が左へ―社会的企業と社会的インパクト投資）』に対して，痛烈な批判を浴びせた「二光之争」である。この事件を語る前に，なぜ NGO 的価値を重んじる者が徐の「市場化論」に対して反感を覚えるのか，それを理解するために，劉韜の「警惕 "公益市場化"（公益市場化を警戒せよ）」[16] と吉家欽の「"公益市場化"：NGO 公益的終結？（公益市場化―NGO 公益の終焉か）」[17] を取り上げ

16　中国発展簡報, 2016 年 4 月 7 日, 劉韜「警惕 "公益市場化"（公益市場化を警戒せよ）」, http://www.chinadevelopmentbrief.org.cn/news-18473.html（2017 年 10 月 31 日参照）。

17　中国発展簡報, 2016 年 5 月 23 日, 吉家欽「"公益市場化"：NGO 公益的終結？

ておきたい。

劉は「公益」ないし「慈善」によって「NGO」を代替すること
に疑問を呈する。公益も慈善も最初から「良い行い」の意味合いか
ら逃れられない。しかしNGOの社会的役割はもっと複雑で豊かな
含意を持つ。公益と慈善だけでNGOを語るのは，社会的進歩や正
義に対するNGOの追求を破棄させ，単なる「サービス供給業者」
に矮小化してしまう恐れがある。「市場化」という発想は，まさに
NGOをそのような「サービス供給者」としてしか見ていない捉え
方を反映していると劉は指摘する。

> すべてのNGOにとって，その政治性（political nature）は
> 生まれつきの，疑問の余地がない性質であり，現実的な環境
> の制約から我々はこの問題を自覚的にないし無自覚に回避し
> てきたが，だからといってNGOを国家と市場の単なる「補
> 完」とするわけにはいかない。「公益市場化」の主張は，完全
> にNGOの政治性を抜き取った主張であり，それはNGOの現
> 実には合わず，NGOの未来にとっても無益である。「市場化」
> を提案する前提はそもそも間違っている。

劉は中国のNGOの発展への徐永光の貢献を肯定しつつも，「大
物が領域全体の方向性について指図する現状はまさにNGO領域の
未熟さを物語る」と嘆く。NGOの存在意味は「多元性」にほかな
らない。豊かで多様な実践が多様な視点を生み出す。「大物の指図
は要らない。今までNGOが歩んできた20年を見れば分かるように，
道は常に私たちの後ろにある」。そして市場化の主張の危険性につ
いて，「行政化に対抗するどころか，逆に国家と市場がすぐさま癒

――――――――――
（公益市場化－NGO公益の終焉か）」，http://www.chinadevelopmentbrief.org.cn/
news-18603.html（2017年10月31日参照）。

着し，NGO をより効果的に飼い慣らすことになるだろう」と警告する。

吉家欽の立場は劉と相通ずる。吉は公益に対する基本的な理解をこのように述べる。「公益は確かに共同体全体の利益の向上を目指すものだが，同時にそれは一部の人の利益を抑制する正当な理由でもある。公共利益を個人の利益に立ち戻って考えることができなければ，それは虚構に過ぎない」。すなわち，公益は誰を抑制し，誰を守るか，どのようにバランスを取るかという問題に関わる。「公益」の語り方は，語り手が誰なのかによって異なってくる。「NGO は社会的公平と正義，例えば弱者の問題に最も重きを置き，弱者の参加と受益を強調するが，政府は政治的な行政と関連する指標を重視し，企業は費用や利益の側面に注目する」。

このような状況において，NGO にとって公益市場化は，「NGO 領域の独立と価値志向性を譲らない前提において，市場や商業と連携し，市場の仕組みやモデルを導入し，より創造的に，実践の効果を高めるために市場から学ぶことを意味するはずだ」と吉は主張する。「市場化」は手段であり，方法にすぎない。前提は NGO の独立性と価値志向性の効果的な保持と活かし方である。従って「公益市場化」は行政化や道徳化に対抗する手段ではなく，あくまでも NGO の価値追求を実現するための道具に徹するべきだと主張する。

第 3 章の先行研究で見てきたように，中国の市民社会領域について，それを示す用語が NGO や民間組織から社会組織，公益組織，そして慈善組織へと変化してきた。上述の劉はそれについて，「単なる用語の変化ではなく，この領域の主旋律の変容を物語っている」と指摘する[18]。公益と慈善についても概念の相違が論じられているが，NGO 的価値を公益慈善の主旋律の中でどう表現できるの

---

18 同脚注 16。http://www.chinadevelopmentbrief.org.cn/news-18473.html（2017 年 10 月 31 日参照）。

か，埋没への危機感を劉と吉の文章から読み取れよう。

そして 2017 年 9 月，「二光之争」が勃発した。起因は 2017 年 8 月に徐永光が発表した新著に対して，康暁光が「駁 " 永光謬論 "：評徐永光《公益向右，商業向左》（永光のでたらめを批判する－徐永光『公益は右へ，商業は左へ』批評）」を発表したことである[19]。この本は徐の一貫した「市場化」の論理に基づき，社会的企業だけではなく，社会的インパクトを拡大させるための社会的投資の重要性を主張している。康による批判の主旨は，徐の「商業的立場」にある。「公益と商業の関係の問題はもはや時代的な問題となっている。徐は商業側の立場に立って，しかも狭隘な商業的立場に立ってこの問題に解を与えようとしている。その方法は間違っており，ロジックは混乱しており，立場は邪悪であり，弊害は巨大である」と，激しい言葉で綴られている。

康の怒りはどこから来ているのだろうか。下記から一端を読み取れよう。「徐の議論は奇々怪々だといえる。例えば小さくて美しい取り組みは所詮役立たずであるとか，公益組織は税金の無駄遣いであるとか，『公益で道を開き，商業で（問題解決のモデルの）普及を図る』とか。人を引きつけるための文章術だと思いたかったが，そうではなく，これらはまさに彼の心の立場，態度，情緒の如実な反映なのだと気づいた」。そして康は「利他」こそが慈善の本質であり，利他の否定から展開される「市場化」はそもそも慈善の否定になると徐の論理的矛盾性を指摘する。

論理はともかく，康の批判が，主に「徐が公益人の立場に立っていない」ことに対してであったといえる。公益人ならば，小さくて美しいものの価値を否定しないはずだ，公益組織をエンパワーメン

19　慈訊ネット，2017 年 9 月 15 日，「康暁光，駁 " 永光謬論 "：評徐永光《公益向右，商業向左》（永光のでたらめを批判する－徐永光『公益は右へ，商業は左へ』批評）」，http://www.icixun.com/2017/0915/5882.html（2017 年 10 月 31 日参照）。

トしたいはずだ，「結局は商業によって解決法となるモデルを普及させるしかない」とは考えないはずだ。徐の立場は「公益圏」の存在価値に対する根本的な否定になる，と康が主張したかったのかもしれない。

この批判に対して，徐は早速反論を発表した[20]。利他性を否定していないと述べた上で，自分が商業万能論を唱えたという康の批判は「誤読」によるものだと主張する。「この本で言っているのは，公益を超えるだけではなく，商業をも超えることだ。それを康は全く読み取れなかった。（中略）商業は利己的で公益は利他的であるという見方は多くの公益人が陥りやすい落とし穴である」。康が主張する「公益社会化（公益を社会の手に戻す）」ついては，「社会化」は目標であり，市場化は手段だと答えている。

二光之争について，一連の議論が巻き起こり，どちらかに賛同する者もいれば，両方に一理あると戸惑う者もいる[21]。中国扶貧基金会前事務局長の何道峰が『中国慈善家』の要請を受けて，両者の論争に関する論評を掲載している[22]。彼によれば，二光の主な対立点は「社会的企業」への捉え方にあるという。徐は大量の社会的企業の成功例を本で取り上げ，中国の公益圏の問題は制度的な束縛や行政化にあるのではなく，公益人自身の努力不足にあると指摘する。道徳的優越感に浸り，作り出した GDP はアメリカに比べると

20 慈訊ネット，2017 年 9 月 15 日，「徐永光，你還是那個説破"皇帝新衣"的小孩，這次是対貴公益圏（徐永光，あなたは相変わらず「王様は裸だよ」と叫ぶ子どもだね。今回は公益圏に対してだ）」，http://www.icixun.com/2017/0915/5883.html（2017 年 10 月 31 日参照）。

21 例えば，周如南，2017 年 9 月 20 日，「従"二光之争"談中国公益道路該怎麼走（二光之争から中国の公益がどこに向かうべきか探る）」，http://china.caixin.com/2017-09-20/101147878.html；周健，2017 年 9 月 16 日，「如何評価康暁光駁"永光謬論"一文？（康暁光による「永光のでたらめ」の指摘をどう評価すべきか）」，https://www.zhihu.com/question/65342873，などが挙げられる。（2017 年 10 月 31 日参照）。

22 何道峰，2017 年 10 月 16 日，「何道峰評"二光之争"：商業之道，公益之徳（何道峰が二光之争を論評する－商業の道，公益の徳）」，http://www.icixun.com/2017/1016/5904.html（2017 年 10 月 31 日参照）。

第6章　公益人の生き方と公益圏の社会的性質に関する自省

10分の1にすぎない。それを改善するためには，社会的企業における利益の配当も認めるなど社会的企業を力強くプッシュし普及させていかなければならないと主張する。

　　　永光は止まることを知らない大きな少年のようで，常にイノベーションを求め，変化を求め，日々進化する新世界を抱擁しようとする。しかし暁光は緻密な学者であり，定義し，正確さを求め，制度を考え，公益の理論的原理原則を守ろうとする。

　何は「両者の気持ちとロジックはいずれも分かる」としながら，康暁光と同様な心配を持っていると示す。まず中国の公益圏が現在直面している最も大きな課題は，「権力か法治か」であり，法治が実現できなければ公平な競争に基づく市場化の運営も望めない。第2に，公益圏は「私」の力を公共利益の構築に活かす分野であり，その範囲は広く，中には社会的企業方式で効果的に解決できる問題もあるかもしれないが，逆に企業化ではどうしようもない分野も多い。第3に，社会的企業の普及を極端に追求すると，営利企業と社会的企業，公益組織の区別がなくなってしまう。

　何の論評は，ベテランの業界人らしい専門的な分析である。「二光」は2人とも公益圏を代表する論客だが，徐は南都基金会の理事長として，かつての希望プロジェクトの仕掛け人として，具体的な社会問題の解決を公益の目標と考える側面が強い。公益圏の存在と強化がその目的ではなく，社会問題の解決に公益の効果を発揮させることが目的である。つまり，徐にとっては「公益」もツールにすぎないのかもしれない。それに対して康は政治学者として，「公益圏」の存在自体の価値を見出そうとする。政治統治において公益圏の正当性がどこになるのかに関心がある。2人の行き違いは，同じ「公益人」でありながら願う「公益」の姿が全く異なることによるといえよう。

251

張映宇による「徐康公益之弁，一場可能没有結論的争論（徐康の争い，結論のない論争）」は，二光之争の争点を次のように分かりやすく端的に示している[23]。

　　この論争で，徐永光は主に「ご飯を食べる（生計を立てる）」角度から公益の持続可能な問題を論じた。康暁光は主に人間性の角度から，公益のアイデンティティとなる根っこについて論じた。徐永光の市場化の主張はいいが，社会的企業が公益圏の問題の処方箋になるのかさらなる検討が必要である。康暁光の人間性の主張も問題ないが，公益組織が実践の中で直面する持続可能な発展の問題に解を与えるものではない。

　素朴だが的を射た指摘だといえる。規模化によって効率的に効果的に社会問題を解決しようとする実用主義者の徐と，人間性の利他的側面への回帰を唱え，公益圏が示すべき価値へのこだわりを示す康，いずれもよく分かる論理だが，いずれも「高所」から放たれた議論ともいえる。
　さて，現実問題にどう向き合っていくのか。本章第1節と第2節で登場した公益人の声からは，徐と康の論理を「等身大」に翻訳した言葉が見出せよう。「社会に評価される能力」と，「自分自身が信じる価値と感覚への思いとこだわり」である。どちらかではなく，「どちらも」公益人の生き方には欠かせない。問題は，能力の発揮と思いや価値への追求を矛盾した対立面に追い込むのではなく，逆に相補するもの，相乗効果を発揮する両輪にしていく上で，今の政策と資源環境の何が障碍となっているのか，考えることではないだろうか。

23　新京報電子版，2017年9月18日，張映宇「徐康公益之弁，一場可能没有結論的争論（徐康の争い，結論のない論争）」，http://epaper.bjnews.com.cn/html/2017-09/18/content_695785.htm?div=-1（2017年10月31日参照）。

第 7 章

公益人による
ソーシャル・イノベーションの求め方

公益圏の制度づくりの進展に伴い，公益人は公共を担う資格が公式に認められた一方で，党と政府による選別的管理の対象となり，非制度的に活動する自由度が減っていった。政府購買を中心とする体制内資源が著しく増大し，大企業や基金会がリードするネット寄付の仕掛けや各種プロジェクトも目白押しだが，公益人にとってそれは常に「選抜される」を意味する。そのような資源が強大であればあるほど，力ある者たちの意図と要求と規格に合わせるしか選択肢がなくなる。

　前章では，公益圏のあり方に関する公益人たちの思索と自省，論争と迷いを見てきたが，それでも彼らは自分自身の思いの実現と能力の発揮を求めてやまない。視点や重視する側面，そして方法論がそれぞれ異なっていても，公益人はともに現状に何らかの変化をもたらそうとする。「ソーシャル・イノベーションを求める」ことが，公益圏が共有する最もベースとなる認識なのかもしれない。

　ソーシャル・イノベーションはしばしばビジネスの手法による社会問題の解決（前章で言う公益市場化）と同一の文脈で語られるが，文字通りに理解すれば「社会的革新」，すなわち社会的な仕組みや価値観を新しくすることを指し示しており，「市場化」に限られたものではない。本章では中国の公益圏がどのようにソーシャル・イノベーションを捉え，どのような志向性の下で如何なる取り組みが行われているのかを検討した上で，周りの環境の変動に翻弄されながらも自らの生きる価値を目指し，それぞれのスタイルを見出そうとする公益人が，如何に自分の公益スタイルを活かし社会の革新につなげようとしているのか見ていきたい。

第1節　ソーシャル・イノベーションの文脈－３つの公益思想

1. 中国におけるソーシャル・イノベーションの定義

　中国ではソーシャル・イノベーションはどのように論じられているのだろうか。「イノベーション」は習近平政権の経済政策を示すキーワードとなっている。2014年夏のダボス会議で李克強総理が「大衆創業，万衆創新（大衆による起業，万人によるイノベーション）」という「双創（2つの創造）」の重要性を強調し，2015年の政府事業報告にも書き入れ，中国で「創新（イノベーション）」が一気に各領域で最も注目される動向となった。2017年10月18日に，NHKが「クローズアップ現代」において「習近平の中国」をシリーズで取り上げる際に，急ピッチで加速する「創新経済」を紹介し，イノベーションにかける中国の意気込みとエネルギーを指摘している[1]。ITやロボット開発などの技術面のイノベーションと，シェア自転車や無人コンビニに象徴される技術を活かしたサービス業のイノベーションが示すように，新たな産業としてイノベーション産業が凄まじく発展している。しかし番組では中国国務院発展センターの馬淑萍氏の次の言葉を紹介している。「新しい技術やイノベーションは必要ですが，それと同時に，既存の産業の構造改革も行なわなければならない。新しい産業が古い産業に完全にとって代わることはできない。今，中国はその転換期を迎えている。社会や産業の構造を大きく見直さなければならない段階に来ている」。すなわち，イノベーションは単にイノベーション産業を活発化させるだけでは実現しない。既存の社会と産業の「構造改革」が不可欠だと馬が主

1　NHK番組紹介，http://www.nhk.or.jp/gendai/articles/4048/index.html（2017年11月2日参照）。

張している。経済のイノベーションを深化させるには，ソーシャル・イノベーションが同時に必要となる。

張強・胡雅萌・陸奇斌 (2013) は海外におけるソーシャル・イノベーションの先行研究を検討した上で，中国におけるソーシャル・イノベーションの定義を紹介している。それによれば，先行研究ではソーシャル・イノベーションの定義が3種類提示されているという。1つはソーシャル・イノベーションの「目的」による定義であり，政治的目標と経済的目標から区別された「社会的目標」への追求が強調される。社会的使命，社会的ニーズに応えるための創造的な行動ないしサービスとして定義される。第2はソーシャル・イノベーションの「過程」を強調する定義であり，より多くの人がより良い生活を実現していくために，貧困や病気，環境破壊や人権侵害，腐敗などの社会問題の新たな解決方法を探求する「プロセス」だと主張する。社会組織による取り組みだけではなく，多様な協働関係やネットワークによる実践，ビジネスモデルなどもそのプロセスに含まれるという。第3はソーシャル・イノベーションの「結果」を強調する定義であり，具体的な社会的課題の解決と，それまでになかった新たな秩序と価値観の形成や社会的進歩の達成を重んじる。海外の先行研究におけるこの3種類の定義を踏まえて，中国の研究者たちは次のようにソーシャル・イノベーションを定義しているという。

　　ソーシャル・イノベーションとは社会生活に関わる基本的理念，組織と制度のイノベーションの過程であり，古い社会生活の様式もしくは体系的土台の上に新たな運営モデルが成り立つプロセスである。そこには古い生活様式もしくはシステムに対する否定，理念・組織と制度面における大胆な改革，全く新しい理念・組織と制度に向けた探索などが含まれる。(張・胡・陸，2013：126-127)

第7章 公益人によるソーシャル・イノベーションの求め方

このように，ソーシャル・イノベーションは社会生活に関する理念と組織，制度全般に及ぶ創造的な変革であり，単に「公益市場化」を意味するわけではない。同じ公益人でも，立場やスタンスが異なると，ソーシャル・イノベーションを語る文脈も異なってくると考えられる。

2．3つの公益思想

董強は「中国公益正在出現的若干主義（中国の公益に見られる若干の○○主義）」と題する文章を発表し，公益圏の思想を3つに整理している[2]。以下で概要を示す。

第1は「公益原理主義」だという。それは公益の本質的な純粋性を追求し，利他性，公共利益への志向性を公益の本質と見なす考え方であり，「国家と資本に対して高度な警戒を示す」という。康暁光はこの思想の代表者であり，公益圏の「自主性」を何より重んじる。国家だろうと資本だろうと公益圏に入ると，公益圏を「植民地化する」恐れがあると主張する。朱健剛も同様に，慈善領域は資本のロジックに左右されるべきではないと考える研究者である。「効率，コスト，資本を判断基準とする市場の価値観が公益圏を支配するようになったら，平等，愛，参加，団結などの公益的価値観が周辺化され消えてしまう」と警告する。

第2は「公益市場主義」である。市場の巨大なポテンシャルを前に，伝統的な公益手法を改め，公益圏を社会的経済のエンジンにすべきだと考える思想である。代表的人物は徐永光であり，行政化と道徳化を排除するために市場化をどんどん推進すべきとの主張を近年繰り返している。「3分の1の公益組織を淘汰しなければ公益

---

2 中国発展簡報，2017年10月9日，董強，「中国公益正在出現的若干主義（中国公益に若干の○○主義登場）」，http://www.chinadevelopmentbrief.org.cn/news-20222.html（2017年11月1日参照）。

257

圏に救いはない」,「公益人の99％は自己利益のためにやっている」,「公益によるイノベーションは規模化を実現しなければただの見せかけ」,「慈善事業にお金を渡すだけなら命取りになる」などと,挑発的な議論をいくつも投げかけてきた。公益市場化の主要な論者としてほかにも何道峰,涂猛,劉文奎など「公益実務派」と呼ばれる実践畑のリーダーが挙げられる。社会的企業と社会的インパクト投資が彼らの主張の柱となっており,社会的企業の大規模化と社会的インパクト投資の普及を求めている。

第3は「公益改良主義」である。これはいわば公益原理主義の基本的観念と価値観に賛同しつつ,現在の公益のあり方を改革すべきだと主張する考え方である。代表的な論者,中国農業大学人文と発展学院の元院長,小雲扶貧センター主任の李小雲氏は,公益は自主性を保ちながらも,政府と市場の欠陥を補うことこそその社会的役割であり,政府や市場の対抗勢力になるべきではないと主張する[3]。そのためには「プロジェクト方式」の公益を実践し,政府と協力して社会問題を解決していくべきだと論じる。また,現在の公益文化は「中産階級」の文化に留まっており,他の社会的階層にも浸透させるためにはより素朴な公益のあり方が必要だと唱える。

3. それぞれのソーシャル・イノベーション

この3つの公益思想において,ソーシャル・イノベーションがそれぞれどのように描き出されているのか見てみよう。

公益原理主義が求めるソーシャル・イノベーションは,公益が体現する「利他」の原理に基づいた新たな統治システムの成立である。

---

3 李小雲氏の主張については,以下の文章を参照できる。中国発展簡報,2017年9月4日,「学者李小云：公益要弥補政府和市場的缺陥,而非演化成対抗性政治（学者李小雲－公益は政府と市場の欠陥を補う存在であり,政治的対抗を行うべからず）」,http://www.chinadevelopmentbrief.org.cn/news-20071.html（2017年11月1日参照）。

第 7 章　公益人によるソーシャル・イノベーションの求め方

康暁光は中国の未来について，社会主義でもなく自由民主主義でもない第 3 の道，すなわち「合作主義国家（協同主義国家）」を主張する。「合作主義国家」とは「まずは効果的で，公正で安定的な社会協同秩序を重んじる理念だ」という。この理念は「自治」，「協力」，「均衡の制御」，「共有」という 4 つの原則に体現される。現代社会には統治階級と資産階級，知識階級，そして労働階級の 4 つの階級が存在し，これらの階級のそれぞれの「自治」，階級間の「協力」，「均衡」，「共有」を通して社会秩序が実現される。4 原則はさらに具体的に「権威主義」，「市場経済」，「コーポラティズム」，「福祉国家」という一連の制度によって実施されるという。権威主義は統治階級の自治を保障し，市場経済は資産階級の自治を保障し，コーポラティズムは労働階級の自治を保障すると同時に階級間の協同体制を可能にする。この 3 つの制度体系は階級間の均衡を制御する役割も果たす。そして福祉国家は労働階級に協同の成果を公平に享受できるように保障する。最後に康がこれらの制度に基づく「合法性」として，儒教の「仁政」の現代的改良版を主張する[4]。

　儒教文化における「仁」の思想を以て，西洋伝来の政治思想である共産主義と新自由主義に対抗すべきだというのは康の一貫した主張である。「共産主義の退却に伴い，政治哲学に関していえば，儒教の相手は自由民主主義しか残っていない。如何に自由民主主義の有益な部分を吸収するかが，中国が直面する政治的挑戦である。儒教思想が現代世界で力を発揮していくためには，効果的に「民主」を受け入れていかなければならない。それは中国の根本的な政治問題でもある」と康が述べる[5]。康暁光は公益における「利他」の原理

4　愛思想，2006 年 10 月 30 日，「康暁光：合作主義国家－自由主義，社会主義之外的第三条道路（康暁光：協同主義国家－自由主義，社会主義以外の第 3 の道）」，http://www.aisixiang.com/data/11511.html（2017 年 11 月 2 日参照）。

5　愛思想，2011 年 6 月 3 日，「康暁光：儒家憲政論綱（康暁光：儒教憲政論）」，http://www.aisixiang.com/data/41111.html（2017 年 11 月 2 日参照）。

は儒教文化の「仁」の原理と通ずると考え，公益圏が求めていくべきソーシャル・イノベーションは，現状の「社会主義体制」ではなく，西洋型の民主主義体制でもなく，「民主」の考え方を吸収した現代版儒教の仁政の実現であると主張している。

　公益市場主義が求めるソーシャル・イノベーションは，前述した徐永光の議論が示すように，社会的効率と効果を求める投資とビジネスモデルの規模化を意味する。欧米や日本で論じられるソーシャル・イノベーションも基本的にこの立場に立った議論が多い。この意味でのソーシャル・イノベーションは「社会的ニーズを効率的に満たせる新しいアイデア，組織あるいは働き方」（Social Innovation Europe, 2013）を意味し，「雇用，消費や社会参加などを通じて，解決案を提供する」（OECD, 2011），「社会的ニーズ・課題への新規の解決策を創造し，実行するプロセス」（渡辺, 2009）となる。追求されるのは，何らかの社会的課題，社会的ニーズに対する「新しい効率的な解決法」であり，且つそれは「新しいアイデアの実現に基づいた，社会にインパクトのある解決法」だという（渡辺, 2009）。ソーシャル・ビジネスの振興，社会起業家の育成，社会起業家精神の向上，社会的企業の普及と繁栄がその最も重要な手段とされる。同時に企業 CSR とその延長上で提起された社会的インパクト投資，ベンチャー・フィランソロピーも重要な要素とされる。

　公益改良主義が求めるソーシャル・イノベーションは，公共領域における政府と民間の役割分担と協力関係を推進し，多元的参加に基づくガバナンスへの統治モデルの転換だと考えられる。政府との「良性互動」や「相互依存」などを主張する多くの論者がこの立場を取っているといえる。2004 年に党が「社会建設と管理を強化し，社会管理体制のイノベーションを推進する」との方向性を提示し，2007 年に党の第 17 回全国代表大会で「党の指導，政府責任，社会協同，公衆参加」との方針が示されて以来，ガバナンスの体制

改革が進められてきた。政府購買もその一環であるが，イノベーションの実現を左右する問題として，ガバナンスへの「参加」を具体的に実践する仕組みが如何にして可能か，「良性互動」の「良性」をどう定義し，どう求めるかが注目される。

範和生・唐恵敏（2016）は，公益圏がガバナンスに参加する方法として，「政府からの事業委託を受け，公共サービスの質を改善すること」，「専門的，科学的見地から政策づくりに参加すること」，「社会的弱者の権利を守るために社会的資源の調達をすること」，「社会的矛盾の暴発の予防線となり，秩序の安定を維持すること」という4つを指摘している。政府との対等な立場を強調し，権力を監督する役割を強調しつつも，「違法な政治活動を行わず，政府による法の執行を妨害してはならない」と念を押す。李小雲は前述のように，政府との「プロジェクト型協働」を主張している。「中国には強大な，発展に必要な資源を手中に収めている政府がある。政府には十分な資源があるが，民生に資する計画づくりが得意とは限らない。資源が巨大すぎること，そして複雑すぎる官僚システムが原因だと考えられる。それに対して公益圏は独自の役割を果たせる。政府に対してプロジェクトを提案し，政府の資源を民生の領域に活かし，社会転換期の調節器としての機能を果たせる」と李が述べている[6]。範・唐（2016）は政府側が用意する枠組みへの参加，政府のイニシアティブを認めているのに対して，李小雲は公益圏が主導しプロジェクト提案を行う参加のあり方を強調している。「良性」の定義を「社会秩序の安定」と「民生に資すること」に求める点は，両者の共通点だといえる。

このように，3つの公益思想の文脈においてそれぞれのソーシャ

---

6 中国発展簡報，2017年9月4日，「学者李小云：公益要弥補政府和市場的缺陥，而非演化成対抗性政治（学者李小雲－公益は政府と市場の欠陥を補う存在であり，政治的対抗を行うべからず）」，http://www.chinadevelopmentbrief.org.cn/news-20071.html（2017年11月1日参照）。

ル・イノベーションが語られている。そのうち，公益原理主義の文脈におけるソーシャル・イノベーションは言説の場で展開されることが多く，実践的な取り組みが頻繁に見受けられるのは，公益市場主義と公益改良主義の立場からのソーシャル・イノベーションである。参加型ガバナンスを推進する公益改良主義の取り組みは，公益圏が主導して仕掛けていくことが困難だと考えられ，「民」主導という意味では，社区などの末端行政の範囲に留まる実践が多い。本書では詳細に取り上げないが，筆者による社区自治に住民の参加を促進する「社区参与行動」の事例研究を参照されたい（李，2010；2011）。また，近年急ピッチで上昇する社区養老（社区内における高齢者ケア）のニーズを受けて，制度的推進策が相次いで登場していることから，高齢者ケア分野における公益組織主導の「参加」も期待される。今後の動向に注目していきたい。

中国でソーシャル・イノベーションを掲げる民間公益圏の実践の動向を概観する場合，公益市場主義の文脈が前面に出ていることが分かる。これは，中国の民間公益圏のメインパラダイム転換を反映したものだといえる。

4.「参加」から「市場化」へ—公益パラダイムの転換

前章第3節の3の部分でも言及した劉韜は「中国青年社会領袖田野営（中国青年社会リーダーフィールドワークキャンプ）」[7]の創始者で，新南社会発展センター事務局長でもある。2017年10月に彼は「従"参与式発展"到"公益市場化"：中国NGO領域的範式転移（参加型開発から公益市場化へ—中国NGO領域のモデル転換）」と

7　2010年に劉が創設したこのフィールドワークキャンプは，社会調査の「フィールドワーク」形式によって，若手の社会学者や社会学愛好家を中国西南地方の農村社区と結びつけることを目的としている。同時に若者たちが交流し共に成長していき，彼らの学術的資源と各領域の社会サービス資源を戦略的につなげることを試みている。http://youthfieldcamp.org/about-us/（2017年11月13日参照）。

題する文章を発表し，11 月 7 日に香港中文大学で同一題目の講演を行っている[8]。中国の「NGO 領域」の基本的パラダイムが発展途上国の開発思想である「参加型開発」から，新自由主義の思想である「市場化」へと変化した，と分析している。

劉は，1980 年代に中国に入った海外の財団や国際開発 NGO の活動様式にさかのぼって考察し，当時のメインパラダイムは間違いなく「参加型開発」[9]であったという。劉が指摘したとおり，巨大な発展途上国であった当時の中国において，国際 NGO や海外の財団が「多元的価値と文化の尊重を掲げ，地元の人々の主体的参加を重視する」参加型開発の実践を行っていた。例えばアメリカの Heifer Project International が 1984 年から中国四川省に入り，貧困地域の農民に牧畜業の融資，技術研修と関連サービスを提供することによって貧困からの脱出をサポートしていた。ほかにもオックスファムが 1987 年に香港オフィスを設置し中国大陸での支援事業を開始し，フォード財団が 1988 年に中国事務所を設立し，正式な運営許可を得た初の海外の財団となった。中国発展簡報のまとめによれば，1980 年代より前に中国に入った国際 NGO は 15 団体であったが，80 年代前半に 16 団体，80 年代後半に 24 団体，90 年代前半に 38 団体が新たに加わった[10]。90 年代中頃から中国本土の草の根 NGO が相次いで誕生するが，リーダーがほとんど知識人であることや，フォード財団など海外の NGO による積極的な訓練

8　中国発展簡報，2017 年 10 月 28 日，劉韜「従"参与式発展"到"公益市場化"：中国 NGO 領域的範式転移（参加型発展から公益市場化へ―中国 NGO 領域のモデル転換）」，http://www.chinadevelopmentbrief.org.cn/news-20271.html（2017 年 11 月 14 日参照）。この部分における関連記述はこの文章を参照している。

9　参加型開発の定義や展開については，佐藤寛編（2003）『参加型開発の再検討』を参照されたい。

10　中国発展簡報，2012 年 12 月 3 日，謝世宏・柯思林，「国際 NGO 在中国（中国における国際 NGO）」，http://www.chinadevelopmentbrief.org.cn/news-13651.html（2017 年 11 月 19 日参照）。

と支援の影響もあり，「NGO のあるべき理念と方法」については，本土の草の根 NGO は海外の NGO から多く学んでいた。劉韜によれば，1993 年に李小雲が参加型発展の代表的論者の 1 人 Robert Chambers を招聘し，雲南省の昆明市で「参加式農村開発評価法（Participatory Rural Appraisal, PRA）」に関する講演を行ったことが，中国の NGO 領域に「参加型開発」の思想を導入する象徴的な出来事であったという。

中国本土の草の根 NGO が台頭する 1990 年代後半から，「市民社会（Civil Society）」が「参加型開発」というパラダイムに取って代わるようになったと劉は指摘する。フォード財団当時の責任者 Andrew Watson によれば，1999 年からフォード財団が草の根 NGO の能力育成，市民社会に関する研究への助成，海外の法律制度の紹介などを通して，中国の市民社会を推進するプログラムを全面的に打ち出したという（王名編，2012：30）。また，劉によれば，香港オックスファムの支援を得て 2005 年に発刊した雑誌『民間』が，中国の草の根 NGO 領域で「市民社会パラダイム」を確立させる上で重要な役割を果たしたという。中山大学の朱健剛や『南方週末』の元編集長江藝平，自然之友の創業メンバーの 1 人梁暁燕などが発刊をリードし，南方週末の記者であった翟明磊が執筆を担当し，「市民社会」を軸として報道や論評を多く掲載した[11]。本書第 3 章で検討したように，市民社会の研究も 2000 年以降とりわけ盛んであった。「市民社会」が NGO 領域の主要パラダイムとして浸透

11　この雑誌について李妍焱（2012）でも紹介している。2007 年末に停刊に追い込まれるが，主要メンバーたちは引き続きほかのメディアを活用し市民社会の理念を発信し続けている。例えば主な書き手である翟明磊はブログを利用して「壱報（一人の新聞）」を創刊し，オンライン市民社会講座を開始した。これも 3 回進めたところで閉鎖されるが，2011 年から彼は台湾の雑誌『漢声』の上海支部責任者として，自然や藝術，文化に取材と調査の領域を広げ，「新たな価値観とライフスタイル」の発信に努めている。http://www.ngocn.net/news/2015-10-20-f980a01f77d843a9.html（2017 年 11 月 19 日参照）。

264

する中，「参加型開発」思想における「参加」が「市民社会ならでは
の理念と方法」の「要」となる概念として，市民社会パラダイム
に引き継がれたと劉が論じている。社会のバランスの欠如と崩壊を
防ぐため「監視・監督のシステム」と「調節システム」として，市
民社会が独自の機能を発揮するためには，社会関係資本を豊かにす
る市民参加と，当事者・弱者に対する尊重と配慮が欠かせないから
である。それこそが市民社会ならではの価値とされ，公益思想の潮
流に即していえば，とりわけ公益原理主義の主張に鮮明に反映され
ている。

　2008年ごろから民間公益圏が独自の存在感を示すようになるが，
この頃から「民間」や「市民社会」の思想に対する党と政府側の警
戒が顕著になり，政府による社会組織のサービス購買（事業委託）
が体系的に推進されるようになった。その中で「市民社会」の代わ
りに登場したのが「公益慈善」パラダイムである。背後にあるのは
「新自由主義」の思想だと劉は指摘する。中国のNGO領域の「新
常態」が「公益慈善活動」として存在することであり，「国家が発
注側になり，NGOが受注側になり，海外NGOの活動が制限され，
国内の基金会が急激に膨張する」ようになったという。「公益市場化」
が公益慈善活動のモデルを主導するようになったのは，改革開放後
中国に入り，経済学者による公共政策の討論を通して浸透していた
新自由主義思想が，個人の権利を重んじる市民社会の思想とも親和
性を有するため，市民社会の主張者たちも合流しやすく，市民社会
パラダイムが退潮に追い込まれるに伴い自然に主流化したからだと
劉は指摘する。劉は，「市民社会パラダイムが，参加者の主体性と多
元的価値の重視という参加型開発の思想を『参加の形式』に置き換え，
新自由主義とトーンを共有していたために，『市場化』という公益慈善
パラダイムを『助産』した」と論じる。公益圏のメインパラダイムが「市
場化」に転換するなか，「参加の思想」の行方が懸念されるようになった。

第2節 ソーシャル・イノベーションを可能にするもの

　実際，中国の公益圏では，ソーシャル・イノベーションは「公益市場化」の潮流に押し上げられる形で注目され，多様な実践がめまぐるしく展開されている。「新しいアイデアによる効率的で社会的インパクトのある社会問題解決法」が，公益市場主義の文脈におけるソーシャル・イノベーションの端的な定義だとすれば，そのような社会問題解決法は如何にして可能となるのか，日本ではすでに多くの先行研究が見られる。

1. ソーシャル・イノベーションの成功要因－日本における先行研究から [12]

　社会的インパクトとは，服部・武藤・渋澤ほか（2010）によれば，本来は「思想や価値観のレベルまでさかのぼって社会のあり方を変革し，新たな価値を生み出す」ことを意味する。すなわち，思想的・価値観的レベルで社会を変えるほどの影響力である。ソーシャル・イノベーションが達成される過程については，谷本による図式が日本では良く引用される。

　プロセスの前半は「新しいアイデアによる商品やサービスおよびそれを供給する仕組みの創出」を意味し，後半は「商品やサービスの定着による社会関係と制度の変化，そして社会的価値の創出」を意味する。しかし，新しい商品やサービスが評価され，継続的に作り出されることによって，従来と異なる新しい社会的価値が人々の間に浸透するようになったかどうか，思想的・価値観的レベルで社

---

12 この部分の議論は，筆者と富士通総研の趙偉琳氏による共同研究「ソーシャル・イノベーションの仕組みづくりと企業の役割」(2016) において詳細に展開している。

第7章　公益人によるソーシャル・イノベーションの求め方

図7-1　ソーシャル・イノベーションのプロセス

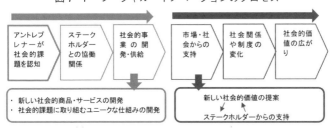

出典:『ソーシャル・エンタープライズ―社会的企業の台頭』(谷本, 2006)

会が変わったかどうかの判断と評価は容易ではない。従って現実的には、ソーシャル・イノベーションの成功は、しばしば特定の社会問題をめぐる「より効果的な解決法」の確立、という意味で語られる。

では、どうすればそのような新しい解決法が生まれるのだろうか。ソーシャル・イノベーションの成功を促進する要因について、日本では多くの調査研究が行われている。過去に公表された主要な調査報告書を表7-1に列挙する。

表7-1　主要な既存調査研究報告書一覧

年	調査報告書タイトル	実施者
2008.3	社会イノベーション研究/社会起業家WG報告書―社会的企業・社会起業家に関する調査研究―	内閣府経済社会総合研究所
2009.3	社会イノベーション研究会ソーシャル・キャピタルWG報告書	内閣府経済社会総合研究所
2010.3	平成21年度地域経済産業活性化対策調査	経済産業省
2011.3	ソーシャル・ビジネス推進研究会報告書	経済産業省
2011.3	ソーシャル・ビジネス調査	中小企業基盤整備機構
2011.3	「中小企業・NPO等のソーシャル・ビジネスへの取組みに関する調査」報告書	財団法人地球産業文化研究所
2011.3	ソーシャル・ビジネスケースブック―地域につながりと広がりを生み出すヒント	経済産業省

2011.11	米国ソーシャル・イノベーション関係組織に対する訪問調査報告	一般財団法人 CSO ネットワーク
2012.3	市民協働によるソーシャル・ビジネス展開を通じた産業振興可能性調査	公益財団法人ちゅうごく産業創造センター
2012.3	ソーシャル・ビジネスケースブックー被災地の復興に向けたソーシャル・ビジネス	経済産業省
2012.12	ソーシャル・イノベーションカンパニー調査報告書－新しい価値を創造する企業とは	経営支援情報センター
2013.3	ソーシャル・イノベーションに関する調査研究	経済産業研究所・京都大学
2014.3	持続可能な発展のためのイノベーションに関する調査	経済産業省
2014.6	産学共創ソーシャル・イノベーションの深化に向けて	科学技術振興機構
2014.11	ソーシャル・ビジネスの経営実態－「社会的問題と事業との関わりに関するアンケート」から	日本政策金融公庫総合研究所

　調査の実施者と報告書のタイトルから読み取れるように，ソーシャル・イノベーションに関する具体的な調査対象は「ソーシャル・ビジネス」と設定されることが多い。上記の調査報告書をサーベイし，ソーシャル・イノベーションの成功を導く条件について，報告書における指摘は「人」,「財」,「知」,「関係」,「宣伝」「啓発普及」といういくつかの側面に整理できた。

　成功をもたらしやすい要因は表 7-2 のようにまとめられるが，具体的に誰が何をどうすればこれらの要因が成立するのだろうか。

第 7 章　公益人によるソーシャル・イノベーションの求め方

表 7-2　既存調査研究で指摘されたソーシャル・イノベーションの成功要因

項目	成功要因	そのための仕組み例
人	リーダー，理念を共有する多様な人材，質の良い従業員	全方位の人材育成（制度的・非制度的両方含む）
財	資金・その他物的資源の調達	事業展開段階のニーズに応えられる多様な調達ツール
知	強みの特化，高い品質	産官学協働
関係	地域，行政，他の企業など多様で重層的な協働，ビジネスモデルの成立	コーディネーター設置，経営アドバイザー，行政機関の仲介
宣伝	強い広報力	企業のプロボノ
啓発普及	社会全体の認知と理解・支持	行政とメディアの努力

2. ヒーローとなりうる起業家を生み出すソーシャル・エコシステムへの注目[13]

　ソーシャル・イノベーションの事例研究の多くは，担い手としてふさわしい「人」の存在を自明の前提としている。木村（2015）は，まちづくり分野におけるソーシャル・イノベーション論を考察し，「類い稀なる起業家が価値観の共有を動機付けとしてステークホルダーを巻き込む」という「スーパーヒーロー仮説」が絶えず再生産されていると指摘する。類い稀なる社会起業家が，社会問題を掲げ，その解決に向けて素晴らしいアイデアと新たな手法を創出し，彼もしくは彼女の情熱や価値観に共感するアクターを巻き込むことで地域再生が実現する，というストーリーが繰り返されているという。「スーパーヒーロー仮説」は，ヒロイックな表現故に読み手に感動を与えるが，その予定調和的な記述はソーシャル・イノベーションのメカニズムを解き明かすのに不十分であり，「スーパーヒーローの理念に染め上げられることでイノベーションが達成される」という図式に回収されると，木村が懸念を示す（木村，2015：1-2）。

13　この部分は，李妍焱（2016）において詳細に論じられている。

谷本（2006）の「ソーシャル・イノベーション過程モデル」も，木村によればこの問題を克服できないという。社会起業家の「思い」や「情熱」だけでは，人々を動かすことはできない。木村（2015）はソーシャル・イノベーションの成功例とされる株式会社黒壁の取り組みを再考し，「思いや価値観への予定調和的な協力行動」を前提とせず，社会起業家が利害闘争を戦略的に勝ち抜くプロセスを分析している。「思いと情熱で人を巻き込むスーパーヒーロー」ではなく，目指す「公共性のための制度化」を実現するのにいかなる戦略を取ったのか，ステークホルダーを巻き込む起業家の政治的手腕を見るべきだと主張する。

　しかし，木村の主張も「スーパーヒーロー仮説」を乗り越えたとは言いがたい。「利害関係の認識と誘導に長ける政治的手腕」を持つ「スーパーヒーロー」を描き出したに過ぎない，と見ることもできる。ソーシャル・イノベーションの実践に目を向ければ，どうしても社会起業家の存在が目立つ。起業家精神をもった中心人物が動かなければ，新しいアイデアを具体的な商品，サービス，事業にすることができないからである。スーパーヒーロー仮説からの脱却は，起業家個人にばかり注目するのではなく，ヒーローとなりうる起業家を生み出す社会的な仕組み，いわゆる「ソーシャル・エコシステム（社会生態系）」に目を向けることによって道が開くのではないだろうか。

　中国における社会起業家の圧倒的多数は「若者」である。譚建光（2014）によれば，若者による公益起業は改革開放後の「全く新しい社会現象」であり，その展開は4つの段階的特徴を見せているという。第1段階は「商業の潮流に伴う公益起業（1980 - 1993）」であり，1987年に広州で全国初の草の根のボランティアによるホットラインが誕生し，1990年に深圳で初のボランティア社団が登録された。経済的豊かさを追い求める主流価値観に対して，人と人の

第 7 章　公益人によるソーシャル・イノベーションの求め方

間の暖かさ，信頼を取り戻すべく，地理的に近い香港などの経験を
学んでの起業であったという。第 2 段階は「国有企業，機関からの
離職に伴う公益起業（1994 － 2000）」であり，国有企業改革によっ
て大量のレイオフが発生したこの時期は「下海潮（ビジネスの起業
ブーム）」と呼ばれ，ビジネスの世界に身を投じる若者が増えると
同時に，公益に関心を抱く青年も増えたという。1994 年に全国青
年ボランティア協会が設立され，各地でも青年ボランティア協会が
相次いで成立した。第 3 段階は，「海外の公益領域の影響を受けた
公益起業（2001 － 2007）」であり，2001 年に国連の「国際ボラン
ティア年」に参加したことから，中国の若者たちに国際的視野と意
識が多くもたらされたという。法人格の登記上多くの問題を抱えて
いたとはいえ，「灯台計画」，「麦畑計画」，「1kg More」[14] など若者に
よる新たな公益事業が展開されるようになった。第 4 段階は「社
会的企業や社会起業家への推進に基づく公益起業の潮流（2008 年
以降）」であり，この潮流は現在に至るという。2008 年は公益領域
にとってタームポイントとなる年であり，北京オリンピックにおけ
るボランティア体験と四川大地震後の民間公益圏の活発化は若者の
公益起業を刺激し（譚，2014：6-7），単にボランティアとしてでは
なく，公益を自らの仕事として，ライフワークとして取り組む若者
が多く見られるようになったという。若者の起業家たちを巡る中国
のソーシャル・エコシステムは，譚（2014）が第 4 段階と位置づけ

14　「灯台計画」は 2001 年に広州で設立された若者たちの NGO であり，広州の大学
　を中心に大学生や専門家のボランティアを集め，農村に教育支援者として派遣し，
　農村の教師の研修と子どもたちとの交流活動を行っている。「麦畑計画」は画家莫凡
　が立ち上げた NGO であり，農村の教育環境を改善することを目的とし，2010 年に
　「麦畑教育基金会」として法人登録している。「1kg More」は李（2012）でも取り上
　げているが，2004 年に 1 人の若者が始めた公益プロジェクトであり，バックパッカー
　が 1kg の本や文具を余分に荷物に入れて，旅の途中で出会った農村地域の子どもた
　ちにプレゼントし，交流活動を行っている。この 3 つの公益プロジェクトはいずれ
　も現在は大規模な，影響力の大きい事業となっている。

271

た時期に形成されるようになったといえる。

「ソーシャル・エコシステム」を考察する上で，廣田（2004）が提起した2つのポイントが重要だと考えられる。廣田はドラッカーやマイルズ，フリーマンやノーマンによる先行研究を踏まえつつ，ソーシャル・イノベーションの本質を2点に整理している。1つは「人々が直面する問題,故障,トラブルを何とかなくしたいという『生活世界』における実感に根ざした強烈な問題意識」,もう1つは「多くの関係者にメリットを与えるような形で，ヒト，モノ，カネ，そして情報の流れの再編成」,である。強い問題意識をもった起業家が,多くの関係者（ステークホルダー）にとってそれぞれメリットが生まれるような形で多様な資源を再編成し，問題解決に貢献する具体的な商品やサービスを生み出す。その過程と進展に伴って新たな人間関係が生まれ，制度的な変化が生じる。それが，ソーシャル・イノベーションの成功を意味する。ソーシャル・イノベーションの担い手となる起業家を生み出すソーシャル・エコシステムを論じる際に，「問題意識が如何に育まれるのか」，そして「多様な資源がどのように提供され,再編成のアイデアと方法が如何に実現可能なのか」という2点への注目が必要となろう。

次節では，この2つのポイントから中国におけるソーシャル・エコシステムについて考察してみる。

第3節　社会起業を後押しする中国のソーシャル・エコシステムの特徴

2016年12月27日，中国公益年度大会が北京で開かれ，北京師範大学中国公益研究院・深圳国際公益学院院長の王振耀が，「善時代における中国公益の使命」と題する基調講演を行った[15]。今の時

15　2016年中国公益年度大会については，テンセント公益の記事を参照されたい。

代を「善経済時代」と名付け，社会的価値が経済価値を導くように
なったと述べ，「公益と経済発展の結合」が最も大きなチャレンジ
だと指摘した。

　前章で紹介した徐永光も，中国の民間公益は，「国が後退し民が
進む萌芽期」（1980年〜2004年）と「行政が制御を取り戻す時期」
（2004年〜2012年）を経験し，2012年ごろから「イノベーション
突破転換期」を迎えたと指摘する[16]。確かに党中央における社会管
理体制のイノベーションの提唱，政府購買に象徴される「官民協力」
の傾向，インターネット公益の急激な進展，ビジネスと公益の融合
を目指す多くの試みなどは，いずれも近年顕著に見られる現象であ
る。社会起業を推進するソーシャル・エコシステムが大きく活発化
する時期を迎えたといえる。

1.「資源」を供給するソーシャル・エコシステム

　「ソーシャル・エコシステム」とは，社会起業をサポートするイ
ンフラだと理解して良い（服部・武藤・渋澤ほか，2010：78）。その
中身として，まず「資源を供給する」側面が挙げられる。制度環境，
そして資金と技術を供給する仕組みがこの側面の要素だと位置づけ
られる。廣田（2004）が指摘した2つのポイントのうち，2点目の「多
様な資源がどのように提供され，再編成のアイデアと方法が如何に
実現可能なのか」に関わる要素である。

　制度環境については本章第4章において制度づくりについて述べ
たとおりであり，慈善法の成立が当面の到達点となっている。資金・
技術に関しては，第5章で考察したネット寄付，政府購買，基金

---

http://gongyi.qq.com/a/20161228/013519.htm（2017年11月4日参照）。

16　中国発展簡報，2016年5月16日，「徐永光：公益要去行政化，去道徳化，不可去
　　市場化（公益は行政化，道徳化を排除すべきだが，市場化を排除すべきではない）」，
　　http://www.chinadevelopmentbrief.org.cn/news-18581.html（2017年10月31日
　　参照）。

会の急速な展開が主たる動向だといえるが，ここではもう1つ重要な要素，企業 CSR についても言及しておきたい。

　中国における企業 CSR 分野の情報を多く報道する雑誌『WTO 経済導刊（CHINA WTO TRIBUNE）』は，2006 年から毎年企業 CSR に関連する中国国内の重要な出来事を「十大事件」として選定する作業を行ってきた。中国の企業 CSR 分野が新たな段階に入ったと示す象徴的な出来事として，2015 年の「十大事件」の筆頭に CSR に関する国家基準の公布が挙げられている。これは企業 CSR の国際規格である ISO26000[17] の公布と各国における推進を受けて，中国独自の取り組みとして，「26000 よりもさらに一歩進んだ」という意味で GB/T36000（『社会責任指南』），GB/T36001（『社会責任報告書編集指南』），GB/T36002（『社会責任効果分類手引き』）という 3 つの国家基準を示したものである。社会的責任に関する中国全体のビジョンと具体的な実施方法，評価方法が定められた[18]。

　『WTO 経済導刊』は国家商務部主導の雑誌であるため，トップダウンの視点から CSR の動向を伝えることが多い。それに対して，中国初とされる CSR 専門のコンサルティング会社，2005 年設立の「商道縦横」も毎年中国企業 CSR の十大趨勢を発表しており，現場の動きと傾向によりフォーカスした捉え方となっている。2016 年では次の 10 項目が選定されている。① SDGs と中国 13 次5 カ年計画（十三・五計画）が CSR を方向付けることとなった，②

17　ISO26000 とは ISO が 2010 年 11 月 1 日に発行した，企業に限らずあらゆる組織の社会的責任に関する国際規格である。認証目的のものではなくガイドラインとして公布されているが，多様なステークホルダーによる参加型議論の末に開発されたガイドラインであること，持続可能な発展への貢献を最大化することを目的とし，人権と多様性の尊重という重要な概念を包含していることなど，企業の CSR を推進していく上で最も基本とすべきガイドラインとして注目されている。熊谷謙一による一連の著作（2011；2013）を参照されたい。

18　『WTO 経済導刊』記事，2016 年 1 月 1 日，「2015 国内企業社会責任十大事件（2015 年中国国内企業社会的責任十大事件）」，http://www.wtoguide.net/index.php?g=&m=article&a=index&id=21（2017 年 11 月 12 日参照）。

大気汚染と気候変動が重要領域となっている，③製造業の「責任製造」が求められるようになった，④中国企業のグローバル化に伴って，国際規格のISO26000など，国際的な基準と結合する評価体制ができつつある，⑤環境保護に投資する「緑色金融」の進展が著しい，⑥「インターネット＋〜」という考え方に基づき，インターネットとの結合，特に電子商取引やビッグデータの活用が目立つ，⑦CSR報告の多元化と実質化（形式化・形骸化からの脱出），⑧「社会的企業からソーシャル・イノベーションへ」という推進力，ソーシャル・イノベーション・プラットフォームの創出，⑨企業のバリューチェーンの仕上げ部分としてのコミュニティづくりへの着手，⑩公益立法（慈善法）によって，公益組織との協力関係が増大し，とくに人材育成がホットな領域となっている[19]。

　民間主導の動きとしてとりわけ⑧の「ソーシャル・イノベーション・プラットフォームの創出」が注目に値する。単に社会的企業を育成するだけではなく，ソーシャル・イノベーション行動の促進を目的とし，具体的なテーマ性を有し，具体的な問題解決を目指す多様な主体によるプラットフォームの成立が特徴として挙げられている。たとえば，中国婦女基金会が「公益パートナーズ」と協力し，女性専用の起業支援プラットフォームを立ち上げた。「商道縦横」がメディアグループの「南方週末」と協力し，中国初の電子商取引業界の社会的責任同盟を設立した。さらに「商道縦横」と大手広告会社である「霊思メディアグループ」のCSR戦略センターが共同で「CRO論壇・越境する対話」をスタートさせ[20]，CRO(Chief Responsibility Officer)の交流のみならず，多様な立場の参加者によるテーマ討論会の開催や書籍の刊行，事例の収集と公表も行って

19　商道縦横公式HPより報告書がダウンロード可能。http://www.syntao.com/SyntaoReport_Show_CN.asp?ID=49&FID=18（2017年11月12日参照）。

20　中国企業社会責任指南公式HPより http://www.chinacsrmap.org/CROForum_CN.asp（2017年11月12日参照）。

いる。このような多様な主体によるプラットフォームが，ソーシャル・イノベーション行動の促進に大きく貢献することが期待される。

　企業と社会起業家を取り結ぶプラットフォームだけではなく，SVP (Social Venture Partners) と呼ばれる社会的エリート個人と公益組織ないし社会起業家をつなげる仕組みも始まった。SVPとはアメリカから始まった協働によって市民の公益活動を支えるモデルである。ソーシャル・イノベーションに貢献する意欲のある社会的エリートたちが，自らの資金と能力によって，ポテンシャルを持つ公益組織を支援すると同時に，参加を通して自らも学び，能力を向上させていくことを趣旨としている。SVPのパートナーとなった支援者は，個別のプロジェクトに短期的な支援を提供するのではなく，支援対象の組織とともに成長していく。金銭だけではなく，時間，知識や専門性，技能を直接的に，持続的に，長期に提供していく。毎年一定の金額を寄付し，その寄付金をどのように使うかについて決定権を持つ。さらにマーケティング，社会関係づくり，財務，技術，戦略企画，資金調達，理事会運営，人的資源管理などの面で専門的な支援を提供する。支援する公益組織の理事会メンバーになることもある。

　SVPは多くの慈善家，社会起業家，あるいは公益に関心を寄せる個人を増やすことに効果的なモデルとされる。SVPパートナーは単なる寄付者としてではなく，「社会的投資者」として資金と時間や能力を投入するため，「投資の効果」への追求を怠らない。その結果，支持する組織との間も「馴れ合い」の関係性ではなく，双方とも絶えず事業への理解を深め，より良い戦略と事業内容を模索しつづけることになる。中国SVPは北京楽平公益基金会のプロジェクトとして2013年に設立され，現在は10名以上の社会的エリートがパートナーに名を連ね，農村の教育問題を中心に5つの組織

に対して支援を行っている[21]。

2.「思い」を育むソーシャル・エコシステム

　以上で見てきた制度環境と社会環境や，資金・技術の供給者は，社会起業家の誕生と成長にとって当然不可欠だが，社会起業の成功，特にその継続を根底から支えるには，これらの外部資源だけでは不十分である。なによりも社会起業家の理念（思い）が，その行動力の源となる。廣田（2004）が指摘する「強烈な問題意識」が如何に育まれるかが問われる。

　起業家の「思い」はどのように生まれ，どのように強化され，どのように継続の力となるのだろうか。偶発的な経験や出来事は，思いの発端となるかもしれない。思いを行動に結びつけ，挫折や困難を乗り越える原動力にしていくためには，ソーシャル・エコシステムによるサポートが重要となるが，思いは「研修」やトレーニングだけでは強化できない。

　「イノベーション推進」の方針を掲げる習近平政権の下で，政府や大企業が主導するソーシャル・エコシステムは，問題解決の効率的な方法を目指す公益市場主義的なソーシャル・イノベーションの実践に対して，奨励や投資，誘導と育成を盛んに行っている。しかし，社会問題に対する「強烈な問題意識」を育む意味では，既存の権威に対する疑念につながりかねない「問題意識」の醸成に，政府と企業主導の支援の仕組みは積極的ではない。

　本書第1章で環境分野の若き市民リーダーたちの問題意識がどのように生まれたのか考察した。「肌感覚での体験や経験」と同時に，「学生時代に出会ったNGOの先輩たちの影響」が重要な要因として挙げられている。「NGOによる価値理念と経験の蓄積」は，ソーシャル・エコシステムを語るならこれも不可欠な一部だと強調しな

21　支援する組織の詳細については http://www.svpchina.org/what を参照。

ければならない。

　草の根 NGO の展開については，第2章で詳細に示したとおり，
NGO から社会組織，公益慈善組織へという社会的位置づけの変化
を読み取ることができた。さらに組織行動からプロジェクト遂行へ
の変化，団体としての存在よりも個人起業家が目立つようになった
という変化，有志の人間同士のネットワークからネットメディアを
媒介とする活動の隆盛への変化が顕著に見られた。そのような状況
を，本章第1節の最後で示すように，「公益パラダイムの転換」と
捉える見解もある。だが，草の根 NGO が中国において誕生した
のは1995年頃であり，第1世代の NGO のリーダーたちは今でも，
民間公益圏では「尊敬される先輩」「伝説の人」として存在感が大
きい。「長いものに巻かれることなく，圧力に屈することなく，あ
りとあらゆる工夫をして，社会を自らの手で変えていく」という彼
らの精神は，多くの後輩，後継者に受け継がれている。初期から活
動してきた NGO や社会的企業に蓄積された価値観，着眼点や物事
の捉え方，思考のスタイル，行動のパターンは決して過去のもので
はなく，社会起業家の誕生にとって「思いの源泉」となることが多い。
具体的な人から人へと直に伝わる思いが，最も伝染力が強く，最も
人を動かしやすい。

　ソーシャル・エコシステムの形成と展開について，しばしば制度
環境や直接資源を供給する「資金・技術」の部分に注目が集まりや
すい。しかし，環境があるだけでは，社会起業は起きない。公益圏
における起業につながるような強烈な問題意識がどう生まれるのか，
その思いを持った起業家が，どうすれば資金や技術などの資源にア
クセスできるのか，どのように資源に振り回されずに起業の思いを
強化し，継続の意志を持てるのかが問題となる。

　「思い」と「資源」を結びつける「媒体」，ソーシャル・エコシス
テムが効果的に機能するためには，この部分が特に重要かもしれな

い。

3. 「思い」と「資源」をつなぐソーシャル・エコシステム

中国のソーシャル・エコシステムにおいて,「媒体」の機能を果たすのは起業支援専門の中間支援組織だといえる。近年,彼らの活躍が社会起業家の発掘と育成の分野を賑わせている。その支援のスタイルを見ると,いずれも公益市場化を志向していることが分かる。

まず,本書前述にもあった NPI が挙げられる。NPI(恩派公益組織発展センター)は中国で最も早くソーシャル・ビジネスの起業者を孵化する中間支援組織であり,2006 年に上海で設立された[22]。「ソーシャル・イノベーションを助力し,公益人材を育てる」ことをミッションとし,創業期の草の根の社会組織と社会的企業の育成に尽力してきた。「公益孵化器」というモデルを最初に創出したのも NPI であり,現在全国多くの都市において複製・普及されている。2016 年まですでに 500 以上の公益組織を孵化しており,そのうち中国の公益領域を代表する組織に成長したものも少なくない。NPIの代表呂朝は徐永光から多大な影響を受けており,「公益創投(社会創造投資)」,「政府購買入札プラットフォーム」,「連合募金」,「公益業界交流展示会」,「企業 CSR コンサルティング」,「コミュニティ総合発展事業モデル」など,常に公益市場化の最先端となる事業モデルを開発し続けており,今では中国で最も影響力のある公益中間支援組織だと言える。

次に,AHA ソーシャル・イノベーション学院を見てみよう。AHA とは,何かいいアイデア,いいモデルを見つけたとき,新しいことをやってみて,何かが変わったと発見したときに自然に口から出てくる言葉「あは」を指す。AHA ソーシャル・イノベーション学院は 2014 年に設立され,"School for Citizens to Innovate"

22　NPI については,http://www.npi.org.cn/aboutus/2006/01/1.html を参照。

をモットーに，「イノベーションを経験することが『市民』を育て上げる」と主張する。「教育と研究」の視点から，「社会問題に注目する個人，組織に対して，『創意・創新・創業』能力の向上を促進するサービスの提供」を具体的な事業としている[23]。主に WeChat や微博などのツールを用いて，関連する議論，事例を紹介し，独自に書籍の編集も行っている。「AHA ソーシャル・イノベーション加速器」のプロジェクトでは，創業期にいる社会起業家に対して，長期的なコンサルティングによるサポート，資金的な支援も実施している。社会起業の支援は主に教育分野に特化されているが，この組織の最大の特徴は WeChat の公式アカウントにおいて発信される豊富なソーシャル・イノベーション分野の文章・記事にある。定期的に行われる「本の無料贈呈」活動では，公式アカウントのフォロワーを対象に，テーマ別に整理された AHA のおすすめ本をセットで贈呈している。「知」を中核に置くソーシャル・イノベーション関係者のコミュニティを作るところに，その意図があると考えられる。

第3に，創思（TRANSI.ST）が挙げられる。上海にある「創思実験室」の略称で，ソーシャル・イノベーションの実験室を自負する。そのミッションは「結合」にある。「営利と社会的意義」の結合，「芸術と科学技術」の結合，「創造と技能」の結合，「熱意と効果」の結合，が掲げられている[24]。「投資」，「孵化」，「激励」を事業の柱としている。

「投資」として，創業初期の社会的企業に対して50万ドルを上限とする融資ないし株への投資を行い，研修やトレーニング，メンターによるサポートも実施する。2017年現在は屋上緑化の技術を開発する会社，空気の圧縮技術によってエネルギーの貯蔵技術を開発する会社，AI 搭載の自転車によって都市交通システムを改善し

---

23 http://ahaschool.lofter.com/ 参照。
24 http://transi.st/cn/about 参照。

第7章　公益人によるソーシャル・イノベーションの求め方

ようとする会社，現代のデザイン思考と伝統的な生活の知恵を結合させ，農村の環境と社会を改善しようとする会社など，9社を支援している。

「孵化」は，創業者，技術，アイデアの孵化を目指し，以下の4つのプロジェクトを運営している。まずShell Foundationと協力して設立した「China Inpact Ventures」は，主にエネルギー分野の創業のスタートアップを行っている。次に「内部創業家孵化計画」では，一連のアプリを用いて，ゲームによって科学技術を子どもたちに知ってもらう試みを行っている。さらにオンライン読書とオフライン芸術鑑賞を結合させるアプリの開発，そして社会的起業のデータベースの開発も行っている。

「激励」とは，優れた技術を有する社会的企業のコミュニティ形成を目標に，多様なイベント，集会，討論会の開催を通して，社会的企業を元気づけるプロジェクトである。たとえば「易社（Ecsel）計画」では年に30名の優秀な社会起業家を選抜し，中国と米国の両方で研修を実施するほか，持続的な資金やノウハウの支援を行い，起業家コミュニティの形成をサポートしている。「ソーシャル・イノベーション・リーダーコミュニティ」プロジェクトでは，ソーシャル・イノベーション分野の「エリート生態系」づくりを目指し，ワークショップやフォーラムを開催し，Autodesk Entrepreneur Impact Programへの参加をサポートしている。「青年ソーシャル・イノベーション遠征計画（Youth Social Innovation Expedition）」は，大学生を対象にした体験活動であり，1か月をかけて上海から西部に移動し，その過程で社会問題の発掘，理解，解決法のデザイン，戦略の立て方や調査研究の技術を学び，チーム行動の訓練を行う。「科学技術蟻族」というプロジェクトは，上海に本部を置くボランティア型の組織であり，上海BarCampやDemo Dayなど，地域で科学技術関係のイベントを企画したり参加したりすることによっ

281

て，この分野に興味と熱意を持っている人のつながりを実現している。

NPI や AHA ソーシャル・イノベーション学院，創思に並び，「社創客」もよく知られている中間支援組織である。中国初の「国を跨がる・セクターを跨がるソーシャル・イノベーション・プラットフォーム」として設立された社創客は[25]，本部が社会的企業支援に熱心な友成基金会（北京）にあり，ソーシャル・イノベーション生態系の統合を目指すことを掲げている。「メディア＋コミュニティ＋孵化器」という位置づけに基づき，学界・産業界・政府と社会起業家集団をつなぎ，世界的に中国系青年社会起業家に対して，アイデア・知識・技能・資金・プロジェクトの実現の面でサポートしようとしている。

フォーラムやサロンの開催などの活動もあるが，社創客が最も力を入れている事業として，雑誌の刊行が挙げられる。『社創客』と題する雑誌，及び民政部の雑誌『中国社会組織』と協力して発行する『ソーシャル・イノベーション評論』は，中国で7万人を超える政策制定者，社会的企業，社会組織や投資機構に講読されている。WeChat公式アカウント "sinovator" も運営し，理論面で中国のソーシャル・イノベーション，ソーシャル・インパクト投資，社会起業家精神を導くだけではなく，中国と世界での実践を推進し，「ビジネス界にプラスのエネルギーを注入し，環境や社会的意識の高い企業の発展を支えたい」としている。

4. 中国におけるソーシャル・エコシステムの構成要素

上記で考察してきたように，中国におけるソーシャル・エコシステムを構成する要素として，「資源」を供給する側面，「思い」を育む側面，その両者をつなぐ側面，という3つの側面が含まれる。それを図7-2のように整理して示したい。

25　http://www.sinovator.org/　参照。

第7章 公益人によるソーシャル・イノベーションの求め方

図7-2 社会起業家のソーシャル・イノベーションを支えるソーシャル・エコシステム

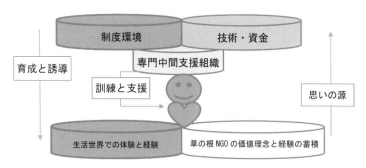

制度環境は，起業行動の前提となる法律や制度及び行政の施策を意味する。資金と技術は具体的な起業行動の展開を支える資金や技術の環境を指す。専門中間支援組織は起業家に場所・情報・スキル・社会関係などのサポートを提供する。そして「生活世界での体験と経験」並びに「草の根 NGO の価値理念と経験の蓄積」は，公益人としての社会起業家の理念的アイデンティティを形成させる上で土台となる要素として位置づけたい。

大室（2009）によれば，ソーシャル・イノベーションは政府と市場，そして市民社会という3つの領域がそれぞれ展開し，変化し，交わるところで起こるという。ソーシャル・イノベーションを生み出すソーシャル・エコシステムとは，三者を交わる方向に促すものでなければならない。政府と市場に対して，市民社会の力が独自の存在感と存在意味を示す形で交わっていけるかどうか，これがソーシャル・イノベーションの実現にとって鍵となる，と大室が主張する。市民社会側の「独自の存在感と存在意味」を顕在化させ，対等な勢力として支えていくことが求められる。

現在の中国におけるソーシャル・イノベーションの実践は，草の根 NGO 的な価値理念が継承されつつも，基本的には強大な政府主

導の事業委託とIT大企業が仕掛けた募金競争に駆り立てられ，企業主導の特定のプラットフォームや基金会，あるいは市場化志向の強い中間支援組織の牽引と育成によって推進されているといえる。これらの牽引力と推進力は，大室が指摘する「市民社会独自の存在感と存在意味を顕在化させ，行政や営利企業に対する対等な勢力に育て上げていく」仕組みという意味では，明らかに不十分だと言わなければならない。公益市場主義の文脈に基づく中国の民間公益圏のソーシャル・イノベーション促進体制は，市民社会領域そのもののエンパワーメントよりも，「社会問題の効率的且つ効果的な解決を目指す実用主義的志向性」が強いと指摘されよう。

第4節　ソーシャル・イノベーション実践の傾向と公益人の思い

このようなソーシャル・エコシステムの下で，公益圏におけるソーシャル・イノベーションの実践例がどのような傾向を見せているのか，公益人たちは，如何に自らの思いをソーシャル・イノベーションに結びつけようとしているのか見てみよう。

1. 中国のソーシャル・イノベーション事例に関する調査報告

張強・胡雅萌・陸奇斌（2013）は，中国におけるソーシャル・イノベーションの取り組みを対象としたアンケート調査の結果について述べている。調査対象の選定は，公益市場化の流れを受けて近年増えつつあるソーシャル・イノベーション分野の各種コンテストの受賞者と，専門の中間支援組織からの推薦によるという。コンテストとして例えば海航グループによる「社会創新創投競賽（ソーシャル・イノベーション・インベストメント・コンテスト）」，インテルに

よる「"芯世界"公益創新賞（XIN世界公益イノベーションアワード）」
や「中国社会創新賞（中国ソーシャル・イノベーション・アワード）」，
レノボグループによる「青年公益創業計画（青年公益創業計画）」，「公
益創投計画（公益インベストメント計画）」，「微公益大賽（ミニ公益コ
ンテスト）」などが挙げられている。中間支援組織については，例
えば雑誌『社会創業家（社会起業家）』，英国文化協会，AHAソーシャ
ル・イノベーション学院，企業社会責任資源センターなどが含まれ
るという。その結果，187のソーシャル・イノベーション事例を収
集し，分析を行った。

　187事例のうち，108例が個人起業家によるプロジェクトであり，
79例が複数の個人や組織が共同で立ち上げたものである。起業者
の基本情報（性別，年齢，教育レベル，専門）以外に，事業範囲（地
理的に届く範囲），イノベーションモデル，業界分野，組織の設立時
期や法人格のタイプ，地域分布（地域の社会的，政治的，経済的環境
との相関）の分析をそれぞれ行った。以下でその結果の要点を整理
して示したい。

　まず，起業主体については，政府セクター，市場セクター，社会
セクター（市民社会領域）の3つに分けてみたところ，52％の起業
者が社会セクターからの単独起業であり，社会セクター主導で政府
や企業との共同起業を含むと55％になる。政府セクターによる起
業は14％，市場セクターによる起業は31％である。

　次に，イノベーションモデルについては，サービス・イノベーショ
ン，技術イノベーション，組織イノベーションの3つに分類し，最
も当てはまるものを1つ選んでもらったところ，図7-3（次のページ）
のような結果が得られた。社会セクターの起業家においては，サー
ビス・イノベーションの割合が他セクターの起業家よりも多いこと
が分かる。

　第3に，起業分野については，「扶貧（貧困扶助）」，「教育」，「環境」，

図7-3 セクターごとのソーシャル・イノベーションモデルの割合

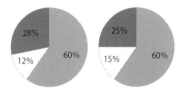

出典：張強・胡雅萌・陸奇斌（2013），p.130より。

「社会的弱者支援」という4つの伝統的公益分野の起業件数が徐々に減少し，芸術文化，コミュニティの発展，公益組織支援，動物愛護などの分野はいずれも2003年以降に現れ，増えてきたことが分かった。

第4に，法人格取得については全事例中82例だけが何らかの法人格を取得していることが分かった（全体の45.5%）。そのうち営利企業として法人登記をしたのは31例，民弁非企業単位として登記したのは29例，社会団体としての登記はわずか9例であった。

最後に起業の地域分布については，北京市，上海市や広東省などの先進地域に集中していることが明らかとなった。ただし，上記以外の地域として，四川省と雲南省も相対的に活発であることが分かった。四川省は，大地震後多くの公益組織が現地と関わりを持つようになったことによる影響が考えられ，雲南省は従来からNGOが活発な地域だということが影響していると考えられる。

このように，市民社会領域における社会起業家個人による起業が

第 7 章　公益人によるソーシャル・イノベーションの求め方

多く，大半がそれまでになかったサービスを開発し提供する「サービス・イノベーション」であり，法人格の取得に困難が伴うという傾向が見える。政府と大企業が主導し，公益市場主義の文脈に基づく推進体制の下では，このような傾向は自然な結果なのかもしれない。

2. 環境分野の若き市民リーダーたちのソーシャル・イノベーション目標

　傾向と概要ではなく，具体的な公益人による社会起業のケースを見ると，彼らの思いがどのようにそれぞれのソーシャル・イノベーション目標につながっているのか見えてくる。本書第 1 章では，環境分野の若き市民リーダーたちがどのように誕生したのかを描き，彼らの生き方から，個人化社会となった中国社会において，「下から」新たな社会規範と社会関係を創出する担い手がどのように現れるのかの一端を読み取った。「肌感覚の体験・経験に基づき規範と価値観の形成」，「社群の力」，「自己肯定と自己承認の連鎖」，そしてこれらを推進しようとする「基金会や中間支援組織によるデザインとサポート」を指摘した。基金会などの外部組織による牽引力が，公益人の内側にある肌感覚の規範と価値観に呼応し，さらに彼らの思いが行動として具体化される上で必要な能力や資源と接続できた場合に，彼らが公共の出来事を自分の人生の出来事として位置づけ，自分事として公益に取り組むようになる。

　筆者のインタビューに基づき，市民リーダーたちが求めるソーシャル・イノベーションについて，3 つの公益思想の文脈も踏まえつつ表 7-3（次のページ）のように整理して示したい。

表 7-3　環境分野の若き市民リーダーによるソーシャル・イノベーション

名前	活動内容	「公益の思い」の形成に影響を与えた要素	公益思想の文脈	求めるソーシャル・イノベーション
張伯駒	1984 年生まれ。2006 年〜2012 年「自然之友」スタッフ。1 年間香港留学後, 2013 年末に自然之友に戻りCEO へ。組織のマネジメント全般を担う。組織の「管理」「戦略」「社会的位置づけ」の把握を重視。外の誘惑（投資や名誉など）に抵抗し, 組織内部のエンパワーメントに集中。	実家が北京郊外の植物園の中にあり, 木が友達だった。自然を愛おしく思う「心の声」を常に感じられる。14 歳から自然の友を知る。森林生態の専門家と 社会科学院の専門家 2 名からも多大な影響を受けた。	公益原理主義に近い立場。	「公衆参加」重視。一般的啓発と専門的取り組みの両方から人々の意識（心の声）と行動の変革を目指す。
呉昊亮	1979 年生まれ。2015 年より合一緑学院CEO。財団と協力し環境分野のデータベース提供, NGO の組織力強化, 業界を支える人材育成に従事。	子どものころから畑で自然と遊んでいた。『新京報』で社内すべての部門を経験しメディアの中立性について深く考えたこと。歴史好きな父親の影響も。	公益原理主義と公益市場主義の間の立場。	財団の力でNGO の人材と組織の強化を目指し, 歴史を作る。
向沖	1993 年生まれ。2016 年に楽水知行創設。公衆参加型で水環境のガバナンスモデルを模索し推進している。	子供時代に慣れ親しんだ雲南の地域文化（故郷意識が強い,「天意」に淡々と従う, 無理強いしない文化）, 汚染がひどかったホームタウン（家族・親族に病気になる人が多く, 高校 2 年生で父親を肺がんで亡くす）, 学生時代に参加したBBS「済渓論壇」での討論の影響。	公益原理主義に近い立場。	「公衆参加」重視。人間と生態との関係性に関する哲学と思想レベルの変革を目指す。

楊方義	1981年生まれ。アリババ基金会の環境分野支援事業の仕掛け人。	一緒に仕事をした「師」と呼べる環境分野のキーパーソンたち（山水自然保護センター創始者呂植先生など）。アリババグループCEOの馬雲氏。	公益市場主義の立場。	産業界の重要人物に影響を与え，その力で公益を推進。
巫嘉偉	1984年生まれ。2007年から成都康華コミュニティ発展センターに加入，2012年からCEO。主に成都近郊の湿地で外来種植物の除去と科学的な堆肥づくりの事業を社会的企業として行っている。	学んだ知識を現実の問題解決に役立てたい思いから，多くの野生動植物分野の専門家と活動をともにして学び，彼らから大きな影響を受けた。	公益市場主義と公益改良主義の間の立場。	専門的知識と技術を生かした社会的企業の活躍を目指す。
郭永啓	1986年生まれ。2012年に緑行斉魯行動研究センター創設，CEO。山東省の「環境幸福感」を高めるために情報公開（各種汚染データの公開），公衆参加（2012年から2000人以上が参加）と法的支援の手法で，民間による環境汚染監督体制の構築に尽力している。	学生時代に経験した農村でのコミュニティスクールづくりの活動で自身の社会的価値に開眼。砂漠化問題に取り組むNGOの英雄への敬服。	公益原理主義に近い立場。	「公衆参加」重視。情報公開と法的支援の手法による環境問題への社会的監督体制の形成を目指す。

徐磐石	1992年生まれ。2013年から紹興市朝露環境保護公益サービスセンターを創設し，CEO。汚染調査と情報公開によって民間による汚染企業の監視監督体制づくりを目指す。対抗型から対話できる状況へと導く。	高校時代に教育分野の貧困扶助活動(紹興公益ネット)に従事し，貴州やチベットなど最貧地域を自分の目で見て，格差を目の当たりにした際の衝撃。子どもの頃から「反逆児」で，自分の力で社会を変えたい思い。	公益原理主義に近い立場。	「公衆参加」重視。民間による汚染企業の監視監督，会話できる体制の形成を目指す。
巴雅尔図	1986年生まれ。2011年から内モンゴル西烏旗放牧区情報サービスセンターCEO。遊牧民の持続可能な生産・生活スタイルの再生に従事。	子ども時代の草原の風景。遊牧民族が開発によって元の生き方を失い，生活が相対的に厳しくなっただけではなく，生態がひどく破壊された状況。モンゴル族としての生き方へのこだわりと誇り。	公益市場主義に近い立場。	社会的企業とビジネスモデルによってモンゴル族らしい豊かな暮らしを実現。
Jerry	1983年生まれ。2012年にIFINEを設立，CEO。上海で自分たちが開発した社区(地域コミュニティ)ベースのゴミ分別収集。	子どもの頃育った上海の郊外には川や畑があった。中学校以降工場が建ち並び，川が黒く臭くなり，空気も汚れた。2002年から2005年にスイスに留学したが，環境の違いに愕然。両親も環境汚染による健康問題を抱えていた。環境問題による生活の質の低下が明らかだった。	公益改良主義に近い立場。	社区行政と共にゴミ分別の実行可能なモデルを開発し普及させ，ゴミ問題の実践的解決を目指す。

第7章　公益人によるソーシャル・イノベーションの求め方

| 劉丹 | 2011 年に江西青贛環境交流センター設立，CEO。1988 年生まれ。情報公開の促進と工業汚染の調査によって環境教育を推進。 | 故郷の江西省では「政府機関に入り公務員になる」のが主流価値観。中学校の時から反逆児で，はみ出し者の作家韓寒の小説『三重門』を愛読した。大学受験で失敗し，その評価には納得できず，今の活動によって自分の能力を父親に，そして世の人に証明したい。大学の名前ではなく能力で道を切り拓きたい。各種研修や交流に参加したことにより，視野が広がり，出世と金を稼ぐ以外の人生があると分かった。 | 公益原理主義と公益改良主義の間。 | 「公衆参加」重視。環境調査と情報公開により，効果的に環境教育を推進したい。 |
| 王宇簫 | 1992 年生まれ。2015 年に寧夏青緑環境保護センター創設，CEO。水汚染問題を中心に情報公開，調査研究，データ分析を実施。 | 特に何かの影響を受けてこの道に進んだわけではない。90 年代生まれは最初から生活が比較的に豊かであり，人格の独立や個性を求めるのは当たり前で，大多数の人は独自の考え方を持っている。現実的には種々の事情からやりたいことができない人も多い。自分は基金会などの支援により「やりたいことができた」。 | 公益市場主義と公益改良主義の間。 | データ分析の技術によって環境問題の解決に貢献する。 |

　表が示すように，市民リーダーたちが目指すソーシャル・イノベーションの目標はそれぞれの「思い」を強く反映しており，それぞれの能力や強みを生かすことの延長上にある。中国のソーシャル・イノベーションの動向を俯瞰的に捉えると，公益市場主義的傾向ばかりが目立つが，公益人の実践に寄り添って見てみると，公益原理主義においてしばしば強調される社会関係資本を強化するための「参加」や「公衆による監視と監督」，そして公益改良主義において強調される「公益組織側の技術と専門性の発揮」も顕著に現れている。

291

彼らは単に資源によって牽引され，育成される存在ではない。それぞれが求める目標にむけて，自らの能力を強化し，自らのスタイルを構築するために周りの牽引力の活用を模索している。

3. 公益の原理と問題解決の効率化の両立を模索する公益人リーダー

　市場経済と市民社会との関係性について，陳福平（2009）は示唆的な研究結果を示している。「市民参加」こそが市民社会を評価する尺度であるとの見地から，陳は市場経済の発展が果たして市民参加の進展にどう影響するのかについて，社会関係資本を指標に中国各地域で調査を実施し考察している。

　従来の研究においては，市民参加への市場経済の影響を評価するものと批判するものの両方の議論が見られるが，「市場経済は個人の自主的選択・決定の機会と空間を広げる」という理解に双方が一致していると陳は指摘する。問題は，「市場経済が人々の関係性の融合（相互の信頼と協力関係）をもたらすか」という点，すなわちロバート・パットナムが定義する社会関係資本を市場経済が推進するのかそれとも阻碍するのかを巡る意見の対立である（陳,2009：91）。全国各地の 10,376 サンプルに対する調査結果に基づき，陳はパットナムの概念を「形式性社会関係資本」（何らかのアソシエーションやネットワークに参加していること）と，「実質性社会関係資本」（参加によって形成された信頼と互恵性）の 2 種類に分けるべきだと提案する。市場経済は個々人の活動空間を広げることによって，形式性社会関係資本を推進する側面はある。しかし，利己的行為を助長し，他者への配慮と公共的責任感を低下させるため，市場経済は「実質性社会関係資本」の形成にとってむしろ不利に働くと陳は主張する。

　「市民社会の意味は人々により広い活動空間と時間，参加のツー

ルをもたらすことだけにあるのではない。もっと大事なのは，協力
の精神と相互信頼のネットワークづくりのプロセスを実践すること
である」と陳は述べ，「実質性社会関係資本」こそ「強い参加」で
あり，市民社会が求めるべき「質」だと主張する（陳，2009：108-
109）。

　市民社会の質，独自の価値理念を唱えることと，市場化による問
題解決の効率化は両立不可能なのだろうか。1人1人の公益人の
ソーシャル・イノベーション目標を生み出す「思い」と，その実践
能力の向上をサポートする資源供給者の思惑とは一致しないものな
のだろうか。「ソーシャル・イノベーションへの志向性」も民間公
益圏を1つの社会的勢力，社会的領域たらしめる最もベースとな
る共通項とするならば，これらの両立が求められる。民間公益圏を
代表する2人の公益人リーダーが，それぞれ公益原理主義と公益市
場主義の立場からこの両立の方法を探っている。

（1）梁暁燕－理想主義を追い求める過程，声を上げ続ける場

　梁　暁燕は 1982 年大学卒業後，北京外国語大学で世界史の教員
をしていた。民間の知識人仲間たちと 1986 年から『未来に向かう』
雑誌を創刊し，89 年の天安門事件において学生デモを支持したこ
とで停職処分を受ける。94 年に最初の草の根環境 NGO である「自
然之友」の創立に関わり，現在でも理事の1人である。同時に市民
社会のメディアづくりに尽力し，『東方』，『街道』，『民間』と，停
刊に追い込まれても次を創刊し，市民社会の実践，そして思想と言
論の場を作り上げていく最前線で常に活躍してきたキーパーソン
である。2003 年から教育に活動の軸を移し，北京天下渓教育諮問
センター事務局長，2008 年から西部陽光農村発展基金会の事務局
長執行理事を務める。2008 年に非公募基金会論壇の設立時に関わ
り，2017 年から論壇が「中国公益基金会論壇」に転身し，公益基

金会業界全体が公益について議論を交わす最大のプラットフォームとなっている。

2015年，NGOCN（NGO発展交流ネット）設立10周年に寄せた梁の文章から，公益人としての梁が目指すソーシャル・イノベーションのプロセスが見える[26]。「若い人たちからよく聞かれる。なぜこんなにもエネルギッシュで，ずっと続けられるんだって。しかし，私にとっては『続ける』ことが問題になったことはない。これが私の存在のしかたで，私の生命はこの状態に融け込んでいる。理想とは外面的な要求やプレッシャーではなく，内側から湧き上がる自在とバランスの感覚だと思う。こうでなければ，私は自分でなくなる」，と梁が述べ，自らの「生きる常態（通常の状態）」，ライフスタイルの最も本質的なものが「理想主義」だという。

「理想主義」を常に追い求めていく過程こそが，梁の考える「ソーシャル・イノベーション」である。「ここ数年，公益圏の変化が大きく，関わる人も増えていく一方。関わるきっかけはそれぞれで，異なる職業，異なる社会的地位と社会的身分の人々が公益圏に入り，それぞれの背景，認知，習慣や物事の見方を持ち込んでいる。公益圏が賑やかになるのはいいことだが，少々憂慮も感じる。我々はみな知っている。公益とは単に良いことをやることを意味するのではなく，価値を表現し，理念を唱え，追求すべき社会的目標を掲げなければならないもの」だと梁は論じ，それらの価値理念，社会的目標を体系的に，継続的に解釈し伝え続け，公共的な出来事に対して「声を上げる」，「弱い声を大きくする」過程を大事にしなければならないと強調する。

基金会論壇の主要メンバーでもある梁は，規模化や市場化の傾向

---

26 NGOCN，2015年11月19日，梁暁燕，「理想主義要的不是勉力堅持，而是生命常態（理想主義に必要なのは無理な堅持ではなく，生き方の常態にすること）」，http://www.ngocn.net/news/2015-11-17-fdbbd092fb72269e.html（2017年11月19日参照）。

を排除する立場を取らない。しかし，理想主義も譲らない。多様な動向がある中でも，価値理念，社会的目標について常に「声を上げ続ける」ことを強調する。声を上げる場を確保し，意見を交わし合う過程の継続，これが梁のイノベーションスタイルから見出せる，公益の原理と効率化との間のバランスの取り方だといえる。

（2）沈東曙－価値を評価可能なスタンダードに，実践を普及可能なモデルに

　北京富平学校校長で北京楽平基金会事務局長，北京富平ソーシャル・ベンチャー投資会社取締役社長，Social Venture Partners China 創始者兼事務局長，という複数の肩書きを持つ沈東曙だが，求めるものは常に単純明快で一貫している。「本気で社会を変えたいなら新しい『スタンダード』を成立させ，規模化できるビジネスモデルを作り上げなければならない」。

　1991 年に北京大学を卒業した沈はマネジメントと投資の手腕に長けている。2001 頃にはビジネスに成功し，新天地を求めて「公益組織」に惹かれたという。「訳分からん組織だから」というのが理由であった。「思い」だけが先走り，「効果的な手法」を知らない公益組織を目の当たりにし，この領域でなら，自分ならではの役割が果たせると沈は考えた（李，2012：137）。

　そこから 16 年，沈は社会的企業の理念をいち早く中国において実践し，家政婦の職業学校と派遣会社の経営や農村でのマイクロファイナンス事業による救貧ビジネスを成功させた。さらに日本の株式会社大地と合弁会社を設立し，安全安心な農作物を宅配する農業ビジネスを開始し，低収入地域の幼稚園に効果的な教育プログラムを提供する教育ビジネスにも手を広げた。これらのソーシャル・ビジネスは終始，富平学校創始者である中国の代表的な経済学者茅

于軾氏の理念,「貧しい者の役に立て」を具現化している[27]。

　2010 年から沈はソーシャル・イノベーションを牽引するための「仕掛けづくり」に着手し,社会起業家に「投資」し伴走するための基金会と投資会社を設立した。2013 年には Social Venture Partners China を設立し,SVP モデルを中国に導入した。さらに 2016 年からアメリカの B Corp(共益企業)認証システムを中国に導入する試みを始めている。これらの仕掛けはいずれも,「社会的価値の問題と効率の問題」を同時に追求していくことを目的としている[28]。

　筆者との交流において,沈は常々言う。「自分がやりたいのは,ソーシャル・イノベーションの『思想市場』と『人材市場』を導く『社会的投資者』である。より望ましい未来をもたらしてくれると信じる価値と思想を理論化し,それを体現した実践可能なモデルを作り上げ,評価するためのスタンダードを示し,普及させる」。これが,沈が考えるソーシャル・イノベーションのための規模化の方法であり,価値と効率の両立を図る方法である。

　「価値」対「効率」,「思い」対「能力」。「上からの育成と誘導」対「下からの体験と経験に基づく思いや先輩と仲間による導き」。「社会関係資本を豊かにすること」対「社会問題の効果的な解決手段」。前者と後者の間にどんな関係性があり得るのだろうか。公益人たちはそれぞれのスタンスから,それぞれの志向性を持ち,それぞれの方法によって前者と後者の間でバランスを取り,自分自身の立ち位置を探っている。それこそが,ソーシャル・イノベーションを求める公益人たちのリアリティなのではないだろうか。

27　南方人物週刊,2014 年 5 月 22 日,黄睿穎,「中国青年領袖 沈東曙 用社会企業家精神做公益(中国青年リーダー　沈東曙—社起業家精神で公益を)」,http://www.nfpeople.com/story_view.php?id=5396(2017 年 11 月 21 日参照)。

28 中国慈善家,2017 年 9 月号,2017 年 10 月 25 日ネット掲載,袁治軍,「楽平基金会沈東曙:我為何看好共益企業的未来?(楽平基金会沈東曙　私はなぜ共益企業の未来を期待するか)」,http://www.icixun.com/2017/1025/5914.html(2017 年 11 月 21 日参照)。

終わりに－中国的市民社会と中国の社会変動

1．公益人の目線から中国の市民社会を捉える

　本書は，「下から構築される中国社会」という視点から中国の社会変動を捉える模索である。第1章で述べたように，中国社会の転換はトップダウンの政策的視点から見れば，「科学的発展観と人本主義に基づく社会構造の転換」を意味するが，人々の生活世界に目を向けると，それは「自覚的主体性」を模索しようと揺れ動く人々の「生活の様態」に現れている。改革開放後の中国では，個人の選択肢と活動空間が格段に広がり，解き放された個人は利己的で公共心と社会的信頼が乏しく，自我を確立させられないまま多くの矛盾を抱え込んでいる。公益を「自分事」にすることによって自我の確立と自己実現を模索する公益人たちは，まさに個人化社会において，「下から」新しい社会規範と社会関係の創造が如何に可能となるのかを示す存在である。

　同時に本書は，公共的・社会的問題を自らの生き方と不可分なものとして取り組む中国の公益人たちの思索と修練を通して，市民社会の論点に対して考察を深める試みでもある。「公共を担う社会的役割を果たすことと国家権力の手足に成り下がるリスクをどう考えるのか。市場を巻き込みその資源を活用することと市場に呑み込まれるリスクをどう捉えるのか。市民社会の価値を市民参加の促進に置くべきかそれとも社会問題の解決を重視すべきか。市民社会の目標として社会関係資本の豊かさを目指すのかそれとも社会性の高いビジネスモデルの普及を目指すべきか。市民社会における効果的な実践とはエリート主導がいいのかそれとも草の根による多様な発展のほうが望ましいのか。これら市民社会の社会的役割，位置づけ，

基本的価値とビジョン，行動原理と方法論の根本に関わる問題が，中国における市民社会の展開に顕著に現れている」[1]からである。

　本書のこだわりは，リアルな主体としての公益人の姿を見えるようにすること，彼らを変動する環境の受け手としてではなく，自ら判断し思考し発信する存在として描き出し，彼らが生きる中国的市民社会の領域である「公益圏」のリアリティに迫ることである。文中では研究者による研究成果や筆者自身の調査結果だけではなく，公益人たちがWeChat上で交わした多くの議論をも取り上げ，公益圏に関するエリート言説と草の根の言説の両方に目を向けるよう心がけた。

　権威主義体制の中国における市民社会をどう定義するかについて，筆者は趙ほか（2011）とHsu（2017）の議論から吸収し，生活世界に生きる「普通の人」にとっての，「信頼と暖かさと自己実現の社会」こそが理想的な市民社会だと考える。市民社会の普遍性は，西洋社会の「人権と民主主義」もしくは中国社会の「天下思想」にあるのではなく，「そこで暮らす普通の人々が，自分たちが望むような社会を思い描き，少しでも近づくために行動し，自分の価値を表現する過程にある」という立場に立つ。Hsuの主張に即して言えば，それは個々人が自分にとっての「質の良い生活」を求める過程でもある。「質の良い生活」とは個人の生活だけではなく，コミュニティ，国家そのものがより健康に，豊かになり，教育的，環境的，経済的状況がより望ましい状態になることを意味する。そのような状態を求める個々人の生き方が，市民社会の実践を織りなし，活況を支える。

　本書は，「生活世界に生きる人々の意志の表出と表現，生き方の広がり」としての市民社会に目を向け，中国の公益人たちの目に，彼らを取り巻く制度環境，資源獲得環境がどう見えるのか，彼らはどのように環境の変化を受け止めて対応しようとしているのかを考

1　引用は本書「はじめに」より。

察し，さらに彼らの思索と自省が繰り広げられる言説と論争，それぞれがソーシャル・イノベーションを求めるスタイルを描き出した。そこからいかなる「中国的」特徴を見出せるのだろうか，それは中国社会のいかなる転換を物語っているのだろうか，市民社会の重要な論点に対してどんな示唆をもたらすのだろうか，ここで考えてみよう。

2.「中国的市民社会」が示唆するもの

(1)「自明の権利」より「権威の獲得」

中国的市民社会の「中国的」特性として第1に挙げられるのは，市民社会の正当性を「権利」によってではなく，「権威」によって評価し，規定することである。本書第2章で中国的公共性の概念を検討しており，「中国の公観念には，『天』の観念が色濃く浸透しており，それは古来の『天理』，すなわち『万民の均等的生存』という絶対的原理に基づく。政府，国家も，世間や社会，共同も『天理』を外れてはならない」と論じている。公共性を担う存在として，国家も市民社会もその正当性は所与のものではなく，「天理に適う」ことによって担保される。天理に適う役割を示さなければ，公共性を担う資格（権威）が認められない。

第3章の先行研究の検討において指摘したように，中国の儒教文化は，人間の尊さを「当たり前の前提」として見るのではなく，修練の結果として見なす。人間は「五倫」のなかで自らの心身と環境との調和を目指す。自制的修練を積み重ねていき，人間としての尊さを獲得する。統治者もこのような修練を重んじなければ，「尊敬に値しない」と判断され，権威を失っていくこととなる。「中国の歴史においては，『個人』は表に現れることなく，人間として尊重されるための修練を重ねていくことによって，社会関係の中で中国の世俗社会を構築してきた」と，筆者は邵（2008）の議論を引用し

299

ながら論じた。さらに，中国の伝統文化においては，「自由」も「当たり前の前提」ではない。西洋の「束縛から解放される」という「外的自由」に対して，中国の伝統文化における自由は「自身の欲望から自由になる高貴な人格」を意味する「内的自由」とされ，これも修練を必要とする。

　修練の結果，権威が認められ，はじめてフォーマルな「正当性」が成立するという中国的特性は，市民社会の法制度づくりの過程にも反映されている。第4章で考察したように，公益圏が法的正当性を求める過程は，「当然の権利として」それを求めたのではなく，実績によって「公共性を担う資格」を示し，「権威」を勝ち取る過程であった。「公共性を担う権威」を独占してきた党は，可能な限りその権威を手放さずに済むよう，公益圏を「傘下」に収める模索と努力を重ねてきた。双方の力作用の決着点が，2016年に成立した「慈善法」であったと理解できる。党の権威を公益組織の内部に浸透させ，公益組織の権威と同一化させ，管理を強化する方向性が定まった一方で，他方では長年の「幹部－群衆」の構造の転換も明らかとなった。

　「動かす」側の幹部と「動かされる側」の民衆ではなく，自らの思いによって「動かす」存在になる空間と機会，そして資源が拓かれた。体制内に制度的に収められつつある公益圏が「行政の手足に成り下がった」という見方も当然可能であろう。だが，「手足」なしでは物事を動かすことができない，と考えることもできる。「中国の特性を持つ市民社会は，国家権力を制約することに成功することによって示されるのではなく，むしろ国家権力を，人々のニーズを理解し，彼らに質の良い生活を提供する方向に導く力によって表現される」というHsuの指摘に従えば(Hsu, 2017：152)，「権威によって固められていた体制内に食い込んだ」との見方もできる。

　「権利を当然の所与，自明の前提としない市民社会」，「権威によっ

て正当性が認められる市民社会」は，西洋型の市民社会論においては理解しがたい論理であり，「人権無視，弱者切り捨てにつながる」という批判も容易に想像できる。権利こそが市民社会の土台であり，人権擁護は市民社会の至上命題であり，「権威主義」は市民社会的価値と原理の対立面とされるからである。だが，パットナムの『孤独なボーリング』（Putnam, 2001）以来，権利を自明の前提とする民主主義社会における市民参加の停滞への懸念が広がりつつある。日本では，公共に参加する市民の当然の権利に基づき，市民参加を促進する法律や条例が作られたが，市民社会セクターの組織や個人には，「公共性」を担うための力（能力や資格）が十分に揃っているかどうかについて，制度的に自問と修練を厳しく求めることはない。権利を前提とするだけでは，権利を守ることはできない。市民社会とされる領域が，なぜ社会において存在意義があるのか，その正当性はどんなことによって担保されるのか，権威とはどのような関係にあるのか，「当然あるべき理念としての市民社会」ではなく，それぞれの社会的文脈と土壌に根ざした市民社会の姿を求めるには，これらの問いを避けては見えてこないのではないだろうか。

(2) 能力主義と結果重視

第2の「中国的」特性として，顕著な能力主義と結果重視が指摘されよう。改革開放後の最も根本的な社会転換は，計画経済時の配給制に代表される機械的平等主義から，急激に「結果がすべて」の結果重視と能力主義に社会全体が傾斜したことだといえる。公益圏にもこの転換がリアルに反映されている。第7章で考察したように，公益人たちは強大な政府主導の事業委託とIT大企業が仕掛けた募金競争に駆り立てられ，企業主導の起業推進プラットフォームや基金会，あるいは市場化志向の強い中間支援組織の牽引と育成の対象となっている。公益市場主義の文脈に基づく中国の民間公益圏

のソーシャル・イノベーション促進体制は，市民社会領域そのもの
のエンパワーメントよりも，「社会問題の効率的且つ効果的な解決
を目指す実用主義的志向性」が強い。第5章で紹介した「99公益日」
における募金競争が物語るように，公益人たちは資源を獲得するた
めに，熾烈な競争に晒されている。「地道に活動する」だけでは淘
汰されていく恐れがあり，「実践力」同様，いやむしろそれ以上に「表
現力」が求められる。表現力が不足する場合，実践力も低下する。

　西洋型市民社会論では，競争よりも協同と協働，効率性より人間
性を重視し，有用無用の価値判断からの脱出を唱えることが多い。
日本のNPO領域でも，しばしば「手弁当で苦労して地道に活動を
続けること」が美徳とされがちである。しかし，特定のサービスを
こつこつと「実践」するよりも，「表現」はより多様な能力と広い
視野と豊かなネットワークを必要とする。直接実践を行う人以外に
も，他分野から，異なるタイプの人材が引き寄せられ，とくに「表
現」という行為のかっこよさと効果に，若者たちが惹かれやすい。「能
力重視と結果主義」のシビアな環境は，公益人を序列化してしまう
恐れがある一方で，他方では分野を跨がる人材の流動，若者の活用
と育成に有利に働くと考えられる。

　(3) 結合し，打ち勝つ

　第3の「中国的」特性として，中国の伝統と西洋型市民社会と
の接点と共通性を模索し，世界の潮流と接続可能な状態にし，世界
で存在感を高めようとする姿勢が挙げられる。再び世界の中心に
躍り出た「大国としての中国」という転換がその背景にある。第3
章では，儒教的価値観とは「個人は永遠に自分自身と家族の利益を
最優先する」価値観であり，家族以外の集団意識や社会福祉と公共
善を推進する精神が乏しいという劉・田（2010）の議論を紹介した
が，第7章で言及したように，公益原理主義の代表的論者康暁光は，

儒教が市民社会における「民主」や「利他」の要素と結合して初めて，西洋型の政治思想に打ち勝つことができると主張している。その主張は現実の政治改革に反映されているとは言いがたいが，「結合し，打ち勝つ」は，「途上国」から「大国」への転換を象徴する言葉だといえよう。

中国的事情と世界との結合の試みは公益圏において広く見られる。慈善法を作る過程において海外各国のチャリティ法を研究し吸収していたことは第4章で紹介したとおりである。海外の専門家として関わっていた Blake Bromley が評価しているように，中国社会の実情に合わせて海外のチャリティ法から必要な部分だけを効果的に取り入れ，中国ならではの慈善法を作り上げた。「中国ならでは」でありながら，それは西洋型市民社会でなじみのある「チャリティ法」の名を冠しており，チャリティ法の性質を共有している。「チャリティ」という結合点によって，中国国内の公益圏は西洋諸国の市民社会領域と連結可能となり，「共通の言語と共通の舞台」を獲得できる。同時に西洋型市民社会のチャリティに呑み込まれ，包括されるのではなく，むしろそれを篩にかけ，中国国内の事情に適合できる部分のみを生かす。

第5章で論じたIT企業が仕掛ける大規模なネット寄付と，「創造性，イノベーション，ネットワーキング，プラットフォーム，規模化」などを合い言葉に基金会業界が進める公益圏のデザイン，そして第7章で論じた公益市場主義の文脈に基づくソーシャル・イノベーションのさまざまな取り組みも，同様に西洋世界との接点を明確に打ち出しながら，資金力と規模，エリートの頭脳を武器に，世界のネット寄付や公益基金会，ソーシャル・イノベーションの潮流における自らの存在感を示すようになった。実際近年は，これらの分野における世界会議や国際シンポジウムが中国で多く開催されるようになり，日本に比べると「民」主導の民間公益領域のスタート

がはるかに遅いにもかかわらず，国際的なプレゼンスは日本よりむしろ高いように見受けられる。

それが可能となっているのは，大企業の資源や有名人の影響力，IT技術など，世界的に通用する資源が公益圏に積極的に関わっているからである。個々の公益組織が弱小であっても，この領域を代表し発信する鮮烈な「顔」がある。確かに，影響力のある資源に公益組織が左右されるリスクは十分に考えられる。「技術と規模とビジネス」によって，趣味のような手軽な「ついで公益」で「全民公益」を実現しようとするテンセントと，自らの支持者層を獲得し，公益への「意識ある参加」を増やしていくという公益人の姿勢との乖離が見られるのも確かである。また，「行政化に対抗するどころか，逆に国家と市場がすぐさま癒着し，NGOをより効果的に飼い慣らすことになるだろう」という公益人から発する警告も頷ける論理である。しかし同時に，市民社会の領域を象徴する力強い「顔」がないことによる弊害も，考えなければならない問題なのではないだろうか。第5章で指摘したように，公益圏全体をデザインしようとする中国の基金会の姿勢は，公益圏に「資金」と「人材」だけではなく，大量の「言説資源」ないし「影響力資源」をもたらしている。各界の有名人が「公益」の具現となり，「公益」にポジティブなイメージを付与している。その社会的インパクトは無視できない。

（4）不確かさと流動を厭わない

第4の「中国的」特性として，「自らの価値実現を模索するオープンで流動的な業界としての市民社会」という側面を挙げたい。それは，改革開放後の中国における職業の流動化，人材の流動化という社会転換を反映したものである。人々は自らの自己実現を求めるために，不確かさと流動を厭わない。

公益人たちの生き方から分かるように，公益圏は単なる職業の領

域ではなく,「生涯に亘るライフワーク」が実践される領域でもある。第6章で指摘したとおり,公益人の公益人生は「思いへのこだわり」と「能力の発揮」の両方に支えられている。その両方の最大化を図ることが,公益人の原動力となる。彼らにとって,職業としての公益は常に自分自身の修練を意味する。自らのあり方について自省を重ね,論争し思い悩み,それでも思いの実現と能力の発揮を求めてやまない。そこにあるのは,従来の職業観では語りきれない「働き方」である。だからこそ,公益圏は多くのビジネスエリートにとっても魅力的な領域であり,人材の進出が増え,流動も激しい。ビジネス界で成功した人材が公益圏に創造的な発想と効率的な方法論をもたらし,公益圏の牽引力となりうる。特に公益人や公益組織の育成と牽引に熱心な基金会に,ビジネス界からの人材が入りやすい。

　第7章の冒頭で述べたとおり,これらの牽引力が,公益人の内側にある肌感覚の規範と価値観に呼応し,彼らの行動に必要な能力や資源を提供できた場合に,公益人の活動を大きく進展させる。だが,公益人たちは「牽引されたまま」の存在ではない。彼らの活動は,彼らの生き方そのものであるため,他人任せではあり得ない。彼らが目指すソーシャル・イノベーションの目標はそれぞれの「思い」に根ざし,それぞれの能力や強みを生かす方向性の延長にある。公益圏を俯瞰的に捉えると,市民社会理念の退潮と公益市場主義,公益改良主義の台頭が目立つ。しかし,公益人の実践に寄り添って見てみると,公益原理主義で強調される社会関係資本を強化するための「参加」や「公衆による監視と監督」,公益改良主義で強調される「技術と専門性の発揮」,公益市場主義で強調される「効率性と規模化志向」のいずれもが生かされていることが分かる。

3. 生き方としての市民社会

　幹部―群衆の二元構造の転換,能力主義と成果重視,世界と結合

しさらに打ち勝っていく大国的存在感，流動の常態化。公益人を取り巻くリアリティに中国社会のこれらの社会転換が見事に刻み込まれている。その中で，公益人たちはそれぞれの流儀で「価値」対「効率」，「思い」対「能力」，「上からの育成と誘導」対「下からの体験と経験に基づく思いや先輩と仲間による導き」，「社会関係資本を豊かにすること」対「社会問題の効果的な解決手段」の間でバランスを取り，自分自身の立ち位置を探っている。

　「大物の指図は要らない。今までNGOが歩んできた20年を見れば分かるように，道は常に私たちの後ろにある」という劉韜氏の言葉が示すように，その過程はまさに彼らの生き方を反映し，彼らが実践する公益のスタイルである。「生き方としての市民社会」の力強さとしなやかさを，我々に感じさせてくれる。

参考文献

【日本語文献】

相川泰，2005，「中国における『草の根環境 NGO』のネットワーク化」，『環境情報科学』34-3：47-51.

相川泰，2011，「中国の環境破壊と社会的対応」，中国環境問題研究会編「中国環境ハンドブック（2011-2012 年版）」，蒼蒼社：14-23.

江口伸吾，2016，「現代中国の国家建設と『公民社会』のガバナンス－市民社会・ボトムアップ型国家コーポラティズム・人民社会をめぐって」，宇野重昭・江口伸吾・李暁東編，『中国式発展の独自性と普遍性－「中国模式」の提起をめぐって』，国際書院：157-188.

韓立新，2009，「中国の市民社会論批判：私的所有権の確立と社会格差の問題」，『一橋社会科学』第 6 号：73-102.

橋爪大三郎・大澤真幸・宮台真司，2013，『おどろきの中国』，講談社現代新書

服部篤子・武藤清・渋澤健ほか，2010，『ソーシャル・イノベーション－営利と非営利を超えて』，日本経済評論社．

廣田俊郎，2004，「ソーシャル・イノベーションと企業システム革新の相互作用的生成」，『社会・経済システム』第 25 号 :133-138.

今田忠，2014，『概説市民社会論』，関西学院大学出版社．

今枝法之，2009，「U・ベックの『個人化』論について」，『松山大学論集』第 21 巻第 3 号：303-331.

今井淳雄，2012，「中国の公益財団と伝統思想の関連性についての考察－『非公募基金会』を事例として』，『アゴラ（天理大守地域文化研究センター紀要）』第 9 号：113-125.

石井知章・緒形康・鈴木賢編，2017，『現代中国と市民社会－普遍的「近代」の可能性』，勉誠出版．

伊藤美登里，2008，「U・ベックの個人化論－再帰的近代における個人と社会」，『社会学評論』59（2）：316-330.

片岡直樹，2011，「中国環境法の多様な姿」，中国環境問題研究会編「中国環境ハンドブック（2011-2012 年版）」，蒼蒼社：30-49.

木村隆之 , 2015,「まちづくり研究及びソーシャル・イノベーション研究の理論的課題に関する一考察，九州産業大学『経営学論集』第 26 巻第 1 号 :1-15.

古賀章一，2010，『中国都市社会と草の根 NGO』，御茶の水書房．

熊谷謙一，2011，『動き出す ISO26000－「組織の社会的責任」の新たな潮流』，日本生産性本部生産性労働情報センター．

熊谷謙一，2013，『「組織の社会的責任」の新たな潮流 ISO26000 と労使の課題』，日本生産性本部生産性労働情報センター．

李光国，2006，「中国市民社会の現状」，『人文社会科学研究』第 13 号：178 － 187.

李明伍，2001，『現代中国の支配と官僚制－体制変容と文化的ダイナミックス』，有信堂.

李暁東，2016，「『百姓社会』：中国の『市民社会』の語り方」，宇野重昭・江口伸吾・李暁東編『中国式発展の独自性と普遍性－「中国模式」の提起をめぐって』，国際書院：131-156.

李妍焱，2000，「中国におけるボランタリー・セクターの現状と課題に関する一考察」，『日中社会学研究』第 8 号：105-129.

李妍焱，2002，『ボランタリー活動の成立と展開』，ミネルヴァ書房.

李妍焱，2004，「『社区』と『社団』－『社区服務』と『社区建設』政策が開く中国の非営利組織の活動空間」，『地域社会学会年報』第 15 集：157-174.

李妍焱，2005，「社区建設遂行の主体に関する考察――一極集中から多角化への可能性」，『日中社会学研究』第 13 号：175-197.

李妍焱，2007，「都市―基礎管理体制の変動とコミュニティ形成」，飯田哲也・坪井健共編，『現代中国の生活変動』，時潮社：86-107.

李妍焱，2008，『台頭する中国の草の根 NGO －市民社会への可能性を模索する』，恒星社厚生閣.

李妍焱，2009a，「関于促進 NPO 与政府建立合作関系的有効条件之探討―以案例分析為中心（NPO と政府との共同関係を促進するための条件に関する検討：事例研究）」，『中国非営利評論』第 5 巻：106-129.

李妍焱，2009b，「日本と中国における草の根 NPO/NGO 発展の道：日中比較の試み」，『日中社会学研究』第 17 号：1-20.

李妍焱，2010，「中国の草の根 NGO の対政府戦略：ケーススタディに基づいて」，『日中社会学研究』第 18 号：22-44.

李妍焱，2011，「中国の都市部で住民自治を仕掛ける：草の根 NGO の役割に注目して」，『駒澤社会学研究』第 43 号：1-25.

李妍焱，2012，『中国の市民社会－動き出す草の根 NGO』，岩波新書.

李妍焱，2013，「中国における環境問題に取り組む市民参加の組織について」，『研究誌　季刊中国』第 114 号：43-55.

李妍焱，2014，「国家関係から市民関係へ－『市民的世界』の拡大と日中連携の可能性」，園田茂人編『日中関係者 1972-2012　IV民間』，東京大学出版会：205-238.

李妍焱，2015，「中国における民間公益領域の形成－民による公共は可能か」，『日中社会学研究』第 23 号：77-90.

李妍焱，2016，「ソーシャル・イノベーションの条件－南三陸における復興事業を事例に」，『駒澤社会学研究』，第 48 号：89-122.

李妍焱・趙偉琳，2016，「ソーシャル・イノベーションの仕組みづくりと企業の役割への模索－先行文献・資料のレビューを中心に」，富士通経済研究

所研究レポート.〈http://www.fujitsu.com/jp/group/fri/report/research/2016/report-427.html〉

李妍焱，2017，「『オルタナティブ』を志向する若い市民リーダーは如何にして誕生したか－中国の環境分野で活躍する若者たちのライフストーリーから」，『駒澤社会学研究』第49号：59-87.

李永晶，2005，「1990年代の中国における市民社会論と中国社会－市民社会論の妥当性の検証」，『ソシオロゴス』第29号：147-162.

Mark Albion, 2006, True to Yourself, Berrett-Koehler Publishers. Inc., California, 斎藤槙・赤羽誠訳，2009，『社会起業家の条件－ソーシャルビジネス・リーダーシップ』，日経BP社.

溝口雄三，1989，『方法としての中国』，東京大学出版会.

溝口雄三，1995，『中国の公と私』，研文出版.

溝口雄三，2001，「中国思想史における公と私」佐々木毅・金泰昌編『公共哲学1　公と私の思想史』，東京大学出版会：35-57.

成島道官，1999，『自立・互恵・共生のアジア圏へ』，木鐸社.

日中市民社会ネットワーク（CSネット）編訳，2016，『中国新世代物語：「市民的」生き方を楽しむ若者たち』.

OECD編著，The Changing Boundaries of Social Enterprise, 2009=2010, 連合総合生活開発研究所訳，『社会的企業の主流化－「新しい公共」の担い手として』，明石書店.

岡村志嘉子，2014，「中国の環境保護法改正」，国立国会図書館調査及び立法考査局編『外国の立法』第262号：139-154.

岡村志嘉子，2017，「中国の慈善法と慈善事業の発展」〈http://dl.ndl.go.jp/view/download/digidepo_10317807_po_02710011.pdf?contentNo=1〉

岡村志嘉子，2016，「海外NGO国内活動管理法の制定」〈http://www.dl.ndl.go.jp/view/download/digidepo_10133187_po_02680108.pdf?contentNo=1&alternativeNo=〉

岡室美恵子，2008，「現代中国における国家＝市民社会関係の考察－政府の民間組織に対する規制と緩和政策の転換を中心に」，『国際開発学研究』Vol.7-2：1-16.

大室悦賀，2009，「ソーシャル・イノベーションの理論的系譜」，『京都マネジメントレビュー』第15号：13-40.

大塚健司，2001，「中国－改革・開放下の社会セクターとあらたな民間組織」，重冨真一編『アジアの国家とNGO―15ヵ国の比較研究』，明石書店：272-298.

齋藤純一，2000，『公共性』岩波書店.

佐藤寛編，2003，『参加型開発の再検討』日本貿易振興会アジア経済研究所.

尚会鵬，2000，「グローバリゼーション下の東アジア社会が直面する問題－人と集団の視点からの考察」，国分良成・藤原帰一・林振江編，『グローバル化した中国はどうなるか』，新書館：214-239.

沈潔, 2003,『社会福祉改革とNPOの勃興－中国・日本からの発信』, 日本僑報社.

園田茂人, 2001,『中国人の心理と行動』, NHKブックス.

谷本寛治, 2006,『ソーシャル・エンタープライズ－社会的企業の台頭』中央経済社.

辻中豊・小嶋華津子, 2014,「序章」, 辻中豊・李景鵬・小嶋華津子編,『現代中国の市民社会・利益団体－比較の中の中国』, 木鐸社：15-32.

辻中豊・李景鵬・小嶋華津子編, 2014,『現代中国の市民社会・利益団体－比較の中の中国』, 木鐸社.

王名・鄭埼, 2007,「中国環境NGOのアドボカシー活動についての一事例研究－怒江事件を事例として」,『国際開発研究フォーラム』第33号：79-87.

王名・李妍焱・岡室美恵子, 2002,『中国のNPO－社会改革への扉が開く』, 第一書林.

兪祖成, 2017,『現代中国のNPOセクターの展開－公共性の変容の視点から』, 山口書店.

渡辺隆, 2009,「ソーシャル・イノベーションとは何か」,『一橋ビジネスレビュー』第57巻1号：14-25.

【中国語文献】

邴正, 2009,「従発展社会学的視覚看中国的社会転型：当代社会発展理論研究歴程回顧与創新（開発社会学の視点から中国の社会転換を見る－現代社会発展理論の研究経緯の回顧と創造）」,『社会科学戦線』2009年　第2号：179-184.

陳福平, 2009,「強市場中的"弱参与"：一個公民社会的考察路径（強い市場における弱い参加－市民社会への一考察）」,『社会学研究』2009年第3号：89-111.

鄧敏玲, 2006,「浅談転型期的中国政府与NGO関係（社会転換期における中国政府とNGOとの関係）」,『中山大学研究生学刊社会科学版（中山大学大学　院論集社会科学篇）』第27巻第4号：51-58.

鄧正来, 2008,『国家与社会（国家と社会）』, 北京大学出版社.

範和生・唐恵敏, 2016,「社会組織参与社会治理路径拓展与治理創新（社会組織がソーシャル・ガバナンスに参加するための道とガバナンス・イノベーション）」,『北京行政学院学報』2016年第2号：90-97.

馮莉, 2014,「当代中国社会的个体化趨勢及其政治意義（現代中国社会の個体化趨勢とその政治的意味）」,『社会科学』2014年第12号：20-27.

高丙中・袁瑞軍編, 2008,『中国公民社会発展藍皮書（中国市民社会発展青書)』, 北京大学出版社.

高猛・趙平安, 2009,「政府与NGO合作関系的邏輯与生成：建構主義的視角（政府とNGOの協働関係のロジックと形成－構築主義的視点から）」,『学術探索』

2009 年第 2 号：49-53.

高中建・周菲菲，2013,“ 現代公共意識的生成与公民的社会建設参与 ”,《中州学刊》2013 年第 8 期（通し第 200 期）：87-89.

葛道順，2011,「中国社会社会組織発展：従社会主体到国家意識―公民社会組織発展及其対意識形態構建的影響（中国社会組織の発展：社会主体から国家意識へ―市民社会組織の発展と意識形態構築への影響）」,『江蘇社会科学』2011 年第 3 号：19-28.

葛亮・朱力，2012,「非制度性依頼：中国支持型社会組織与政府関係探索（非制度的依存―中国の中間支援組織と政府との関係の模索）」,『学習与実践（学習と実践）』2012 年第 12 号：70-77.

葛荃，2013,「社会性与公共性析論：兼論中国社会三層次説及其方法論意義（社会性と公共性の分析―中国社会三階層説とその方法論的意義について）」,『学習与探索（学習と探索）』2013 年第 10 号（通し第 219 号）:43-52.

韓俊魁，2008,「政府購買公共服務中的民間組織参与：以江西省扶貧試点為例（政府の公共サービス委託事業における民間組織の参加―江西省救貧モデル事業を事例に）」, 賈西津編，2008,『中国公民参与：案例与模式（中国における市民参加―事例とモデル）』社会科学文献出版社：47-76.

何増科，2006,「中国公民社会制度環境要素分析（中国における市民社会の制度環境の要因分析）」, 兪可平ほか著，『中国公民社会的制度環境（中国における市民社会の制度環境）』, 北京大学出版社：121-165.

胡鞍鋼・王洪川,2013,「人民社会是“ 中国夢 ”最大動力(人民社会はチャイナドリーム最大の動力)」,『人民論壇』第 13 号：52-59.

黄暁春，2017,「政府購買社会組織服務的実践邏輯与制度效応（政府が社会組織に事業委託する場合の実践的ロジックと制度的効果）」,『国家行政学院学報』2017 年 第 4 号.（http://kyhz.nsa.gov.cn/xzxy_kygl/pf/xzxywz/yksInfoDetail.htm?infoid=3297）

胡兵，2007,「探索民間組織最佳生存環境：政党組織対民間組織的影響（民間組織にとっての最も望ましい生存環境の探索―政党組織の影響）」,『学会』2007 年第 9 号.（http://paper.usc.cuhk.edu.hk/Details.aspx?id=4735）

蒋伝光，2014,「公民身分与公民参与：法治中国建設的関鍵要素－以社会組織培育為例（シチズンシップと市民参加：法治中国を建設するための鍵―社会組織の育成を事例に）」,『浙江社会科学』2014 年第 6 号：61-71.

賈西津，2008,“ 民間組織与政府的関係 ”, 王名編，2008,《中国民間組織 30 年―走向公民社会》, 社会科学文献出版社：189-224.

康紀田，2010,「公民社会是収入分配改革的第三只手（市民社会は収入分配改革の第三の手）」,『中国発展観察』2010 年第 10 号.（http://sociology.cssn.cn/xscg/ztyj/shfz/201010/t20101020_1980682.shtml）

康暁光・韓恒，2005,「分類控制：当前中国大陸国家与社会関係研究（分類して制御する―目下の中国大陸の国家―社会関係に関する研究）」,『社会学研究』

2005 年第 6 号．(http://wenku.baidu.com/link?url=D17iAF0-fvNcgeAeM7rrVc
TGP0upYUJ9VJs94Bozqx20pwkJl9WHstjiYTsXGunLYSKsiaEznZykatE2S843
tyw2Q32PNXImkB2SmSG7017)

李丹，2009，「改革解放后中国非政府組織的発展歴程及趨勢（改革開放後の中国
非営利組織の展開過程と趨勢)」，『鄭州航空工業管理学院学報』Vo.l 27 No. 4：
91-95.

李翌萱，2014，「社会建設視域下我国政府購買公共服務制度化進程（社会建設の
視点から見るわが国の政府による公共サービス委託の制度化のプロセス)」，『山
西農業大学学報社会科学篇』第 13 巻第 8 号：770-774.

林尚立，2007,「両種社会建構：中国共産党与非政府組織（二種類の社会構築－中
国共産党と非政府組織)」清華大学 NGO 研究所編『中国非営利評論』第 1：
1-14.

劉傑・田毅鵬，2010，「本土情境下中国第三部門発展困境及道路選択（中国本土
の制度環境における第三セクターの発展の困難と選択)」，『社会科学研究』2010
年第 5 号：88-94.

劉傑，2012，「拔開"権力"与"公民社会"的迷霧（権力と市民社会のベールを外す)」
(http://sociology.cssn.cn/webpic/web/sociology/upload/2012/08/d20120815145315111.
pdf)

劉少傑，2014，「当代中国社会転型的実質与缺失（現代中国の転換の実質と欠損)」，
『学習与探索（学習と探索)』2014 年第 9 号：33-39.

劉鑫淼，2010，『当代中国公共精神的培育研究（現代中国における公共精神の育成
に関する研究)』，人民出版社.

陸学芸，1995，「21 世紀中国的社会結構：関于中国的社会結構転型（21 世紀中
国社会の構造－中国の社会構造の転換について)」,『社会学研究』1995 年第 2 号：
3-11.

毛志浩，2014，「従"発展主義"到"以人為本"：和諧社会建設下中国社会転
型的新視角（開発主義から人本主義へ－調和の取れた社会を目指した中国の社会
転換のニュー・パースペクティブ)」，『寧夏共産党学校学報』2014 年第 5 号：
29-32.

孟憲艮，2014，「社会転型中的失根，拔根与扎根（社会の転換における根っこを失
うこと，根こそぎ状態，根を下ろすこと)」，『寧波大学学報人文科学版』2014
年第 4 号：110-115.

秦徳君，2011，『中国公民文化：道与器（中国市民文化－道と器)』，中国出版集
団東方出版中心（中国出版グループ東方出版センター).

邵龍宝，2008，「中西方公民社会的歴史嬗変及其文化伝承之比較（市民社会の歴
史的変化と文化の伝承に関する中西比較)」，『同済大学学報社会科学篇』第 19
巻第 4 号：47-53.

譚建光，2014，「中国青年公益創業与社会創新（中国青年公益起業とソーシャル・
イノベーション)」，『青年探索』2014 年第 3 号：5-10.

王春光，2013，「個体化背景下社会建設的可能性問題研究（個体化の背景下における社会建設の可能性に関する研究）」，『人文雑誌』2013 年第 11 号：91-99．

王帆宇・朱炳元，2014，「社会転型的実質与当代中国視野（社会転換の実質と現代中国的視野）」，『江蘇社会科学』2014 年第 3 号：134-141．

王洪波，2012，「当代中国社会転型中的个人与群体関係（現代中国の社会転換における個人と集団との関係）」，『学術界』2012 年第 4 号：15-22．

王建民，2013，「転型社会中的個体化与社会団結：中国語境下的個体化議題（社会転換期における個体化と社会の団結─中国的文脈における個体化の論点）」，『思想戦線』2013 年第 3 巻第 39 号 No. 3：79-83．

王力平，2013，「風険与安全：個体化社会的社会学想象（リスクと安全─個体化社会の社会学的想像力）」，『新疆社会科学』2013 年第 2 号：118-123．

王名編，2008，『中国民間組織 30 年：走向公民社会（中国民間組織 30 年─市民社会に向かって）』，社会科学文献出版社．

王名，2009，「走向公民社会：我国社会組織発展的歴史及趨勢（市民社会に向けて─わが国の社会組織発展の歴史と趨勢）」，『吉林大学社会科学学報』2009 年第 3 号：5-12．

王名・賈西津，2006，「中国非営利組織：定義，発展与政策建議（中国非営利組織─定義と発展するための政策提言）」（http://www.usc.cuhk/wk_wzdetails.asp?id=5634）

王名編，2012，『NGO 口述史』社会科学文献出版社．

王名・李健，2013，「社会管理創新与公民社会培育：社会建設的路径与現実選択（社会管理のイノベーションと市民社会の育成─社会建設の道と現実的選択）」，『当代世界与社会主義（現代社会と社会主義）』2013 年第 1 号：13-17．

王紹光，2014，「社会建設的方向："公民社会"還是人民社会（社会建設の方向─市民社会か人民社会か）」，『開放時代』2014 年第 6 号．（http://www.opentimes.cn/bencandy.php?fid=378&aid=1848）

王星，2011，「1978 年以来中国"国"与"民"関係之歴史演進：立足于国家自主性理論的思考（1978 年以降中国の国と民の関係の歴史的変化─国家自主性理論に基づく思索）」，『人文雑誌』2011 年第 2 号：58-70．

呉敖祺，2011，「公民社会：制約跨国公司的另一種可能（市民社会─多国籍企業を制約するもう 1 つの可能性）」，『文化縦横』2011 年 12 月号．（http://www.21bcr.com/a/shiye/guancha/2011/1226/3242.html）

蕭功秦，2012，「重建公民社会：中国現代化的路径之一（市民社会の再建─中国近代化への道）」，『探索与争鳴（探索と論争）』2012 年第 5 号：23-28．

夏禹龍・周羅庚，2011，「加強社会管理与培育公民社会：兼与周本順先生商榷（社会管理の強化と市民社会の育成─周本順先生との討議）」，『探索与争鳴（探索と論争）』2011 年第 9 号：23-26．

謝海定，2004，「中国民間組織的合法性困境（中国民間組織の合法性の困難）」，『法学研究』2004 年第 2 号：17-34．

薛暁源・劉国良，2005，「全球風険世界：現在与未来－德国著名社会学家，風険社会理論創始人烏尔里希・貝克教授訪談録（グローバルリスク社会―現在と未来　ドイツの著名な社会学者，リスク社会論創始者Ｕ・ベックインタビュー記録）」，『馬克思主義与現実（マルクス主義と現実）』2005年第1号：44-55.

徐家良，2016，「政府購買社会組織公共服務制度化建設若干問題研究（社会組織による公共サービスへの政府購買の制度化問題に若干の研究）」，『国家行政学院学報』2016年第1巻．（http://kyhz.nsa.gov.cn/xzxy_kygl/pf/xzxywz/yksInfoDetail.htm?infoid=2793）

徐永光，2017，『公益向右，商業向左：社会企業与社会影響力投資（公益が右へ，商業が左へ―社会的企業と社会的インパクト投資）』中信出版社.

姚華，2013，「NGO与政府合作中的自主性何以可能？―以上海YMCA為個案（政府との協働においてNGOの自律性が可能か―上海YMCAを事例に）」，『社会学研究』2013年第1号：21-42.

姚中秋，2014，「重新思考公民与公共生活：基于儒家立場和中国歴史経験（市民と公共生活を再考する―儒教の立場と中国の歴史的経験から）」，『社会』2014年第3号（第34巻):145-162.

閻東，2007，「改革開放以来中国共産党与民間組織的関係（改革開放後の中国共産党と民間組織との関係）」，『当代中国研究（現代中国研究）』2007年第3号（第98号）．（http://www.aisixiang.com/data/16495.html）

Yan Yunxiang, 2009, The Individualization of Chinese Society, 陸洋ほか訳，2012,《中国社会的个体化（中国社会の個人化）》，上海訳文出版社.

兪可平，2006，「中国公民社会的制度環境（中国における市民社会の制度環境）」，兪可平ほか著，『中国公民社会的制度環境（中国における市民社会の制度環境）』，北京大学出版社：1-46.

臧得順，2012，「中国社会結構転型的理論拓展与経験研究（中国社会の構造転換に関する理論の展開と経験の研究）」，『思想戦線』2012年第4号第38巻№．4：54-58.

張丹丹・沈関宝，2011，「公民社会的発育与形成：民間社会組織的培育与公民的有序参与（市民社会の成長と形成―民間社会組織の育成と市民の秩序ある参加）」，『学術界』2011年第6号：216-222.

張静，2013，「公衆怎様依靠公共制度（民衆は公共制度に如何に頼るか）」，『吉林大学社会科学学報』2013年第1号：14-18.

張傑，2014，「我国社会組織発展制度環境析論（我が国の社会組織発展の制度環境分析）」，『広東社会科学』2014年第2号：208-213.

張緊跟，2012，「従結構論争到行動分析：海外中国NGO研究述評（構造論争から行動分析へ―海外中国NGO研究論評）」，『社会』第32巻：198-223.

張強・胡雅萌・陸奇斌，2013，「中国社会創新的階段性特征：基于"政府―市場―社会"三元框架的実証分析（中国のソーシャル・イノベーションの段階的特徴―『政府－市場－社会』三元モデルに基づく実証分析）」，『経済社会体制比較』

2013 年第 4 号（通算第 168 号）：125-136.

趙敏，2011，「NGO 在救災重建中的成長契机（災害救援における NGO の成長の契機）」，『人民論壇』，2011 年第 30 号．(http://paper.people.com.cn/rmlt/html/2011-10/11/content_952790.htm?div=-1)

趙栄・盧瑋静・陶伝進・趙小平，2011，『従政府公益到社会化公益：巨災后看到的公民社会発育邏輯（政府公益から社会化公益へ－巨大災害後に見られる市民社会成長の論理）』，社会科学文献出版社．

趙爽，2011，「中国社会個体化的産生及其条件：個体化相関理論述評（中国社会における個人化の誕生とその条件－個人化関連理論論評）」，『長安大学学報社会科学版』2011 年 2 号：68-75.

鄭杭生・黄家亮，2012，「従社会成員"无感増長"転向"有感発展"：中国社会転型新命題及其破解（社会構成員が実感できない成長から実感できる発展へ－中国における社会転換の新たな命題と解題）」，『社会科学家（社会科学者）』2012 年第 1 号：7-11.

朱力・葛亮，2013，「社会協同：社会管理的重大創新（社会協働－社会管理の重大なイノベーション）」，『社会科学研究』2013 年 5 月号：1-7.

中国社会科学院社会政策研究所，2017，『慈善藍皮書：中国慈善発展報告 2017（慈善青書－中国慈善発展報告 2017）』，社会科学文献出版社．

鐘智錦・李艶紅，2011，「新媒体与 NGO 公益伝播中的数字鴻溝現象研究（ニューメディアと NGO 公益メディアにおけるデジタルデバイス現象の研究）」，『思想戦線』2011 年第 6 号：112-117.

周俊・郁建興，2011，「2006 年以来中国公民社会研究的新進展（2006 年以降の中国の市民社会研究における新しい展開）」，『思想戦線』2011 年第 6 号：42-47.

周本順，2010，「走中国特色社会管理創新之路（中国の特色のある社会管理創造の道へ）」，『求是』第 10 号．(http://www.qstheory.cn/zxdk/2011/2011010/201105/t20110513_80501.htm)

周紅雲，2006，「関于中国公民社会制度環境的調研報告（中国における市民社会の制度環境に関する調査報告）」，兪可平ほか著，『中国公民社会的制度環境（中国における市民社会の制度環境）』，北京大学出版社：235-266.

周暁麗，2014，「公民社会視域下我国社会建設之思考（市民社会の視点から見る我が国の社会建設の思考）」，『金陵科学技術学院学報社会科学篇』2014 年第 2 号：39-44.

【英語文献】

Andreas Fulda, 2015, *Civil Society Contributions to Policy Innovation in the PR China: Environment, Social Development and International Cooperation*, Palgrave Macmillan.

Carolyn L. Hsu, 2017, *Social Entrepreneurship and Citizenship in China: The rise of NGOs in the PRC*, Routledge.

David Horton Smith, 2016, *Review and Assessment of China's Nonprofit Sector after Mao: Emerging Civil Society?* , Brill Academic Publisher.

Jessica C. Teets, 2016, *Civil Society under Authoritarianism: The China Model?*, Cambridge University Press.

John Tai, 2014, *Building Civil Society in Authoritarian China: Importance of Leadership Connections for Establishing Effective Nongovernmental Organizations in a Non-Democracy*, Springer.

Kenji Otsuka, 2002, "China: Social Restructuring and the Emergence of NGOs", *The State and NGOs: Perspective from Asia*,Shigetomi Shinichi ed., Institute of Southeast Asian Studies：222-244.

Lijun Yang and Wei Shan, *Governing Society in Contemporary China*, WSPC.

OECD report,2011, Fostering Innovation to address social change.(http://www.oecd.org/dev/pgd/)

Robert D. Putnam, 2001, Bowling Alone, Simon & Schuster.

Qiuxia, Ma, 2006, *Non-Governmental Organizations in Contemporary China*, New York: Routledge.

Qiusha Ma, 2009, *Non-Governmental Organizations in Contemporary China: Paving the Way to Civil Society?* , Routledge.

Social Innovation Europe,2013, Financing Social Impact: Funding social innovation in Europe mapping the way forward.(https://publications.europa.eu/en/publication-detail/-/publication/500f857e-7dd0-4802-b8d8-bfdedf715af6/language-en)

Timothy Hildebrandt, 2013, *Social Organizations and the Authoritarian State in China*, Cambridge University Press.

Ulrich Beck, 1992, *Risk Society: Towards a New Modernity,* London: Sage.

付　　録

中国の公益圏の「リアリティ」をさらに感じ取っていただくために，本書に登場した具体的な個人・組織・プロジェクト等の名前を以下に挙げておきたい。

【本書に登場した公益圏の人々】

呉昊亮, 楊方義, 張伯駒, 向沖, 巫嘉偉, 郭永啓, 徐磐石, 巴雅尔図, Jerry, 劉丹, 王宇簫, 呂植, 梁暁燕, 孫恒, 鄧飛, 梁従誡, 張赫赫, 李来来, 廖暁義, 汪永晨, 霍岱珊, 周翔, 運建立, 馬軍, 解焱, 宋慶華, 呂朝, 朱健剛, 孫祥舵, 汪偉楠, 劉新宇, 馬化騰, 陳一丹, 劉暁雪, 徐永光, 馮百億, 黄暁春, 鄭広懐, ジェット・リー, 馬雲, 才譲多吉（周健）, 馬克, 方勇, 張天潘, 曹凱, 石嫣, 張文婕, 張健, 李桂泉, 梁海光, 王衛, 王木福, 肖鋭成, 鄧躍輝, 雷闖, 鄭子殷, 王頌湯, 徐亮, 張遂新, 陳嘉俊, 雷建威, 陳建宇, 詹敏, 巴索風雲, 盧俊甫, 張以勲, 何道峰, 大雄, 康暁光, 劉韜, 吉家欽, 張映宇, 周如南, 董強, 李小雲, 涂猛, 劉文奎, 王振耀, 沈東曙

※本書で取り上げた公益圏の実践者・論客の名前を登場順に掲載（研究者を含まない）。

【本書に登場した公益圏の組織】

日中市民社会ネットワーク(CSネット), 合一緑学院, 北京市企業家環境保護基金会, 阿拉善 SEE 基金会, GLOBAL GREENGRANTS FUND, 浙江敦和慈善基金会, 南都公益基金会, 深圳市マングローブ湿地保護基金会, 自然之友, 楽水知行, アリババ基金会, 成都康華コミュニティ発展センター, 緑行斉魯行動研究センター, 紹興市朝露環境保護公益サービスセンター, 内モンゴル西烏旗放牧区情報

317

サービスセンター，IFINE，江西青贛環境交流センター，寧夏青緑
環境保護センター，北京銀杏基金会，中山大学中国公益慈善研究院，
工友之家，中国青少年基金会，緑家園志願者，北京地球村，農家女，
社区参与行動，北京緑十字，北京協作者，恵澤人，太陽村，慧霊，
壱基金，友成企業家扶貧基金会，恩派（NPI），道和環境発展研究所，
淮河衛士，緑満江淮，緑色漢江，甘粛緑駝鈴，緑石環境行動ネット
ワーク，北京天下渓，ダーウィン自然求知社，公衆環境研究センター
（IPE），アモイ緑十字，中国環境保護アドボカシー行動ネットワー
ク，創緑センター，北京山水自然保護センター，中国民間組織国際
協力促進会，中国発展簡報，清華大学公益慈善研究院，北京大学市
民社会研究センター，中国人民大学非営利組織研究センター，中山
大学市民と社会研究センター，北京師範大学中国公益研究院，人民
大学中国公益イノベーション研究院，中国緑色選択連盟，上学路上，
基金会センターネット，春暉博愛関愛之家，テンセント公益基金
会，中国慈善連合会，北京恩玖非営利組織発展研究センター，上海
連合募金公益基金会，広州市慈善会，公益時報，上海 YMCA，上
海交通大学第三部門研究センター，清華大学教育基金会，北京大学
教育基金会，中国非公募基金会論壇（中国基金会論壇），上海連合募
金基金会，北京病痛挑戦基金会，阿拉善 SEE 生態協会，愛徳基金会，
恩久ケア基金，NGO 発展交流ネット（NGOCN），広東省緑芽郷村
婦女発展基金会，中国麦畑教育基金会，広州市恭明社会組織発展セ
ンター，北京瓷娃娃希少疾病ケアセンター，上海手牽手生命ケア発
展センター，中国社会福利基金会益人義助連合募金基金，新呼徳畜
牧業専門合作社，武漢行澈環境保護公益発展センター，新南社会発
展センター，香港オックスファム，フォード財団中国事務所，深圳
国際公益学院，北京楽平公益基金会，AHA ソーシャル・イノベーショ
ン学院，創思実験室，社創客，企業社会責任資源センター，西部陽
光農村発展基金会，北京富平学校，北京富平ソーシャル・ベンチャー

318

投資会社，Social Venture Partners China

※本書で言及した公益圏の組織名を登場順に掲載（WeChat アカウント名を含まない）。

【本書に登場した公益プロジェクトや公益ブランド】

勁草プロジェクト，銀杏パートナーズ（銀杏計画），成蹊計画，成蹊・平和台，中国公益 2.0 プロジェクト，中国ナイス公益プラットフォーム，希望プロジェクト，創緑家，清源行動，XIN パートナー，日々ポジティブエネルギービッグデータ，Ice Bucket Challenge，卵のハードウォーク，内モンゴル赤峰砂漠緑化プロジェクト，中国 LEAD，北京青空日記，エアコン 26 度キャンペーン，新公民計画発展センター，全国公益プロジェクト展示会，社会起業家技能向上プロジェクト，景行計画，I can 実験室，益宝計画，ミニブログで誘拐打撃，無料昼食計画，中国郷村児童大病医療保険公益基金，暖流計画，子供を性暴力から守るプロジェクト，落穂ひろい行動，e 農計画，中国青年社会リーダーフィールドワークキャンプ，灯台計画，麦畑計画，1kg More，CRO 論壇・越境する対話，SVP パートナー，AHA ソーシャル・イノベーション加速器，China Impact Ventures，易社（Ecsel）計画，ソーシャル・イノベーション・リーダーコミュニティ，青年ソーシャル・イノベーション遠征計画，科学技術蟻族，ソーシャル・イノベーション・インベストメント・コンテスト，XIN 世界公益イノベーションアワード，中国ソーシャル・イノベーション・アワード，青年公益創業計画，公益インベストメント計画，ミニ公益コンテスト

※本書で言及した公益プロジェクト名や公益ブランド名を登場順に掲載。

索　引

【あ行】

ISO26000　274

アイデンティティ　5, 24, 27, 96, 283

新しい公共性　126

アドボカシー　37, 72, 73, 129, 152

生き方としての市民社会　306

1分野1団体　144, 153, 154

イノベーションモデル　285

インターネット＋　175, 176, 186, 275

インフォーマル制度　141, 143, 146

影響力資源　202, 304

SDGs　275

SVP　276, 296

NGO的価値　246, 248

NGOの政治性　247

エンパワーメント　99, 125, 178, 192, 202, 249, 284, 288, 302

オピニオンリーダー　198, 201, 203, 240, 241, 246

オルタナティブ　8, 74, 124

【か行】

外的自由　104, 300

科学的発展観　18, 19, 23, 24, 297

学生社団　36-38

価値的承認　141

環境訴訟　73, 146

監視・監督のシステム　107, 265

感性　34-36, 41

幹部―群衆　9, 138, 300, 305

幹部ピラミッド　138

官民関係　109, 111

企業CSR　149, 196, 260, 274

起業主体　285

技術イノベーション　285, 286

規範化　114, 168, 169

99公益日　172-179, 184, 186, 198, 302

近代性　48, 122

グローバル　26, 79, 108, 128, 275

グローバルな市民社会　131, 132

群衆路線　138

形式的合法性　140, 141

結果重視　301

権威主義　7, 118, 119, 129, 160, 259, 298, 301

権威性　139, 140, 150

権威の正当性　140

権威の独占の終焉　139

原初的価値　22

言説資源　202, 304

公益イベント　57, 58

公益改良主義　258, 260, 262, 290, 291, 305

公益起業　270, 271

公益業界　56, 149, 176, 198, 211, 214, 216, 279

公益行政化　242

公益圏エリート　208

公益圏の社会的性質　133, 237

公益圏のデザイン　197, 198, 214, 303

公益圏の論点　10

公益原理主義　257, 258, 262, 265, 288-291, 302, 305

公益市場化　241-243, 246-248, 258, 265, 266, 279

公益市場主義　257, 260, 262, 277, 284, 287-291, 301, 305

公益慈善パラダイム　265

公益社会化　250

公益人生　220, 223, 226, 232, 235

公益人の原動力　235

公益人の収入　185, 203, 213

公益人の離職　211

公益人らしさ　235

公益生態圏　177, 202

公益組織の活動資金　172

公益組織の活動分野　56, 57

公益組織の職務　204

公益組織のスタッフ　56

公益組織の登記状況　55

公益組織の立法　159

公益伝播　182, 183

公益道徳化　244, 245

公益と経済発展の結合　273

公益と慈善　237, 238, 240, 247, 248

公益の専門化と職業化　245

公益ブランド　57, 59, 77, 160

公益プログラム　57, 77, 160

公益プロジェクト　57-59, 63, 77, 160, 226

公共圏のメインパラダイム　262

公共性　46, 47, 92, 125-127, 239, 299, 301

合法性　54, 87, 121, 139-141

合法的支配　137

公募基金会　53, 164, 165, 179, 196, 201, 207

索　引

公募権　164, 165

コーディネート機能　123-125

個人化　24-30, 33, 34

個人化社会　9, 24, 30, 41, 287, 297

個人主義　25, 47, 81, 101, 123

五倫　104

【さ行】

サービス・イノベーション　285

再帰的近代　27

差序格局　22, 102, 104

参加型開発　263-265

参加型ガバナンス　97, 98, 262

CSA　224-226

市場の失敗　109, 188

四川大地震　50, 62, 64, 271

自然学校　74-76

慈善事業　91, 160, 162, 169, 192, 196,
　258

慈善信託　164, 166, 168

持続可能な発展　18, 67, 77, 252

自治　22, 23, 61, 98, 109, 124-126,
　128, 145, 164, 191, 239, 259, 262

実質的合法制　136, 139-141, 146

実用主義　49, 111, 242, 246, 252

自分事　35, 41, 287, 297

市民参加　49, 71, 89, 90, 93, 96, 107,
　114, 116, 265, 292, 301

市民社会パラダイム　264, 265

市民的公共性　127, 128

市民文化　48, 49, 114

市民メディア　78

市民リーダー　9, 30, 33-35, 39, 41,
　124, 287, 291

社会化公益　50, 51, 115, 116

社会関係　28, 30, 35, 103, 104, 287,
　297, 299

社会関係資本　7, 98, 106, 107, 265,
　291-293, 296, 297, 305, 306

社会規範　28-30, 35, 287, 297

社会主義市場経済　66, 139, 155

社会主義的市民社会　97, 107, 131

社会組織の数　54

社会的インパクト　148, 203, 246,
　249, 258, 260, 266, 304

社会的エリート　60, 67, 102

社会関係　266

社会的価値　191, 192, 273,

社会的信頼　29, 30, 33, 87, 115, 297

社会的連帯　23, 24

社会転換　18-21, 301, 304, 306

社会統制　119, 120, 168

323

社群　39-41, 287

自由意志　30, 123, 124, 168

自由主義　47

自由の精神　104

儒教　47, 93, 102-104, 259, 260, 299, 302, 303

主体性　9, 23, 24, 30, 41, 47, 49, 297

新公益　201

新自由主義　106, 263, 265

仁政　259, 260

人本主義　19, 21, 23, 24, 107, 109, 114, 297

人民社会　105-107, 109

スーパーヒーロー仮説　269, 270

西欧型公共　48, 49, 80

成果重視　305

生活世界　9, 21-23, 30, 116, 133, 272, 283

生業　172, 187, 193, 203

政社分離　155

制度化　114, 129, 136, 168, 187

政府公益　50, 115, 116

政府購買　146, 156, 186-192, 214

政府の機能転換　189, 191

政府の失敗　109, 188

生民　137, 151

西洋型市民社会　101, 103, 105, 114, 116, 122, 126, 130, 131, 136, 302, 303

世界女性会議　67

選択　25, 28, 36, 115, 136, 145, 169, 180, 292, 297

全民公益　65, 176, 177, 179, 186, 304

双創　255

ソーシャル・イノベーション・プラットフォーム　275, 282

ソーシャル・イノベーター　39

ソーシャル・エコシステム　124, 270, 272, 273, 277-279, 282-284

組織イノベーション　285, 286

素質信仰　120, 121

【た行】

第1世代NGO　61

大国的存在感　306

大慈善　162, 164, 240

第2世代NGO　61

知識人　59-61, 62, 67, 78, 79, 124

チャリティ法　161, 303

中間支援組織　64, 92, 112, 113, 148, 282-285, 287, 301

索　引

中国的市民社会　7, 9, 10, 52, 81, 100, 106, 107, 113-115, 118, 131, 133, 297-299

中国的社会転換　19

中国民間公益組織基礎データベース　52, 54, 203

調節システム　107, 109, 111, 265

つながり方　9, 24, 115

天意　137, 152, 288

天下　45, 127, 137, 152, 298

天下主義　81, 132

天下の生民　137

テンセント　175

天の公　45, 46, 48, 80

天の代理人　137

天理　45, 46, 137, 152, 299

道徳的優越感　245, 246, 250

怒江事件　37

トップダウン　6, 9, 19, 20, 23, 24, 25, 28, 107, 214, 274, 297, 329

【な行】

内的自由　105, 300

二光之争　246, 249

二重管理　54, 64, 136, 141, 142, 145, 153, 154, 167

ニューメディア　79, 80, 90, 91, 96, 182-184

ネット企業　178, 184, 186, 202

ネット寄付　65, 179, 182, 186, 214, 303

ネット公益　94, 99, 175, 183

ネット募金　164, 172, 180, 182, 185

能力主義　301, 305

【は行】

媒体　279

B Corp（共益企業）　296

微公益　63, 94, 285

非公募基金会　53, 62, 64, 198

非制度的依存　92, 113

非制度的権威　150, 151

非物質的な報酬　211

非民間基金会　196

物質的な報酬　212

普遍的価値　132

普遍的近代　130

プロジェクト型協働　261

法治　50, 86, 93, 101, 107, 128, 148, 163, 191, 241, 251

法的身分　139, 140, 160

募金プロジェクト　173-175, 180, 184

325

ボトムアップ　6, 9, 24, 28, 30, 107, 213, 214, 327, 328

【ま行】

3つの公益思想　257, 258, 261, 287

民間基金会　196-198

民生　21, 53, 261

民による公共　9, 44, 59, 66, 71, 74, 76, 80, 126, 127, 133, 239

民の公共　52, 66, 76, 81

【ら行】

ライフスタイルとしての公益　178

ライフストーリー　8, 32, 216

ライフワーク　216, 232, 237, 271, 305

リアリティ　5, 6, 9, 24, 81, 133, 296, 298, 306

リスク　26-29, 108, 121, 152, 304

リスク社会　26, 27

理想主義　294

利他　243, 249, 250, 252, 258, 259

利他主義　101

流動の常態化　306

良性互動　98, 110-112, 125, 127, 150, 189, 260, 261

倫理　22, 29, 45, 48, 88, 102, 103, 127

留守児童　172, 227

謝　辞

　人生の最初の 23 年間を中国で過ごし，テレビで流れた日本のドラマの主題歌を歌いたいというだけの理由で長春外国語学校に入学し，中学 1 年から日本語や日本文学と文化を学んできた。吉林大学日本語学科を卒業後来日し，今年でちょうど 23 年間になる。本書は，過ぎ去った 2 つの 23 年間に対する感謝と，次の 23 年間を迎える決意の 1 冊である。

　中国では日本に目を向け，日本では逆に中国社会を見てきた。立場を行き来し交差する眼差しの中で月日を積み重ね，中国人らしくなく，日本人でもない「自由人」としてのものの見方ができるようになった。「間」ならではの発想と役割がある。「間」から日本と中国社会を捉え，媒介者となる自分の立ち位置を見出せたことに，感謝したい。

　日本で出会った「ボトムアップの社会の創り方」。下から社会が創られていく場面と物語，関わる人々のいきいきとした姿からは，いつも人間らしさと温かさ，勇気と希望が感じられた。トップダウンの国とされる母国中国で，ボトムアップの社会づくりの現場に出会ったときは心が躍った。社会は，1 人 1 人の生き方と取り組み方で変えられる。それを実感した。

　ボトムアップで社会づくりを担う「市民社会」の現れ方は，NGO や NPO などの組織かもしれない。デモや集会などの集合行動かもしれない。社会問題を巡って飛び交う議論かもしれない。さまざまなイベントやキャンペーン，活動プログラムの内容かもしれない。コミュニティカフェやワークショップなどの場かもしれない。しかし，最も豊かで力強く，人々の身体から遊離しない市民社会は，「生き方に現れる市民社会」にほかならない。「具体的な生き方に寄

り添って，ボトムアップの社会の創り方を描き出す」新たな市民社会論を展開する。これを今後の目標として掲げておきたい。

　本書が完成できたのは，この十数年来さまざまな場で，筆者にそれぞれの公益人生を語ってくださった中国の公益人の皆さんのおかげである。本書に登場した方々以外にも，多くの方が筆者と意見交換をし，多くの示唆を与えてくださった。これらの調査研究や意見交換を支えたのは，以下の研究助成である。

(1) コミュニティ・コーディネーションに関する理論的・実証的研究
　研究期間：2003年 - 2005年　課題番号：15730253
　文部科学省科学研究費補助金　若手研究（B）
(2) 草の根NPO/NGOの相互埋解と交流による日中関係の修復・発展の可能性に関する研究
　研究期間：2006年 - 2008年　課題番号：18730334
　文部科学省科学研究費補助金　若手研究（B）
(3) 中国の市民社会に良き影響を与えるために：仕組み作りと意識変革のための実践的研究
　研究期間：2011-2015　課題番号：23530683
　文部科学省科学研究費補助金　基盤研究（C）
(4) オルタナティブを志向する中国の若者のライフストーリー：市民リーダー誕生の条件
　研究期間：2016-2017
　駒澤大学特別研究助成

　また，日中社会学会会長首藤明和先生と明石書店による中国社会研究叢書の企画がなければ，本書執筆のきっかけをつかめなかった

ことであろう。さらに，平成29年度駒澤大学特別研究出版助成が，本書の刊行を強く後押しした。合わせて深く御礼申し上げたい。

　2020年3月末に退官を迎えられる恩師，筆者を社会学の素晴らしき世界に導き，研究者として生きる上で最も大切な態度と姿勢を，身を以て示してくださった東北大学大学院教授の長谷川公一先生に本書を捧げたい。いつも無条件に100％の安心と満ち溢れる幸福を感じさせてくれる家族に捧げたい。生きる喜びを与えてくれる友人と仲間たちに捧げたい。言葉では言い尽くせない感謝と祝福とともに。

　来る次の23年間も，今までどおりに皆様とともに生きることが，何よりの喜びである。

2017年11月26日

李　妍焱

●著者紹介

李 妍焱（り・やんやん）
駒澤大学文学部社会学科教授，任意団体「日中市民社会ネットワーク」代表。
中国吉林大学外国語学部日本語学科を卒業後1994年に来日し，2000年に東北大学大学院文学研究科で博士号取得。専門は日本と中国の市民社会とソーシャル・イノベーション。2002年から駒澤大学文学部社会学科で教鞭を執る。2010年から「日中市民社会ネットワーク」を設立し，環境教育など日中が共有しやすい分野で草の根の交流と連携に尽力。単著に『ボランタリー活動の成立と展開』（ミネルヴァ書房，2002年），『中国の市民社会』（岩波新書，2012年），共著に『中国のNPO』（第一書林，2002年），編著に『台頭する中国の草の根NGO』（恒星社厚生閣，2008年），『擁有我們自己的自然学校（私たち自身の自然学校を作ろう）』（中国環境出版社，2015年）などがある。

中国社会研究叢書　21世紀「大国」の実態と展望　3
下から構築される中国
—— 「中国的市民社会」のリアリティ

2018年3月26日　初版第1刷発行

著　者	李　　妍焱
発行者	大　江　道　雅
発行所	株式会社明石書店

〒101-0021 東京都千代田区外神田6-9-5
電話 03 (5818) 1171
FAX 03 (5818) 1174
振替 00100-7-24505
http://www.akashi.co.jp/

装丁／組版	明石書店デザイン室
印刷／製本	モリモト印刷株式会社

（定価はカバーに表示してあります）　　　ISBN978-4-7503-4636-6

JCOPY 〈(社) 出版者著作権管理機構　委託出版物〉
本書の無断複写は著作権法上での例外を除き禁じられています。複写される場合は，そのつど事前に，(社) 出版者著作権管理機構（電話 03-3513-6969，FAX 03-3513-6979，e-mail: info@jcopy.or.jp）の許諾を得てください。

中国社会研究叢書

21世紀の「大国」の実態と展望

首藤明和（日中社会学会 会長）[監修]

政治学、人類学、歴史学、宗教学などの学問分野が参加して、中国社会と他の社会との比較に基づき、何が問題なのかを見据えつつ、問題と解決策との間の多様な関係の観察を通じて、選択における多様な解を拓くことを目指す。21世紀の「方法としての中国」を示す研究叢書。

❶ 中国系新移民の新たな移動と経験
奈倉京子 編著

❷ 日本・韓国・中国の相互イメージとポピュラー文化
——国家ブランディング政策の展開
石井健一、小針進、渡邉聡 著

❸ 下から構築される中国
——「中国的市民社会」のリアリティ
李妍焱 著　　　　　　　　　　　　　　◎3300円

❹ 近代中国の社会政策と救済事業
——合作社・社会調査・社会救済の思想と実践
穐山新 著

❺ 中国の「村」を問いなおす
南裕子 編著

❻ 中国のムスリムからみる中国
——N.ルーマンの社会システム理論から
首藤明和 著

❼ 東アジア海域から眺望する世界史
鈴木英明 編著

❽ 日本華僑社会の歴史と文化——地域の視点から
曾士才、王維 編著

❾ 現代中国の宗教と社会
櫻井義秀 編著

〈価格は本体価格です〉